思想觀念的帶動者

文化現象的觀察者

本土經驗的整理者

生命故事的關懷者

心靈工坊 PsyGarden

SelfHelp

顛倒的生命，窒息的心願，沉淪的夢想
為在暗夜進出的靈魂，守住窗前最後的一盞燭光
直到晨星在天邊發亮

哭泣的小王子

給童年遭遇性侵男性的療癒指南

Victims No Longer: The Classic Guide for Men Recovering from Sexual Child Abuse

作　者：麥可・陸（Mike Lew）
譯　者：陳郁夫、鄭文郁等人
審閱者：洪素珍、林妙容

來自專業人士與機構的迴響

「《哭泣的小王子》簡單易懂、令人動容且具有驗證功能，對曾遭受性虐待的男性倖存者及他們所愛的人而言，是一座希望的燈塔。這本開創性的書啟發了數千位童年曾遭性虐待的男性倖存者，鼓起勇氣面對過往創傷。」

——理查・加特納（Richard Gartner）博士，《男孩時期受背叛》（*Betrayed as Boys*）作者

「《哭泣的小王子》初問世時，我視之為童年性虐待男性倖存者的聖經。這本書向來能給我啟發。我把書放在案頭，作為我自己以及個案的參考指南。」

——維琪・波林（Vicki Polin）碩士，有照藝術治療師，有照臨床專業諮商師，覺知中心（The Awareness Center）創辦人兼負責人

「買來這本書後，我大約讀了三十遍……它揉合了男性倖存者的故事以及充滿實用忠告的篇章。」

——摘自男性倖存網站（Men Surviving Web）

來自倖存者的迴響

「本書是我的治療師推薦我閱讀的，它救了我……我一直以為世上只有我有這種遭遇，現在我知道自己並不孤單。」

「這本書讓我流了許多眼淚，引發許多回憶和痛苦，但同時也給了我希望、理解和想法。」

「閱讀這本書是多麼可怕卻又多麼解放的經驗。受虐使我關在寂寞的鐵幕中，本書幫助我衝破鐵幕。」

「這本書……協助我走出瀕臨自殺、有時彷彿徹底無望的憂鬱。」

「《哭泣的小王子》是最美妙的禮物。作者分享許多專業觀點，收錄其他倖存者鼓舞人心的心路歷程，我感激不盡。」

「《哭泣的小王子》激勵我在生命中容納更多的成長與復原……感謝作者讓世上許多從不知自己可以討論這話題的男性獲得了自由。」

「戒酒無名會裡一個同為倖存者的朋友給了我這本書。它轟然震撼了我的世界！」

「一再閱讀本書對我有關鍵性的幫助，使我能夠理解我原本無法理解的事，並從中尋找出意義。」

來自倖存者伴侶、家人及朋友的迴響

「閱讀《哭泣的小王子》，我深受感動。這本書使我得以認識童年受虐的男性觀點，書中由男性倖存者所分享的故事屢屢引我落淚。這使我更加理解我丈夫大半不曾說出的痛苦與憤怒，以及孩提時遭受性虐待對我倆婚姻所造成的影響。」

「這是天賜的禮物……是個奇蹟。」

「對於尋覓資源來加強自己，好為倖存者提供協助的人，本書提供了極大的助力。從我所閱讀的所有書籍當中，我理解到這本書所蘊含的資訊有多麼重要。」

目次

導　言……010
中文譯本緣起……020
第一部　關於侵害……023
第一章　兒童性侵害：迷思與真實……024
第二部　關於男人……055
第二章　什麼是男子氣概？……056
第三章　男性與情緒……074
第四章　性意識、恐同症與羞愧……087

第三部 倖存與事後餘波

倖存與事後餘波……103
第五章 童年的失落……104
第六章 生存的策略：新的觀點……137
第七章 遺忘、否認、疏離和假裝……148
第八章 麻木……161
第九章 區隔……170
第十章 自我形象、自尊及完美主義……176

第四部 關於復原

關於復原……191
第十一章 性、信任及照顧……192
第十二章 復原是有可能的嗎？……207
第十三章 打破祕密……219
第十四章 關係與社會支持……250

第十五章　性的感覺……269
第十六章　個別諮商……277
第十七章　團體及工作坊……305
第十八章　面質……332
第十九章　關於寬恕……364
附錄一　我國性侵害防治網絡資源……374
附錄二　延伸閱讀：中文書目……378
附錄三　延伸閱讀：英文書目……380

導言

最初我並不能理解，為什麼我的編輯、經紀人和其他人都堅持新版的《哭泣的小王子》需要一份新的導言？我推論大多數人可能是第一次拿起這本書，他們需要的簡介和舊版的讀者是一樣的。剛踏上復原之路的倖存者們，正與極大的恐懼、羞愧和困惑奮戰著。他們（也許是你）正尋找著資訊、資源和解答，但他們也需要某些更重要的東西——一些他們自己也沒意識到的，比方說肯定、鼓勵、尊重。導言應該要有提供這些支持的功能。對男性倖存者身邊的人也是一樣，他們需要知道他們所愛的人和他們自己所感受到的痛苦是會結束的——生命可以變得更好。

但是主張要重寫導言的人卻認為，經過十五年，很多事情已經改變了。他們建議導言應該要概述關於兒童性虐待及男性倖存者復原的最新議題。在這個脈絡下，他們要求我寫些關於男孩與男性性虐待議題的趨勢變化、男性受害的事實更為人接受、看待此問題更宏觀的視野、倖存者承受的反挫、更多的男性願意承認和解決他們童年的創傷，同時討論兒童性虐待持續的影響、受害者及倖存者感受到的羞愧和恐懼。我認為這些主題都很重要，但要在導言中充分地陳述是不太可能的，它們已經被寫在這本書裡了。

現在的狀況和過去真的不一樣了。原本的導言談的是我一開始如何蒐集資訊來幫助我了解某些個案，以及它如何引導我寫出第一本關於男性倖存者的書。寫作當時的社會及治療環境是，人們才剛開始討論女孩遭性侵害和女性倖存者的復原。當時社會上普遍漠視男孩與男性也會遭受性侵害，更別提承認有女性加害者的存在了。我寫出了在一九八〇年代後期，幾乎完全沒有資源的男性倖存者的情況，以及專業人士完全缺乏正確臨床資訊的狀況。

我們在預防兒童性虐待，以及滿足倖存者和他們的盟友復原上的需求時，仍遇到明顯的阻礙，但我們也有顯著的進步。當我為了要修訂本書而重讀它時，發現大部分的內容仍然適用讓我鬆了一口氣。但隨之而來的是，對於書裡的內容在過了十五年之後依然適用而感到難過。

在你閱讀本書之前，我有三個提醒：

一、請不要試圖一口氣讀完。書裡面有太多有用的內容。請從容地、慢慢地讀它，這樣你才不會有壓迫感。你可能會發現不要在晚上或是獨自一人時讀這本書會比較好，最好是閱讀時身邊有人可以討論（治療師、朋友、伴侶或其他倖存者）。

二、曾有人批評我說沒有納入關於倖存者同時也是加害人的資料。這本書是寫給非罪犯男性倖存者的，這是我的專業領域。我並沒有對加害人進行過廣泛的研究接觸，因此罪犯倖存者的議題就留給專家吧。這不代表我認為這些人不需要、不值得被關注，我對於倖存者同時也是加害人的來信表示感謝，我希望他們能成功地從虐待以及受虐中復原，而我也相信沒有人可以從虐待他人中得到復原。

三、在初版《哭泣的小王子》，我邀請讀者寫信或打電話給我回饋，我回覆了每封信和每通來電，然而我低估了回應量，也高估了我處理它們的能力。我仍然歡迎你們的來信，每一封我都會讀過並從中學習，但我可能沒辦法親自回覆每一封信。我會空出時間到你們所在地開倖存者工作坊、專業訓練課程及公開演講。我的電子信箱是：nextstep.counseling@verizon.net。網站是：www.victimsnolonger.org。這個網站包括提供定期更新的資料給倖存者及專業人士、友站的連結，及一個不定時的專欄，希望你會感興趣或覺得有幫助。

本書並不是寫給那些已經成功度過療癒之旅的人。我把《哭泣的小王子》寫成一本復原指南，幫助曾經驗兒童亂倫或其他兒童性虐待的男性，以及關心他們的人。我的初衷並未改變：盡可能提供更多訊息給更多的人；呈現男性倖存者可以探索並分享經驗的架構，向他們保證可以從童年性虐待的陰霾中走出；關於復原本質的討論；分享對男性而言，在復原之路上會有的幫助；提供男性倖存者與愛他們的人以及專業人士具體的資源；邀請讀者和其他男性共同參與復原的「長征」（odyssey）。

我第一次使用「長征」這個詞來形容復原歷程時，我的編輯回應說：「我想這個字是個關鍵……它包涵許多貼切、正向的含意。長征意指發現潛藏問題的航程，也代表受害者發現他們並非孤獨一人。長征是一場向內（心靈）的旅程，它所需的勇氣不遜於向外（探索未知世界）的旅程，可能更多。長征意指這趟旅程相當的長：不是到街角買個牛奶般的路程，而是需要堅強的性格、好奇心、冒險意識，以及願意堅持下去的意志。對於你在書中所著手準備完成的歷程，『長征』是個貼切的譬喻。」

在他寫下這段文字後的幾年間，我從復原中的倖存者身上學到非常多。我深信這項英勇任務艱鉅且意義重大，我對能踏上長征的英勇男人深感尊敬，事實上我對所有倖存者（及那些與他們同在的人）的欽佩與日俱增。

這趟旅程並不容易。一開始你可能只有關於某些想法的模糊概念，也沒有如何完成的線索。終於，你的努力匯集成一股力量，並且不時地感覺到復原就是生活的全部。沒有特別投入治療的時候，你發現自己思考著復原、談論著它、和其他的倖存者見面，並聆聽他們的經驗。過了一陣子，你聽、看、讀或做的每件事都是透過一個非常特殊的鏡片在看著——虐害及復原的意識。每段對談似乎都會轉到性虐待的主題；那些沒有聚焦在這些議題的對話看來與你無關。你會經歷許多困惑，懷疑自己怎麼敢承受如此痛苦的努力，也懷疑是否有撥雲見日的一天。

但復原不只有困難和挫折。有些時候你的復原會有令人振奮的動力。你開始了解童年時承受的以及多年來面對的困難這兩者間的關連。你對於人際關係有了新的覺察，並且改變了部分自我挫敗的行為。每次一點點新的訊息、覺察及其交互作用，便給了你拼圖的一角——最終創造了連貫、訊息豐富的圖像。儘管會有沮喪、無望的時期，你仍會經驗到歡欣的時刻——當你知道你走在正確的道路上。

在你的發現之旅中——典型的長征——你將穿越多采多姿的風景，遭遇「怪物」和「英雄」。當你和其他倖存者及盟友接觸時，你會訴說你的生命，你也將聽到驚人的故事：充滿身體暴力、忽視以及情緒虐待或性虐待的過往，這些故事會使你哭泣、顫抖——或是麻木。你會有種種不同的情緒，你為倖存者們（像你及你所愛的人）安然走過生命的勇氣、智慧、和創造力深受感動；這群孩子們在沒有正確訊息、支持、鼓勵和愛之下找出了生存之道。而成年的倖存者們——通常感覺自己好像在用手指奮力攀住懸崖邊緣——堅持他們本能的領會：健康的人類以尊重、體貼、合作對待彼此，深信自己有朝一日也會經驗到這種健康的關係。和我一樣，你將會為了倖存者成功整合他們的生命而感動。你聽到越多這樣的故事，你就會越尊敬他們，並且最終會了解你也同樣令人欽佩，同樣值得尊敬。

我不期待你相信我說的每一句話，但如果你持續進行你的復原工作，你一定會同意大部分我所說的。嘗試看看做你自己的復原功課，相信你的判斷。

這本書並非適用於每個人。我的目標在為男性倖存者及相關人員創造資源，所以這不是學術研究專書，書中引用的數據很少。有其他人針對男童性創傷提出學術論文，對偏向技術、學術或統計方面的資料有興趣的讀者，可以參考我的網站上的延伸閱讀。

我試著以「白話文」來呈現訊息，盡可能讓最多的讀者能理解。由於這個主題牽涉廣泛，我必須為要包含哪些材料而做出取捨。書中包含了我在兒童性侵害和復原這個領域中發現的事實，有很多的資訊及建議。我希望這些資訊是有用的，而建議是可實行的，但你必須自己做判斷。書上寫的既不是定律也絕非真理，請選擇對你有用的。我清楚知道不同的資訊所打動的是處於不同復原階段的倖存者。書中的訊息來自四面八方，提供了一場豐富的盛宴。我鼓勵你慢慢消化它，在你還沒準備好前不要跳到另一個章節。

做為一個治療師，我的主要興趣是復原。本書著重在虐待造成的影響，以及從中復原的方法。有些主題會特別被強調，包括信任、孤立、羞愧及親密，因為了解它們對倖存者來說非常重要。

雖然我盡可能呈現精確資訊，《哭泣的小王子》必然會反映出我個人的哲學觀及偏見。這不是本中立的書；我希望它不是冷靜而不帶感覺的。我熱烈地獻身於兒童性侵害的預防及復原工作。我無法容忍虐待兒童的人或是為之辯護者。我認為允許兒童被犧牲以滿足個人需求的社會一定出了很大的問題。

受虐的童年將受害者以數種方式孤立了。有些倖存者從未學會閱讀，或是無法維持夠長的注意力。也有一些人深陷於無望感中以致於無法相信任何事會有幫助，或者他們在孩童期受到太嚴重的傷害，讓他們需要的治療遠超過一本自助書所能及。還有一些人覺得這些資訊還太過直接或痛苦，目前還無法接觸。

但你已經拿起這本書了。你正尋找某些東西，你心中的某一部分——無論是多小的部分——知道並非完全沒有希望。靠著閱讀關於其他男性倖存者共有的經驗和感覺，你或許就能在其中看到自己的情況。如果這樣的話，你會發現你在復原之路上有了前人可追隨。

本書的章節將以不同的方式呈現。寫到理論或一般性知識時，我通常使用稍微中立的第三人稱。然而當關於個人經驗或是復原的詳情時，我會嘗試直接對「你」說話，也就是讀者。我有時會重述或改變措辭來表達我認為重要的事，圍繞在虐待相關議題的否認及害怕是如此強大，以致於某些訊息必須要重覆很多次才能被聽進去。

我試著在整篇文字內刻意慎重地使用代名詞。因為這本書是關於男性倖存者的，當提到倖存者時我傾向用男性代名詞。為了避免被認為是性別主義者，也為了避免過度依賴「他或她」、「他自己或她自己」這類冗長詞彙，我在提到治療師、伙伴、家庭成員、朋友──以及加害者時，輪流使用男性及女性代名詞。

在章節裡有些特別的段落，我稱為「焦點」。焦點和主要文章是分開來的，因為這些資訊值得特別強調、重覆、或是適用於特定的經驗或群體。焦點的長度不一，從一小段到一整頁都有；它們的內容和該章節有關。

焦點 Focus

《哭泣的小王子》：「受害者」及「倖存者」的詞彙使用

當談論到從兒童性虐待復原中的成人時，這兩個詞彙的使用就會產生困難。「受害者」的字典定義（一個人沒犯錯而承受痛苦；一個人被他無法控制的人或力量所迫而受苦）對於兒童性侵害有著準確的描述。但這個詞同時也暗示了無望及無助的情緒意象。

雖然在受虐當時你的確感覺無望且無助，但這卻不會是你現在的處境。無論你對自己的感覺如何，或是虐待對你的影響多嚴重，你現在是個強壯、有創造力的個體。你已經有能力存活，而現在你有能力和資源來康復。這聽起來不像是受害者，對吧？因此，在這本書裡我只有在提到真正虐待發生時的兒童，才會用這個詞。

而「倖存者」這個詞也面臨相似的限制，它會引發人們想到船難時爬上漂浮殘骸或是用手指奮力攀住懸崖邊緣的畫面。儘管這個描述貼切符合曾遭性虐待者的感覺，但它忽略了一個事實——僅僅倖存是不夠的。

倖存意指在事情改善前要一直忍耐，而復原牽涉到學習過一個令人滿意的生活——成長茁壯而不只是倖存。但倖存者是目前我們能使用最好的詞，直到更好的詞出現前我會繼續使用。（有人建議使用「有童年被騷擾經驗的成人」〔Adults Molested As Children，AMAC〕，但這個詞對我來說感覺比倖存者更被動。）在這本書中，倖存者指的是曾經在孩童時期被性虐待的成人，但我們永遠要意識到倖存只是一個暫時性的狀態，它將會被更美好的事物取代。

在某些章節之間穿插著一些個人的說明，我稱之為「故事」（statement），也就是成年男性倖存者所述說的自身經驗。在請這些人撰寫故事之前，我只提供最粗略的指導原則，我請他們結合以下事項：一、關於他們自身的資訊；二、發生在他們身上的事；三、這些事情的影響；四、他們認為有益於復原的事；五、他們想告訴其他男性倖存者的話（那些可能不知道要找誰傾訴的人）。為了保護隱私權，陳述中的名字都被更改過，文字上只經過最小幅度的編修。如你所見，這些故事在說明方式與範疇都差異很大，從冷漠超然的口吻到情緒化的語調都有，長度從幾段到數頁不等。我曾經聽過一位好萊塢製片談到「故事」跟「情節」的差別，他舉例說明，情節的例子是：「一個男人死了，然後他的妻子也死了。」故事的例子是：「一個男人死了，他的妻子也隨之心痛而死。」倖存者的陳述使這本書有了故事，給了它生命與真實感。我實在非常感謝那些願意分享經驗、想法與感受的人。

《哭泣的小王子》對我而言意義重大。撰寫這本書給我挑戰、啟示，也深深改變了我。讀者的回應令我謙卑又動容。我對本書抱持著高度的期待：

對於已經走上復原之路好些時候的讀者，希望這本書能肯定且褒揚他們的成就。讓那些關心男性倖存者的人了解他們、讚賞他們並且在他們復原的路上提供協助。如果你才剛剛開始進行童年創傷的療癒，希望你可以從本書中找到指引與安慰。

中文譯本緣起

洪素珍

我信手從內政部統計處抄下以下數據：今年（二〇一〇年）一到六月全國十八歲以下受虐兒童少年事件通報案件，一共有8,951件，男女比例相近，女性受害者稍多，各為4,375和4,576人；其中被性虐待案件各為142人和869人，女性佔多數。再往前看歷年數據，二〇〇九男女受害人數分別為6,646和6,754，受性虐待男女人數為134和1,082；二〇〇八年男女受害人數是6,760和6,943，受性虐待男女人數為110和1,145。可以發現各年比例都差不多。受虐總比例上，男女約一比一；至於性虐案件，男性受害者則只有女性的九到十分一左右。

看到這樣的數據後，多數人自然地，也習慣性地把眼光聚焦在多數的女性受害者上，不只因為數字大，而且多數人認知上，「性虐待」不就是「男人強暴女人」嗎？積極因應之道應該是加強保護女性，以及降低被男性侵害的機會。至於後續的工作則著重於讓受害女性走出創傷影響，重新回復正常生活。然而，女性受性侵案例居多數，那麼少數男性案例就是「個案」嗎？女性受害者會產生創傷，那麼男性呢？儘管數字只有十分之一，「少數」的男性受害者後來難道都「自然的」沒事了嗎？這是個迷思，也是個黑洞，是一個社會無法面對的問題。男人被性侵？這是怎麼一回事？是同性戀嗎？半推半就嗎？還是被害者根本就太懦弱、不敢反抗，「不配當個男人」？

這一連串的問題，做為一個專業的諮商師，我深知男性受害者創傷不僅不下於女性，甚至因為受制於文化和社會的壓力有過之而無不及，而這「過之」可能遠遠超過一般人的想像。因此，當我們把絕大部分的關懷只放在女性受害者身上，對男性受害者的存在繼續視而不見時，那看來的「少數」的傷口就會在黑暗裡流血化膿，甚至對社會和家庭造成影響。

在以「男性為強者」的文化裡，全球絕大多數地區的主流社會都有意無意地忽略男性被性侵害的事實。這樣的現象不能單以冷漠或無知來回答，一般人更多的反應是「不知所措」，因為不知道怎樣面對，所以便選擇忽略，或以符合被制約的認知來應對。而這樣的客觀狀況，往往會讓受害者更加無助徬徨。

在我的實務經驗裡，男性被性侵害不在少數，甚至在兒少的案例中，男性受害者並不少於女性。但是國內不管是政府、社福單位或者學術界，都還沒有把這個問題當作主流來防範、關懷或研究，相關的資料非常匱乏。

雖然男性被性侵問題的研究不是主流，但是藉由我所主持內政部的「發展特殊身心狀況院童性侵害防治方案暨性侵害輔導專業人員培力計畫」，從機構男童的性議題切入，還是希望將男性被性侵的問題予以釐清，因此我們研究團隊選擇了這幾年在歐美國家非常暢銷的《哭泣的小王子》做為讀書會的讀本，在幾個月的密集討論和研讀後，大家都對男性性侵案件有更深刻的體會和認知，並且常常熱切的互相討論，可見本書的成功。也因此，我們開始有把這本書翻譯出來介紹給國內讀者，作為拋磚引玉之作的想法。而藉著十一月本計畫要召開國際研討會，並邀請麥可·陸來台與會機會的催化，我們熱情加溫，就把本書的中譯本從排定生日開始往後推，按部就班地由讀書會成員義務翻譯出來，然後交由心靈工坊編輯製作成書，也就是現在交到讀者手中的成品。

在男性被性侵的相關議題上，本書的出版在國內允為先驅，為了扣緊與台灣社會的脈動，減少因文化隔閡產生的陌生感，我們在翻譯時刪去了一些與本土經驗相關較少的部分，不僅讓內容更緊湊，也可讓讀者更容易「入戲」。不過，有興趣一窺全貌的讀者還是可以找原著進行補充。

我不打算在這短文中細數男性被性侵的影響、模式和傷害等細節，因為麥可·陸在《哭泣的小王子》中都有詳細的敘述。本書可說是現今觸及男性性侵害案件實務的經典之作，有非常完整的相關入門知識和協助復原之道，尤其是透過實際案例的現身說法，讀者們可以有最直接的感受和領會。有人讀來也許會怵目驚心、感觸良多、恍然大悟，甚或激動淚下，這些反應都不讓我意外。

簡略地交代本書的緣起，我不多做介紹和推薦。真正的體會和感動，就等您讀完後自己來說吧。

【第一部】

關於侵害

about abuse

【第一章】兒童性侵害：迷思與真實

那些能在自己繼承的浩劫內，創造出不單只有簡單的自製墓碑之人，應該被稱為「倖存者」。

——凱斯・傑瑞特（Keith Jarrett），「倖存者組曲」（*The Survivor's Suite*）

「兒童虐待」已是我們日常生活中常見的詞彙，是我們都該對抗的敵人。大家應該團結起來，去譴責那些少數邪惡、病態的虐童者。我們自信滿滿地討論保護兒童的必要性，要孩子們留意披著風衣、躲在校園裡，企圖對兒童性騷擾的怪異陌生人。我們也教導他們不要隨便上陌生人的車或是接受陌生人給的糖果。我們總是自認了解什麼是兒童虐待。

同時，我們也創造出一個完美家庭的形象。電視、電影總是描繪在充滿信任、開明的氣氛底下，明智、關愛的爸爸和慈愛且照顧孩子的媽媽，教導孩子許多正向的價值觀。當家中出現問題時，爸爸會和兒子來場「父子對談」，溫和地開導他。媽媽則是坐在女兒床邊，說著自己的童年，散發母性的智慧，然後彼此互相擁抱。或是，場景可能是全家坐在餐桌前，輕鬆地溝通或說些民俗故事，來解決我們童年時期會出現的小狀況。我們創造一個對家庭生活的幻想且深信不疑，我們自認了解什麼是家庭。

何謂虐待

如果你決定閱讀這本書，很可能你的家庭經驗與前述理想化的家庭有著顯著的不同。如果你在童年時期曾被虐待，你對家的回憶會是另一種畫面。爸爸的談話總是不理性，而且教導方式一點也不溫和；媽媽自己的童年記憶可能是受暴與性侵害。用餐時間常常需要忍耐地吃完或乾脆逃離現場。記憶中的父母可能是缺席的、找不到人、無保護能力，他們可能都自顧不暇了，更遑論幫助你。家中的夜晚可能是叫囂互罵、發酒瘋、暴力場景、恐懼的孩子蜷縮著躲起來、惡夢、哭泣、困惑無助、無理的指責、嘲笑、有一餐沒一餐、企圖保護父母一方或手足……甚至是性侵害。可能沒有人相信你，沒有任何人可以保護你。你對童年的記憶可能很稀少或根本沒有，無論是好的或壞的，你總疑惑著，為什麼無法回想起那些快樂時光、那些金色童年。有些人會假裝相反的情景，想像家人是快樂、明智、健康、和睦的，用這種方式來保護受虐的自己，緊抓著幻想，直到現實硬闖進來。即使如此，你發現自己仍想試著改寫家庭歷史，讓它更像你所希望的家庭樣貌。

不論個人或社會，我們都塑造出一個舒適愉悅的家庭圖像，也難怪人們會緊抱著這個形象不放，以避免被殘酷的現實污染傷害。即使是身在受虐當中，假裝實際狀況是相反的情況也比較容易。事實上，對理想家庭的幻想可能是兒童時期唯一的避難所。理解這個現象，就可以理解為什麼即使面對非常明顯的受虐證據，孩子仍堅信一切都是正常沒問題的。在我的臨床治療中，常聽到許多殘忍與暴力的悲慘故事，當我向個案指出他們的童年是遭受虐待時，他們往往大吃一驚。因此，唯有當我們把對兒虐本質的誤解與完美家庭的神話結合時，上述的反應才說得通。

家庭，神聖的結構

「家庭」在多數文化中是個神聖的結構。政客因為對家庭價值的承諾而勝選，教育與宗教人士譴責「家庭的崩解」。沒人願意冒險挑戰家庭的神聖性。在美國，家庭價值的信念是和隱私權、獨立權一樣被等同重視。

「男人的家就是他的堡壘」，城堡中國王與皇后有絕對統治權，少有人願意針對養兒育女給予建議，更遑論干預他們的教養方式。看起來，責任全都在父母自己身上。在這樣的文化價值交疊下，父母（可能自己曾在暴力家庭中長大）得獨自面對處理家庭中的生活壓力，如此一來，容易建立一個把兒童（和妻子）視為財產的環境，其「所有權」授予父母可以任其所欲對待兒童的權利。

基於對獨立性與差異性的尊重，使得父母的教養行為有很大的自由空間，也因著對個人及家庭隱私權的重視，傷害的和令人震驚的行為才會被忽略，甚至重大兒虐都未被通報。直到最近，保護兒童不受父母虐待的必要性才逐漸被大眾認同，但其改變仍是緩慢且試探性的，兒童保護機構對家庭的介入常遭受質疑。

真相是：兒童虐待是存在的，它有多種樣態，有些明顯，有些則很細微。兒童虐待的範圍從疏忽到身體暴力，如：施刑、毆打、言語和心理不當對待、兒童色情刊物、性侵害（從引誘到強姦等行為）。兒童虐待鮮少侷限於單一行為，往往在行為組合、時間長度和施虐強度有不一樣的形式，每種形式都對兒童造成極大傷害與長期影響。

在父母絕對威權下，兒童失去所有「人」的權利，如：隱私權、獨立權甚至掌控自己身體的權利。而我們卻依然相信一個假象，就是親密家人造成的傷害是少於陌生人的，但事實剛好相反。

兒童具有驚人的復原力。在適當的支持、穩定的愛與鼓勵下，兒童甚至能從最嚴重的童年創傷中復原。然而，當本來應該是治癒兒童的重要他人犯下傷害時，孩子又該何去何從？安全的世界被摧毀了，孩子在受虐中孤立無援。當加害者是家中一員時，全家都會受到影響——包括沒意識到虐待行為的其他家庭成員。受虐兒、加害者與其他家庭成員之間的三角關係，將成為焦慮和混亂的源頭。

本書不打算提供「施虐家庭」的確切描繪，有兩個原因：首先，沒有一種可以準確勾勒出發生亂倫或其他兒虐的環境側寫。我們可以討論怎樣的文化價值和社會氛圍提供了施虐的沃土，但是我們無法像描繪虛構典範的「完美家庭」一樣，準確地去勾勒一個施虐家庭。其次，不闡明施虐家庭樣貌，是因為倖存者會傾向自我消除。你想要明確答案與確切架構是很正常的，你可能會對自己說：「給我一個施虐家庭的描述，我才能決定我的情況是否符合。」能夠確認自己不是受虐，或是認為自己情況還不算太糟，因為尚未滿足施虐家庭特徵中的第七條，上述兩者對你都將會是一種解脫，但是這些自我排除都不會對你有幫助。

如果你是兒童性侵害倖存者，可能已經有太長一段時間，你覺得自己與別人不同，被排斥、被孤立。當探討種種的可能性時，讓我們先把你納進來，先歡迎你閱讀本書，不論你是因為有鮮明、確切的多年性侵害記憶，或只是因為看似好奇而拿起本書；不論你的家庭是混亂或看似正常，這本書皆適合你。你有權讀它、感受它，在任何能幫助你掌握自己人生的情況下使用它。

焦點 Focus

受虐後的影響

在一場週末男女倖存者復原團體中，參加的男性們針對「童年性侵害如何影響成年後的生活？」寫出底下的列表，所列項目不一定符合每位倖存者的狀況。我列出這些男性們寫下的全部項目，未做任何修改。

惡夢（激烈的；暴力的）
害怕每個人都是潛在的攻擊者
羞愧感
憤怒
罪惡感
害怕表達憤怒；難以生氣
控制感的需求
假裝自己處於失控狀態的需求（無助感）
害怕被關注；害怕曝光；懼曠症
遠離人群
害怕親密；逃避親密關係
「逃避主義」

疼痛及身體痛苦的回憶
記憶回溯（Flashbacks）
無法清晰地思考
溝通困難
侵入性想法
強迫性飲食、不吃、節食、暴食、催吐……等
自我虐待
求死念頭
性衝動行為
感到無性
性功能障礙
不真實感、隔離感
自我形象是失敗的
在任何時候都要完全勝任的需要
覺得「這是我的錯」
自我懷疑、感覺自己是不夠好的

嫉妒
羨慕
感到不足
希望我是別人
無法接受安慰或滋養
被稱讚時感到羞愧
低自尊
保留無關緊要的祕密
感到被圍困
覺得人際困難
隔離
不善表達脆弱、無法被傾聽或接受關心
認為「如果他們了解我了，就會拒絕我」
因逃避而有成癮行為
凍結情緒
害怕別人別有用心

- 擔心別人利用我
- 無法說「不」
- 缺乏認清真相的能力
- 角色混淆；認同混淆；性別混淆
- 對想被照顧又不想被照顧而感到矛盾
- 害怕權威
- 害怕規則
- 害怕女性
- 害怕男性
- 害怕大聲說出來
- 無法放鬆
- 和感覺隔離
- 感到卡住、困住
- 將虐待視為愛
- 對部分童年遺忘或失憶
- 沮喪
- 解離經驗
- 擇偶能力不佳

以上項目不全然非要準確不可。歡迎你把這本書當作背景資料或指南，來探索你的童年經驗。當讀到虐待、倖存或復原的多種面向時，擷取對你有幫助的部分，其餘的就放著。當談論虐待／功能不彰／混亂等家庭時，要知道這些家庭之間的差別，僅是同樣態內不同的變化，並非要你低估自身的經驗。如果你有本應保護你的家人或成人卻對你施暴的童年經驗，這本書可作為創傷復原的參考資料。

那些連陌生人都不被允許的行為，我們卻默許家庭成員做出這樣的傷害，這又該如何解釋？唯一的解釋就是，我們因獨立之名而孤立父母，且將兒童視為財產（沒有感情、也沒有身體和情緒自主權的財產）。雖然我先前說過，但值得在這裡重述一次，將兒童視為財產是問題的開始，也是整個虐待問題的關鍵。

有許多探討為何會有虐待行為的理論和觀點。就我而言，我對於能否提供虐待的確切定義不感興趣，我更關心的是復原歷程。身為一個臨床心理治療師，我重視受虐後的影響。在和多位倖存者工作後，我開始可以辨別出因為過去童年的性侵害經驗，成年後會出現的常見徵狀。如果你帶著可能源自受虐的記憶、感受或困擾來找我，我的責任是幫助你探索和了解，童年創傷是如何傷害你，以及如何持續影響你的成年生活。但是僅止於了解是不夠的，必須撫平少年時期性侵害的創傷，才能繼續向前走，享受完整和滿意的生活。復原是可能的，雖然不容易也不是立即見效，但是它真的會發生，我看過許多的倖存者都有這樣的經驗。

如同我的治療和工作坊，這本書的目的不是分析或是提出關於虐待的定義與理論，而是談論兒童性侵害的影響和復原。至於為什麼會有虐待行為，我在這裡簡短談一下我的想法。我認為，兒童有被照顧和保護的權利，這是絕對的權利。當任何人藉權力位階，如：力量、職權、經驗等方式侵害兒童的權利時，這種行為就是虐待。虐待兒童沒有正當理由、不是理所當然，更不是兒童需要負的責任。只有當我們體認活生生的現實：孩子需要被保護，免於受任何形式的虐待，並將這份體認放在心上，反映在整個社會制度上，我們才能建立一個真正健康的社會。

何謂亂倫

亂倫是個特殊的兒童性侵害現象。根據傳統定義，亂倫是指有血緣關係的人之間發生性行為。在不同文化中，對於親近的程度有不同的認定，但在所有我知道的文化裡，親子或手足之間的性行為皆被視為亂倫且是被禁止的。

和我在臨床工作時一樣，本書對亂倫的定義是比較廣泛的，是經由從事性侵害相關工作的治療師與亂倫倖存者支持團體所共同定義出來。**亂倫是違反信任關係、權力關係和保護關係的行為**，而血緣關係之間的性行為是本書亂倫定義下的其中之一。

亂倫不同於其他性侵害的地方，在於**加害人本來應該是保護被害人或被害人父母的身分**。原本是兒童可以向他尋求照顧、安慰和理解的人，卻因性關係而破壞了這份信任關係。「照顧者」並非一定是家庭成員才能造成創傷經驗，孩子天性就會信任最親近他們的成人，直至受到其他原因而改變。**任何**比兒童年長的照顧者所做出性剝削的行為，以定義而言就是亂倫，因為它破壞了兒童天生的信任感。不論加害人與兒童的關係是來自血緣、父母或繼父母、年長手足、鄰居、朋友、老師、神職人員、治療師、醫生、保姆、營地輔導員或其他照顧者，破壞信任感的情況都會發生，結果都是相似的：兒童的世界變得不安全、混亂和可怕；為了生存，孩子必須合理化他們的遭遇。

當重點放在童年期的侵害時，我無意低估其他性侵害的類型。兒童性侵害的影響都是很嚴重的，不論加害者是親戚或陌生人。然而，本書的目的之一是討論兒童遭熟人性侵害所造成的特殊後果，以及為何這些創傷特別嚴重且難以復癒。

由陌生人與家庭成員（或熟人、友人）所造成的兒童性侵害，必須在情境脈絡底下來談論其差異性。我們從小就被警告說不能相信陌生人，我們被教導要信任親人和朋友，家是安全的同義詞。這些訊息是如此明確且廣泛地被強調。

我看了一齣回顧一九四〇到五〇年代之間的卡通節目，驚奇地發現這些卡通主題都很雷同。小孩（或者是幼小的動物）離家或與保護他的家人走失了，在探索的過程中遇到危險（可能是天然災害或遇到壞人），但他們往往都在最後一刻獲救，拯救者常常是媽媽，雖然有時候是爸爸、父母雙方、親戚、或者寵物也來參一腳。這樣的劇情傳達了一個明確且強烈的訊息給看電影的孩子們，就是「跟著家人就會是安全的、要遵守規定、聽爸媽的話、不要去陌生的地方」。同樣地，在經典電影「綠野仙蹤」（The

Wizard of Oz）中，桃樂絲返回到亨利叔叔、艾姆嬸嬸的懷抱，也是不停地傳遞出「沒有一個地方像家一樣（家是最溫暖的地方）」。奇妙與歡樂的外在世界充滿危險，只有在熟悉的環境才安全。

因此相較於熟人，陌生人性侵害兒童所帶來的傷害程度是不一樣。我們多少都會防範外在威脅，除了特殊的情況之外，孩子在一開始都不會信任陌生人。按常理，當孩子被陌生人傷害時，會轉往家庭尋求支持、理解、滋養、安全地療癒。如果需要時，孩子可以從外在世界退回到愛他之人的保護中。家庭會提供鼓勵與安慰，最終引導他迎向寬廣的外在世界。這個過程能教導兒童要好好保護自己，建立合理的信任感。

但若是媽咪或爹地（亦或是亨利叔叔、艾姆嬸嬸）是加害人呢？孩子該信任誰？又能去哪裡尋求支持與保護呢？當受害人與加害人之間的關係越親近，越有可能失去信任感，此關係不單指血緣性，而是泛指彼此的情感關係。兒童受害者與加害人關係越緊密，所造成的信任問題也越嚴重。亂倫受害者不僅要面對身體的傷害，更要處理被毀壞的信任能力。如果他連最親近的人都不能信任了，「相信他人」怎麼會是安全的？信任的能力（與其破壞後的重建）是倖存者的關鍵議題，也是本書的中心主題。

兒童性侵害的脈絡

「什麼樣的怪物會性侵害幼童？」

「這不是很可怕嗎！墮落亂倫的家庭依然存在！」

「這種事情到底有多普遍？」

「我無法想像認識的人會做這檔事。」

「這種事情應該只發生在＿＿＿＿。」（填寫你喜愛的刻板印象）

「你所說的性侵害，實際上是什麼？」

「但他們看似好人。」

「我怎麼會都不知道？」

這些是我經常被詢問的問題，反映出普羅大眾對兒童性侵害的猜想，源於普遍的無知以及正視讓人不舒服議題的困難。與其接受一個令人痛苦且無法抗拒的現實，人們普遍相信男童性侵害是極其罕見的個別病徵或令人噁心的外來、野蠻、未開化風俗。當人類渴望逃離不愉快的現實時，會採取懷疑、否定或疏離來避開醜陋的真相。

我們寧可相信「那種事不會發生」，不計代價否定一切，卻持續造成百萬個兒童的孤立與傷害，沒錯，就是百萬個。即使我們採用普遍被接受的數字（三分之一的女孩和十分之一的男孩為兒童性侵害受害者），並假設他們已被誇大了十倍，得到的數字仍是上百萬個兒童，而且事實上目前證據指出，反而可能是被顯著低估。我們談論的是上百萬個受害者與加害人，他們是誰？他們在哪？不需要很繁瑣的計算，我們就了解不是只有幾個「野人」和「瘋子」而已，我們不能把這些現象侷限於某些特定族裔、特定地區或歷史上某些特定時代的獨立現象。

人類和歷史學家發現，亂倫禁忌存在於所有已知的社會和歷史中。精神科醫生、心理學家、文化人類學家和其他學者，都提出許多理論來解釋亂倫禁忌的普同性。生物觀點認為亂倫須禁止，以防止近親繁殖造成遺傳缺陷。經濟觀點則強調鼓勵家庭外的結合，以壯大家族的權力和財富。社會學觀點主張透過最廣的連結、互動、關係網絡以鞏固整個社會。心理學，在佛洛伊德（Sigmund Freud）《圖騰與禁忌》（*Totem and Taboo*）一書中，藉由跨文化研究解釋這現象的原始起源。

這些理論都有正反意見，也都有可解釋與其不足之處，目前沒有一個普遍被認同的理論，可以完全解釋亂倫禁忌的起源。雖然有大量研究發表，但是學者們仍意見紛歧。

本書的目的不是要探討各種關於亂倫起源與其禁忌發展的理論，如果讀者對此議題有興趣，相關的研究資料非常豐富。本書的目的在於探索更迫切的問題：兒童性侵害的本質、受害者的影響、傷害復原的方法。對我們而言，可以藉這句「沒有必要禁止一個不存在的事」，來反推亂倫禁忌的普同性是明顯存在的。簡而言之，亂倫禁忌到處都存在，係因每個文化皆了解到保護兒童遠離亂倫的必要性。亂倫禁忌（至少在美國文化中）一直無法有效保護兒童免於性侵害，顯示我們必須採取更強有力的措施，也顯示我們有嚴重的社會問題，需要發掘、研究和矯正。這是我寫本書的另一個原因。

亂倫除了遍及過往歷史和世界各地，兒童亂倫也不侷限於特定的社會階層。亂倫不只是發生在「那裡」，而是存在於「最美好的家庭」，可能是富裕、貧窮和中產階級；可能是雙親、單親、繼親、收養和大家庭；可能是有宗教信仰和沒宗教信仰、白領和藍領、北部和南部、城市與鄉村。

如果你是位男性倖存者，首先你要知道，還有許多男性也是受害者。確切人數並不重要，重點是受害人數很多。知道還有其他倖存者存在，代表你不孤單，且了解侵害和復原因子遠遠重要於了解數量和類型。

焦點 Focus

對虐待用詞的反思

眾所周知，思想和價值觀都表現在我們所使用的語言中，然而，我們卻不太願意承認語言也會影響我們的觀點和行為。李察·霍夫曼（Richard Hoffman）提出強有力的論點，探討我們談論虐待和施虐者時的用字遣詞，以及如何改變用詞來反映現實。

本文出自一九九八年十一月二十三日的「波士頓環球報」（*The Boston Globe*），經作者同意刊出。

對純潔的敵意

作者：李察·霍夫曼

十歲女兒告訴我一則新聞，說鄰鎮一個小男孩被綁架後姦殺。她堅持要我打開電視看更多新聞。我猶豫了一下，想要保護她，好像不讓她得知真相就等同於保護她遠離邪惡似的。最後，我打開電視新聞。

我主要是擔心女兒的感受。但身為人父，我也心疼這位身分不詳男童的父母。同時，因為我在十歲時曾經被教練強暴，而他在被逮捕之前早已蹂躪數百名兒童，為此，我過去的怒火不禁油然而生。很快地，我們知道那男孩名叫傑佛瑞·科里（Jeffrey Curley）。

因為過去的經歷，我一直設法想了解這種邪惡暴行。我得到一個結論：如果我們要避免一直以來的恐懼、無助與絕望感，以及持續使孩子置身險境的無能為力，我們就必須使用一套不同的詞彙。我相信，我們已經被自身所使用的詞彙，以及討論虐童者的方式所誤導。用詞非常重要，它代表我們如何思考。當我們說他們「有病」時，代表我們採用了一個接受他們否定和扭曲的名稱。我們對這些不反映現實的詞彙感到混亂，但卻想遮掩它，直到造成一次又一次、一個接著一個兒童受害，直到一切都太遲。

讓我們從拒絕使用「戀童癖」（pedophile）這個詞開始。它源自希臘，字義為「愛戀兒童的人」，好一個奧威爾式倒反（Orwellian inversion）的用詞，用這個詞來形容那些侵犯兒童甚至殺人滅口的人，剛好幫狼披上了羊皮。

「戀童癖」這個詞不只不恰當，還是個偽醫學術語。它讓我們認為這種邪惡是來自於疾病和病症，惡行只是受病症影響，與糖尿病、肌肉萎縮症這些遺傳性疾病一樣不能控制。如此一來，使侵犯兒童的行為像是自然秩序的一部分，也使加害者成為無法控制自己的人。

不如使用這個拉丁字來取而代之：「pedoscele」（傷害兒童者），其中「scelus」意思是「邪惡的行為」，試著念念看「Ped-o-skeel」，意思是對兒童幹壞事的人。也別再使用「性罪犯」（sex offenders）這個詞了，好像他們的罪行和性有關似的（這樣說來，傑佛瑞．達默（Jeffrey Dahmer）可能就該稱為「飲食罪犯」了）〔譯註一〕。詩人琳達．麥卡瑞絲頓（Linda McCarriston）曾說道：「說：『這人與兒童發生性關係』就好像是說『這人與豬肋排共進晚餐』一樣。」

兒童強暴是一種污辱的暴力行為，而不是性意識或情感的表達。傷害兒童者卻要我們相信這是男性成人與男童的愛，而我們卻常常被此矇騙。例如：在我的家鄉，當新聞播報出關於傷害數個世代兒童（包含我）的人時，一位電視時事評論者說：「被告已承認他過度喜愛男孩。」（看「戀童」這個詞在這，它偷偷躲在暗處。）在庭前聽證會上，一男孩表示被告曾威脅他，如果說出去就切斷他的陰莖；另一男孩則作證表示被告曾威脅要槍殺他弟弟。過度喜愛，真的嗎？

蘇格蘭小鎮丹伯寧（Dunblane, Scotland）幾年前一位名為湯姆斯．漢密爾頓（Thomas Hamilton）的傷害兒童者屠殺了一間幼稚園。在過去，他因為不受歡迎，從一個社區被趕到另一個社區，但是兒童受害者的家長因為羞愧而不願意上法庭，使得警方對他束手無策。他被視為怪胎一樣被人四處驅趕，然後造成下一個社區的問題。隨後發生的屠殺事件就如同今日傑佛瑞．科里事件一樣，呈現出這類兒童虐待的真正本質：

〔譯註一〕傑佛瑞．達默，美國連續殺人犯，一九七八年到一九九一年間將十七位男性被害者殺害、姦屍後吃掉。

對天真和幼小（即所謂天真無邪）的仇恨，像湯姆斯．漢密爾頓、傑西．提門德夸斯（Jesse Timmendequas）〔譯註二〕或殺害傑佛瑞．科里的兇手一樣，無法忍受純潔特質而必須毀滅它，但卻因無能力摧毀，只能殺害那些代表純潔的兒童作為替代。

談論至此，我們也讓「騷擾」這詞退休吧。最近我們全家到某個鳥類保護區進行一日遊時，看到那兒有個告示牌寫著「不要騷擾鳥類」。查查字典，它的意思是「打擾」。打擾？先生抱歉，你打擾到我的小孩了。

即使在非正式的言談中，我們溝通起來也大多是充滿無知、不舒服和混淆的。我曾聽過「逗弄」（diddle）這詞被用來形容（且輕描淡寫）對兒童的侵犯，像是「他喜歡逗弄小男孩」，似乎刻意要讓人有傻傻的、竊笑的、頑皮的感覺。逗弄、撫摸、戲弄這些模糊委婉的用詞，讓像傑佛瑞．科里這樣的真實小孩消逝其中。

我們需要讓孩子安全，但首要之務是認清現實，並正確地使用語言以反映出侵害兒童犯的真正本質。或許我們最終可以找出如何保護兒童，免於被那些因為孩童年輕、純真且信賴人因此而憎恨（別誤解，是憎恨而非喜愛）他們的人傷害。

〔譯註二〕傑西．提門德夸斯在一九九四年姦殺七歲女童梅根（Megan Kanka），促使美國總統在一九九六年簽署梅根法案（Megan's Law），規定刑滿釋放的性罪犯須向所住各州執法機關登記、備案存檔，並將其資料公諸於眾。

施虐者行為樣態

所有的行為，包含兒童性侵害，都存在於社會與文化脈絡之下，必須檢視此框架才能進一步了解，那些最可能形成和發展施虐樣態的環境。除此之外，還必須觀察家庭態度、行為模式，以及其他家庭內部不正常的互動，哪些部分是允許（甚至鼓勵）兒童性侵害。

許多研究者和臨床醫生認為，影響兒童性侵害的嚴重程度，與下列要素息息相關：受害人的年齡、遭受肢體暴力的嚴重程度、侵害的持續性、與加害人之間的親疏遠近、兒童的性別、與加害人是否同性別、如何與兒童解釋這件事（以及兒童如何理解這件事）。毫無疑問地，進一步研究探討這些及其他的因素，將有助於我們了解侵害和復原的本質，但我也希望我們不會模糊事實焦點，那就是侵害兒童**都是**嚴重有害的、錯誤的。我們研究不同的侵害形式，目的是加強理解所有的預防之道，並促使**所有的**倖存者復原。

我不太願意將重點放在不同形式的兒童性侵害所造成的差異性，原因有三。

首先是缺乏確切的證據。即使有大量關於兒童性侵害的研究，但我們對其議題的所知仍然有限。對於男童性侵害，只有盛行率的概略數據，雖然勉強可以在學術上推論，但仍然需要進一步的理解，例如：單一獨立（急性）的侵害事件與長期（慢性）的性剝削彼此間的差異。不論加害人是一名還是多名、是引誘還是暴力脅迫、是插入、撫摸還是性暗示，沒有一個確切的說法能解釋受害者為何被當成目標。我們也不了解男性在嬰兒、早中晚期童年與青春期受侵害時的差異。當有侵害情況的家庭成員同時又酗酒、吸毒、有暴力傾向或是嚴重精神疾患時，我們也不知道情況是否會有明顯的差異。當在家庭中性侵害受害者是數個而非單一時，我們也需要理解這是否會產生特殊問題。如你所見，我們還有很長的路要走，目前一些初步的研究對男童性創傷的本質與其復原過程，提供了些許曙光。毫無疑問地，後續研究將會繼續增長我們對創傷療癒的了解。

第二個原因是，我擔心強調差異性會干擾復原的過程。受創經驗是一種被孤立的經驗，加害人一定會把被害人從家內任何保護的資源中孤立起來，他也可能成功地讓家庭成員與外界保持隔離。復原的第一步即是用各種可能的方法打破這種孤立狀態，後續療癒也需要持續地努力才能擺脫多年被孤立的影響。當倖存者第一次聽見別人說：「這也發生在我身上」、「我一直都有這樣的感覺」，他的生命就改變了。聽別人訴說經驗和感受，映照出自身相似的經驗和感受，就能顛覆自己有生以來認為永遠沒有人能夠理解的想法。了解相似性遠遠勝於了解差異性。很多我們堅稱重要而緊抓不放的差異，事實上可能是武斷且微不足道的。

最後，關於兒童性侵害，最基本的影響是信任感的破壞。不論是何種形式的傷害，倖存者信任感的喪失都是最常見的。

在說明了為什麼我不把重點放在區分差異性之後，我要概略提出亂倫家庭中經常發現的異常樣態，並推測可能產生的影響的嚴重程度。（**記住**：如果你的經驗不完全符合底下所述之樣態，並不意味著你未被虐待，或是你的受虐情況比別人輕微。本書的目的不是要建立性侵害受害者的程度排序。在處理你過去所承受的遭遇時，你理應得到充分的重視、關心與支持，這無關乎他人的經驗是如何。）

許多（但非全部）的亂倫倖存者，來自數種施虐類型或多重失功能家庭。我的病患和團體成員中，有些人的父母（或親近的成年人）酗酒、吸毒、強迫性暴食、毆童、虐妻、有自殺傾向、嚴重憂鬱症、偏執、躁鬱症、罪犯或本身是虐待下的倖存者。這些功能障礙甚至可能有助於隱瞞施虐事實。如果有人意識到受虐兒童出現異狀，通常會把原因歸咎給家中有個酒醉父親（或瘋狂母親），而不會察覺到是受虐狀況。

然而性創傷並非只出現在多重虐待的環境中。我曾經跟許多倖存者談過，他們來自外在看似體面的家庭，穩定、經濟狀況不錯、沒人酗酒、待人恭敬。為了能夠持續施虐，必須保持隱密，哪有什麼比偽裝成模範家庭更好的手段？（並且還能讓受害者混淆！）要孩子掩飾一個痛苦的祕密，成為「健康家庭」的守護者，這樣對孩子的傷害很大。

許多男性倖存者也和女性倖存者有類似的遭遇。在某個關鍵時期，父母一方或雙方有人缺席或消失，無論這些缺席是因為慢性疾病、精神治療、工作需要、入監、死亡或其他因素，使得孩子必須長時間待在寄養家庭、親戚家、父母友人家、負責照顧卻施虐的父或母、繼父母或其他暫代親職的人或機構中，讓兒童處在容易受虐的環境裡。

履行缺席一方的「夫妻義務」，常被用來當作兒童性剝削的藉口。在這種情況下，受害兒童被迫成為缺席者的替代品，承擔其「義務」，如：陪伴、做家事、照顧其他小孩，甚至性。缺席不一定是空間距離。因性或情感方面被伴侶拒絕，也會使得男孩或女孩成為替代品。父權社會鼓吹甚至依法，丈夫有權滿足性欲。許多男性加害人以妻子無法滿足其需求為由，來合理化、辯解性侵害行為。再次說明，這是常見但並非必然的受虐家庭樣態。

兒童性侵害有時也發生在那些父母自稱性生活美滿、頻繁甚至相互滿意的家庭之中，這看似矛盾，但別忘記了，我們現在談的不是正常成年人出於自願的性行為，而是以性為形式的兒童虐待。當一個社會將其各階層的公民——黑人、窮人、殘疾人、婦女或兒童——視為財產，這樣的架構底下就會導致長期存在的暴力與性侵害，這是會產生亂倫家庭的文化脈絡。只有靠我們改變態度，給予每人應有的權力，才能消除亂倫，這是一個長遠的目標。同時，我們也要設法保護兒童免於侵害，並協助倖存者復原。

經過與數百名治療師和數千名倖存者的討論之後，我做出了這個結論：兒童性侵害最驚人的特點在於，它與性侵害對成人倖存者的影響相似。的確，具體情況可能各有不同，每個人受害後的影響也各有差異，尚有其他因素未被發現，未來將會有更多解答，但現在仍多是推論。我們都知道兒童性侵害的影響，來自於那些應該是愛和保護之關係的傷害，其傷害對兒童是很嚴重的。當倖存者開始分享自身的故事、談論表達自身的感受時，不論男女、異性戀或同性戀，他們皆能相互接納彼此。倖存者之間的相似性，提供他們彼此了解、分享與連結的基礎，這也是邁向復原之路的基礎。由於大量的相似性，使得彼此之間的差異性不再如此顯著。後面章節所談論的主題，將有許多倖存者分享他們的經驗，可能會有觸動人心弦的熟悉感，也會有令人不舒服的感受。主題包含：

- 在虐待的脈絡下，關於男子氣概、性別、性意識（sexuality）的議題。
- 感覺：我們如何學會隱藏和否認它們，以及如何恢復以健康方式感覺及表達情緒的能力。
- 童年的失落與其他的失落。
- 孤立與寂寞。
- 幫助倖存者度過受虐童年的因應策略，以及成年後當這些策略變成問題時，要如何改變。

● 復原：克服恐懼和不信任感，然後療癒你獨特的人生，繼續前進。

接下來三章的重點是，在兒童性侵害的脈絡中，身為男性的意涵。這個目的不是要區分男性或女性，也不是意味著男生受侵害情況相較於女生是比較嚴重或不嚴重，而是如果我們要去除侵害的社群文化，就必須了解其所有的面向，也必須探討我們對男性受害的態度，如何不同於看待女性受害時的態度。最後，我們必須檢視我們是如何看待性意識與感受，才能了解侵害帶來的影響，並提供復原的線索。

story

凱斯的故事

三十七歲的倖存者凱斯，帶著掙扎與希望，向同是倖存者的伙伴們（受著苦與有勇氣的伙伴們）喊話。

「如果沒有那些人，那些視兒童亂倫、性侵害和對兒童施暴為罪行的人，今天我早就死了。」我答應自己當我為這本書寫文章時，這是第一個句子。我今天為你們這些正在受苦但勇敢的伙伴們寫這篇文章，是要讓你知道有人跟你一樣，與你有相同的感受。我想給你勇氣好讓你知道你是對的，那些對你所做的暴力行為是罪行，你是無辜的。我也是寫給我自己，希望一切是真的，這感覺就像是朋友用溫柔善良的雙手觸碰我們一樣。如果我的文章給了你希望，也會給你勇氣，讓你有勇氣去了解不是每個人都會像野獸般傷害你，或是像懦夫般背叛你。讓你有勇氣去發覺，有人能理解你需要多勇敢才能保留住你對愛、對被理解以及被接納的渴望。沒錯，有勇氣去愛、去理解、去接納真正愛你的人。也許最後，你也會有勇氣採取行動以抵抗痛苦，為我們所有人贏得另一個充滿純潔、柔和、勇氣的人生。

亂倫是一個關於沉默的故事，純潔之人的沉默、弱勢之人的沉默、信任之人的沉默、敏感之人的沉默、可愛之人的沉默、人性的沉默。光是這些沉默，就是對那些懦弱、病態、可鄙、殘酷、邪惡之人的大聲譴責，因為他們摧毀人性中對純潔、易感、信任、敏感、可愛和人性的展現。即使部分的加害人不是那麼罪大惡極，這仍是事實。即使部分加害人仍帶著些許的愛，但是當他們侵害我們時，就不是在表達愛，而是他們人性的崩解和墮落。

每段信任的背叛都是暴力，這種暴力是亂倫經驗的核心。亂倫犯行應受譴責的部分，不僅僅是因為傷害了兒童，更是因為它傷害了孩子的未來。亂倫犯了三種罪行，對孩子的折磨、利用、輕忽是第一個；讓兒童沒有環境可以表達那孩子氣的愛是第二個；最後，它讓兒童失去一個以人生美好事物為奠基的未來，讓他無法安全地成長、實現自我。我就是那個孩子。

如同許多倖存者一樣，我藉著刻意遺忘來保護自己。每天，我努力將發生在我身上的嚴重肢體暴力和性影像，以及伴隨它們而有的非常強烈、幾乎要人淹沒的感覺，變成只是一個記憶。事件發生當時的影像在我心中非常清晰，但卻與我的情緒解離；肉體的感覺也非常強烈，但卻與引發這種感覺的事件解離。

我完全否定那些人的行為，他們在我人生經驗的低潮時，強迫我喝酒，期望我會永遠背負羞辱，好讓他們永遠可以不需為自己的所作所為負責。他們在我的煎熬與混亂之中找到脫罪藉口，甚至合理化他們的暴行和懦弱。

今日我不再沉默。今日，我以正常人的語調憤怒地寫下所有強加在我身上、所有被我拒絕的事。試問是誰給了加害人權利，讓他害我如此受苦。我認為，人只有彼此相愛、彼此照顧的權利。

我的母親傷害我。我說出這件事時仍會感到害怕，但至少我今天可以說出來。明天，在和我同樣努力克服童年暴力的男性、女性的愛的包圍下，我將有能力感受它。

為什麼倖存者團體如此重要？如果我們的童年充滿歡樂（這是我們與生俱來的權利），我們甚至不需要思考這個問題，我們會知道人生最大的喜悅是和他人分享愛和人生經驗。

被觸摸、被愛、被養育、被支持、被理解、被接納、被關注和被讚賞，這些是與生俱來，無需言喻的人性渴望。但這些渴望卻被用來對付我們或當作懲罰我們的藉口，因為那些人無法真實面對自己，藉由把他們的感覺和欲望怪罪在我們頭上，以消除自己的恐懼、殘酷、罪惡感和羞愧感。他們行事殘忍卻說一切是我們的錯；為了掩蓋罪行，他們強迫我們一起參與；為了不使自己感到害怕且更有力量，他們便強迫我們將之視為愛。這裡面有一些人還是老師，使得我們全都得獨自摸索怎樣成為「人」。

我們都孤獨地逃離，越遠越好、越久越好、越深越好。如果你剛好拿起這本書，你其實知道即使躲得再遠也永遠無法快樂。你已經躲很久了，總是不相信別人的愛，很希望能停下來、能休息一會兒、能結束一切，最後能夠深深地、簡單地、完全地信任一個人，並且贏回自己對自己的信任。誰能了解沒有回應的呼喚呢？人生的快樂就是把自己的歌曲融入眾人的合唱中。

只有加害人才會要我們沉默與孤立，「如果你沉默，你就不是真的存在。」他們這麼說，又說：「如果你說出去，保證沒有人會相信你的，因為你是瘋子、笨蛋、壞蛋、醜陋、骯髒、頑劣、自私、軟弱、撒謊、不值得愛和不值得相信。

但是，我們倖存者（也是合唱中的一部分）會回應你：「我們相信你，不是他們。我們相信你，在你尚未對施加於你的惡行感到憤怒之前，在你清楚知道那些是犯罪行為之前，在我們尚未相遇之前，因為你和我們一樣，你的故事就是我們的故事」

讓我們就這樣開始吧。我對你捧著這本書的手說話；對讀著這些文字的眼睛說話；對你輕輕而謹慎跳動的心說話，你的心甚至已經躍向我充滿關愛的語調，這是在召喚我們起來反抗。你的手覺得拿著這本書的感覺很好。你的眼睛回應著，回頭看那一句看似不解但是觸動心悸的句子。你的心也回應著，你那顆疲累不堪的心，受夠了侵犯、沉默、否定、背叛與膽小的心。對生命的喜愛使你從未放棄希望，希望仍有人能夠愛全部真正的你以及你的過去，不會傷害你或拒絕你。只要有人願意站出來說出真相，你就準備好願意原諒全人類，雖然其中有些人曾經傷害過你。

此時此刻，我就是那個人，我對你說：你是無辜的。如果你拿著這本書，如果你允許你的心充滿勇氣地顫動著，拒絕讓希望死去，那你就是已經準備好展開抗爭，直到最後。這不是一場簡單的抗爭，但要記住：如果你曾被侵害，你早已參與這場抗爭了。

我們生存的核心不因受侵害而摧毀，而是為了存活而必須走的遠路，使人生變得脆弱易感。要能夠在這世界生存，需要一個以信任為基礎的純真。我們越是避免打這場仗，我們的加害人便越能夠掠奪我們的純真，讓我們充滿罪惡感地活在這個混亂、困惑和恐怖的世界。

你所缺乏的是幫助，而這是你可以得到的。透過協助，我們得以將個別經驗和整體人類經驗相連結，如果我們不伸手尋求協助，不嘗試讓自己與生命美好事物相連，我們將蒙受極大的損失。我們將無法使用人們所創造的最良善的方法，消除我們的無知、緩和我們的恐懼、減緩我們的痛苦。

生命並非靜止不動。有些失落和錯誤無法挽回，我們的希望持續落空，我們付出許多代價甚至是死亡。我們之中有些人沒有得到幫助，沒有人協助他們獲得支持和了解，讓他們得以尋求所需要的愛，讓他們得以用唯一的方式經驗希望——擁有一些真正屬於我們的真實，就是此時、此刻、馬上、今天和明天。

我不是憑空想像寫下這些，因為我幾乎就是那個沒有獲得協助的人。我否認亂倫／性侵害／肢體暴力對我生活的影響，讓我無法更深入生活。我無法保護那些即使有亂倫經驗，仍然能在生命中贏得的東西。我無法在不正視亂倫的情況下採取行動，好贏得更深層次的人生滿足。我曾與恐懼討價還價，不願去面對，導致我的愛人兼朋友對我失去信心，使我失去了一段深刻重要且無比珍貴的感情與希望。

一年前，在剛剛分手之後，我搬到波士頓參加一個耳聞已久的男性亂倫倖存者團體，要不參加團體，否則就結束生命。我希望這本書可以幫助你決定要求協助以面對亂倫，讓它完全脫離你的生活。對於沒有憐憫心的敵人無須妥協。慢慢來，找一個你覺得適合與安全的方式來進行，但要開始行動。「一旦開始了就無法回頭」這想法只是錯覺，事實上，從受侵害的那一天起，就無法回頭了。唯一的選擇是：恐懼地活著，或帶著勇氣活下來。

我們不是幸運兒。但是因為我們的這種經驗，以及在面對此經驗的整合態度（這是最深刻的自覺），我們帶來不一樣的人類經驗，不一樣的溫柔、柔和、勇氣和喜悅。如果以勇氣和真理來對抗，並持續到最後，我們不單單只是將喜悅帶給其他人，也包括我們自己。我想說一句真心話，對於人類的愛，如能至此，夫復何求。

我曾夢想有一天，我存在，我不會在內心感到羞愧。我渴望生而無愧，死亦無愧。今天，我正在成為這樣的人。明天，我希望可以陪你一起戰鬥，一同抗爭，你的聲音以及你充滿愛與希望的深情故事，聽起來會像是甜蜜的呵護擁抱，也會像呼籲眾人採取行動的號令。我希望我的聲音聽起來也有同樣的效果。

「這也是寫給所有女性倖存者。」我同時也答應自己，以這句結尾。

【第二部】

關於男人

about men

【第二章】

什麼是男子氣概？

如果你被放在你的位置夠久，你會開始像這個位置的人。

——藍道爾．傑瑞爾（Randall Jarrell, 1914-1965，美國詩人、文學評論家）

我對兒子講話的口氣，將會是他對自己的口氣。

——男性倖存者

每種生活經驗都存在於文化情境中。我們回應性侵害兒童的方式，直接反應我們如何界定性侵害，以及我們如何看待孩童。同樣地，我們的社會對性侵害男童和侵害後果的回應方式，也反應出我們如何界定男性。我們如何看待男性以及受害這件事，不僅成為解讀侵害的脈絡，也成為我們了解男性倖存者的立基點。為了理解侵害、倖存、療癒與復原發生的脈絡，我們必須檢視一些文化上的信念。我們需要看一看自己對侵害、受害者與加害者、孩童、婦女，有些什麼樣的觀念。我們也必須覺察，對我們而言，身為男人意味著什麼。檢視我們關於身為男人所接收到的訊息，能協助我們了解性別刻板印象如何影響復原歷程。

看穿刻板印象

幾年前，艾倫．葛林浩斯（Ellen Greenhouse）博士與我在大學合開「性角色與性意識」這門課。其中一項作業要學生調查一本大量發行的雜誌或三小時的電視，但要忽略文章或節目的內容，只注意商業廣告，調查媒體告訴我們如何成為男人或女人。除了非常少數的例外，這些訊息大同小異。不論刊物的性質、時段、節目型態，媒體對於什麼是男性特質（masculinity）與女性特質（femininity）呈現出非常一致的訊息，不出大家所料。這些主題對男性和女性的氣質、興趣與角色呈現出的傳統刻板印象，也不令他們感到驚訝。

讓人感到震驚的是傳播的頻率與持續度。許多學生體認到這樣的教化不知有多深。選擇擴大調查的學生也在其它廣告媒體發現同樣的訊息，如廣播、報紙、廣告信件等等。這些訊息也不限於廣告產業，它們充斥於電影、文學、教科書、戲院、歌詞、音樂影像、時尚，以及兒童的玩具、遊戲和故事。所到之處，我們都在學習「應該」做什麼，以成為被人接受的男人或女人。

這種訓練從出生就開始，由父母或其他成年人無意識地提供，而這些大人本身就是由類似的標準撫養長大。研究已經發現男嬰女嬰被抱的方式不同，對待的方式不同，受到注意的程度也不同。我們對不同性別的嬰孩用不同的言詞讚美，差異程度與藍色和粉紅色毛毯的對比不相上下。就算父母極力想去除孩童環境中性別刻板印象的限制，也無法讓孩子與外在世界隔絕。其他成人或同儕會對「符合性別」的行為提供獎勵，反之則予以懲罰。為了得到接納與認同，孩童學到他們被期待什麼。他們很快就知道如何適應，也同樣敏銳地了解什麼方式會使他們不「符合標準」。孩子想要獲得歸屬感，卻不斷遭遇挫折，可能導致怨恨、絕望，甚至報復行為。感覺自己跟其他人不一樣的兒童也常感到自卑與孤立。無論父母怎樣努力協助，他們很少得到成功。

如同只知道水裡的魚不會對水有什麼看法一樣，很少有人能跳出文化的制約。不論我們到哪裡，這些文化的理想都會被強化，我們很容易認定它們是「自然的」與普遍的，而不是如實看見它們只是人類眾多可能性中的一種表現。我們沒有對人類所能擁有的無限潛能與彈性開放，卻把精力都放在如何實踐理想。理想是絕對的（因此無法完全達到），這個事實讓我們容易感覺挫折與能力不足。

你可以做個實驗。假裝你是火星人，想要了解美國人，到書報攤隨手拿起一本雜誌，看一小時黃金時段的電視，看白天的作秀節目（針對婦女製作的節目），再看體育台（男性節目）。如果你準備好要接受震撼教育，試試禮拜六早上的卡通（兒童節目），聽聽他們用什麼字眼形容男孩與女孩。看他們的姿勢與身體位置，誰比較常顯得強勢？誰被形容「完全掌控」？男性（或女性）有什麼財產？有什麼職業？參透「什麼才是一個男人」並不用耗時太久，你可以體會這些訊息的威力有多強，以及辨認、理解並反駁它們的困難有多大。

還有一個實驗，你可以自己做或者跟朋友一起進行。列出一串形容詞，如強壯的、漂亮的、愚笨的、能幹的、呆板的、被動的、糊塗的、強勢的、性感的、健壯的、照顧的，請人根據最初的反應把每個形容詞歸到男性或女性特質上。即使知道這些形容詞沒有一個是僅僅限於任一性別，我們仍舊很難否認它們內化了某些感覺。即使最「忠誠的女性主義者」或最「自由的男性」也是在性別歧視的社會長大，這個社會毫無異議地接受了男性特質與女性特質的刻板觀點。

要從這些刻板印象解放出來，就必須意識到它們的存在，並承認它們的負面效應。對於男性特質與女性特質的自動判斷無所不在，即使是我們原先認為中性的、不帶價值判斷的參考書籍，也會呈現文化偏見。從一本重要的百科全書裡可以看到「女性」（feminine）的同義詞：嬌弱、溫柔、服從、膽小。對「女人味的」（womanly）

來說，可以意味著成熟、柔性、嫻淑、高貴、有同情心以及母性的。「男子氣概」（masculine）的同義詞可以是大男人、強健、肌肉發達、運動的、好色、精力充沛、強而有力、有權勢、勇敢、大膽、粗野。「男人味的」（manly）等同於強壯、男子漢般、有胸毛、強健、厚實肩膀、熱血、粗線條、勇敢、魯莽、願意扛起所有事、體面。訊息很清楚，對某個性別的期待不適用在另一個性別。女人不可能是有「男子氣概的」，真男人不會有「女人的」特質。

這些參考資料並不會產生文化的態度，而是**反映**文化的態度。也許真的有如何成為男人的「規則手冊」——只是它不用這樣的名字，不會只寫在一個地方，實際上這些「規則」隨處可見。只要聽一聽我們說話的模式，就可以了解這些區分對我們造成的限制。

成為男人的過程中，小男孩會觀察、傾聽和學習。他們模仿成年男人的姿勢、言語和行為。他們暴露在文化、鄰里與家庭的價值觀、理想與常規當中，行為不被接受時就得到懲罰，行為符合他人標準時就被增強。某些文化對於可以接受的行為範圍比較有彈性，違反規則時的處罰也較輕。但每個社會對於什麼才是男子氣概與女性特質都有他們的觀念，為了完整保持他們文化上的觀點，每個團體會限制個人表現出差異性。

行為與情緒的可接受範圍被限制時，會阻礙一個男人的創造力，以及面對生活情境保有彈性回應的能力。（稍後會談到為何這樣會對受侵害的倖存者造成問題）。此外，如果男人（或男孩）的氣質與上述形象不符，他們的生活可能頓時掉進地獄。他可能被戲弄、迴避甚至殘酷的對待，他可能很難在社會、專業環境裡被信任，他也可能因為成為尷尬的來源而被家人排斥。面對遵從的壓力，他可能不斷努力想符合社會對男人的期待，勞心費力並否定自己的本質以獲得接納。當無法達到男人的理想標準時，某些男人要偽裝出自己所不是的樣子，有些男人可能放棄嘗試，因為感覺自己不是個男人而否定自己。

具體細節並不重要，無論怎麼呈現，傳統對於「理想」男人的觀點讓每個男人變得孤立。男人被迫只能依靠自己（因為害怕看起來不像男人），互助變得遙不可及，剩下的就只有孤獨和偽裝。對於什麼是男人（或女人）的狹隘觀點所造成的問題，就是讓我們因此困在有限的資源下。我們必須有寬廣的空間接受男人與女人有各式各樣的興趣、人格、氣質與能力。

僵化的遵從某種男子氣概的觀點，不僅增加受害的機會，也嚴重阻礙復原的前景。它會藉由「不同」就等同「錯誤」的方式來達到目的。如果我們把差異看成不好的，我們很容易處罰、排擠或虐待那些看起來或行為「讓人不能接受」的人。當我們能欣賞自己，並且讚賞人類的差異時，我們就越有可能成為健康的人（不論是個人或整體）。我們將會看到，自我欣賞是復原的基石。

焦點 Focus

我們要感謝女權運動

為女性主義與婦女運動說幾句話是很重要的。女性主義者過去遭受很大的批評，這些批評是對她們的目標與觀點有所誤解而產生的。

我相信從少年時期性侵當中復原的男人，可以和婦女運動成為最好的同盟。藉由推翻何謂女人（或男人）的傳統觀點，女性主義者開啟一個前所未有的局面，讓我們有可能實現身為人類的全部潛能。她們挑戰父權體制默許剝削較無權勢或身體較孱弱者的必然性。他們藉由合作與互相尊重來彼此連結，而不是認定暴力與競爭是解決差異的唯一方法。她們試圖改變我們對兒童的態度與行為，而且，讓人吃驚的是她們成功了。

改變是緩慢與困難的，權力與特權不會輕易屈服。但是越來越多的法律、社會行為、機構、互動方式都反映出我們對各種可能性的嶄新覺察。女性主義運動的積極推動，毫無疑義地迫使我們的社會承認兒童性侵受害的存在。

《創傷與復原》（*Trauma and Recovery*）的作者茱蒂絲．赫曼（Judith Herman）醫師提到，我們需要一種「運動」，確保創傷的資訊不需要每一百年就要「重新探索」一次。如果沒有運動來提醒與強化，即使是最好的研究資料也會被忽略。整個社會（包含心理衛生專家）會採用其它較沒有壓力的方式來看這件事。

擁護女性主義理論與行動的人不允許這種鴕鳥心態的否認。他們持續堅持我們必須面對許多真實存在的重要生活議題，包括兒童性侵在內。儘管遭到抗拒與誤解，他們迫使人們承認這些議題。男童與女童的性侵直到最近才成為大眾廣泛討論的主題。女性主義者多年來的奮鬥為此做好了準備。

成人男性倖存者是女性主義運動的受益人。我們必須撇下「女性解放論者」的刻板印象。這些刻板印象源於恐懼，而恐懼來自於對事實的無知。事實是女性主義者改善了我們所有人的生活。藉由協助我們實現身為人類的潛能，他們感動了每位女性、男性與兒童。婦女運動讓我們成為「真男人」，這句話一點也不為過。

當受害者是男性

試想，當一個男人受害時到底發生了什麼事？我們的態度要謹慎，不要對男童與女童被侵害做出人為的區分。無論受害者是男性還是女性，侵害的影響都很深遠，一般而言也很相像。不少差異可能可以歸之於個人的人格特質，而非男性與女性在本質上的差異。如前所述，我們養育男童與女童的方式有別，是基於我們的文化如何看待性別。我們可以合理的假設，因為我們對男性與女性的本質、氣質與能力有不同的看法，所以我們對男性與女性的性侵受害者，多少也會有不同的看法。

男性倖存者無法避免透過文化決定的男性刻板印象來看待自己。在類似的環境下，如果妳是女性倖存者，妳對自己的感覺或期待可能不太相同。由於體認到這些概括的原則並不適用於所有的男性或女性，本章特別把焦點與觀點放在男性受害者身上。

不論是男嬰或女嬰都是生而有相同的能力，可以感受並表達人類所有的情緒。然而，在出生後不久，大人開始教導孩童學習他們的文化習慣。這種訓練大多是無意識的，大人甚至不曾意會到他們正在教導兒童（透過言詞與行為）。部分的訓練包含了學習男性與女性應該有的不同行為表現，人類學家把它稱為「濡化」（enculturation）。所有社會都會區分他們認為是「男性」與「女性」的行為與角色。然而，對於男性特質與女性特質的明確定義，卻會隨文化的不同而有很大的不同。

我們在生活中對於男性女性的差別期待，最明顯的就是性意識。男性被期待是有自信、有見識、老練、積極、強勢的性伴侶。而女性則要保持被動、「處女般的」、猶豫的、順從的。男性是誘惑者、挑逗者、控制者，而女性是被動地被挑起熱情的人。在性交中（如同在交際舞一般），男人被期待要帶領，女人應該要配合。自由享受性的女性通常會被懷疑，特別是由她開始倡議的話。傳統的理想是，在結婚前女性都是處女，而男性應該有經驗。年輕男性在婚前應該縱情逸樂，年輕女性如果這樣就是「有錯」。

從表面來看，這個系統讓男人受益，女人被壓抑，但事實上沒有人會從性別歧視的結構獲益。當社會限制個體的多樣性，每一個人都是輸家。獨斷的性別區分限制了個人天賦的發展與表現，男人和女人一樣成為性別歧視僵化觀點下的受害者。

奇怪的是，我們對於男人女人不同的期待也讓男性倖存者增加了很多困難。女性被預期是被動、軟弱、無力的人，所以當她們被侵害時就有同情的空間。但這不是說女性受害者比較容易度過這段時間（相反地，正是對女性受害這件事的接納，讓侵害持續不斷，也阻礙了她們的復原）。但有一個特別的問題是只有男性會面臨的，它源自於我們的文化對男性是受害者這件事沒有提供任何空間，男性就是不該受害。「真正的男人」要在任何情況下都能保護自己，也要能夠解決任何問題，從任何挫折中恢復。當男人經驗到受害，我們的社會期待他能「像個男人去處理它」。不幸地，「像個男人去處理它」通常轉為傷痛報仇（最好是暴力），然後加以遺忘，繼續自己的人生。當他無法或不願意訴諸這種問題解決的模式，就被稱為懦夫。男性倖存者可能知道暴力復仇是對情境的危險回應，但不使用這種方法時卻仍自覺像個懦夫。男人也被認為要在任何時候控制他們的情緒，倖存者一直有困惑、挫折、生氣與害怕的感受，都會成為他不像個男人的進一步證據。

因為男人「不應該是受害者」，侵害（特別是性侵害）就成為「去男性化」（demasculinizing）或「去勢」（emasculation）的歷程。如果男人不應該是受害者，那麼受害者就一定不是男人。受害男性懷疑並且擔心侵害把他變成了別的什麼了。一旦他相信自己不再是個夠格的男人，他可能把自己當成小孩、女人、同志或者根本不是人，而是無法復原的受損怪胎。

某些倖存者會採用各種模仿「可接受的男子氣概」行為來消解這種自我察覺。在我帶領的復原團體中，許多男性談到他們花了好久的時間來證明自己的男子氣概，包含鋌而走險的活動、性亂交、暴力行為、犯法行為、從軍等等。其他倖存者曾經「放棄」，接受反覆被侵害是無法避免的。男性倖存者經常感覺他必須隱藏他被侵害的事實，因為害怕被排斥、鄙視或嘲笑。因為內化了受害者就不是男人的觀點，他確信別人也會用同樣的方式看待他。因為對男童性侵害的無知讓他想像自己必然是獨自面對困難，很少有人的處境跟他一樣。

因為覺得自己不夠男人，倖存者可能認為自己永遠無法得到力量、權力和成功之類的「男性」特徵或成就。他能期望的，至多就是小心翼翼（且筋疲力竭）地保持表面的樣子而存活。他相信自己僅存的成功是不讓其他人發現他的問題。只要行為不暴露出來，他就可以過得去。他持續活在焦慮當中，認為曝光是遲早的事。他認為自己得到的任何成功都只是暫時的，因為它建立在欺騙之上。同樣地，他貶抑自己的長處與權力，因為只有他知道自己是多麼軟弱、無法保護自己。無論他有什麼長處、權力或成就，他總能找到理由將之一筆勾消。任何真實的描述都無法破除他的自我否定。

另外一種可能是，男性倖存者毫無道理地想努力證明自己是個男人。因為覺得自己必須以世俗的成功隱藏缺點，於是用盡力氣追求（通常也獲得）財富、名聲與權力。但即使是讓人印象深刻的成就，他仍覺得不確定。總有被發現或羞辱的可能性。他害怕如果有人發現他的真實面貌（騙子）和真正的情形（侵害的受害者），所有的成就可能化為烏有。不論男性倖存者採取哪一條路，他都確信自己的知識、技能、長處、勇氣、人格以及天資都與其他人不同（劣於他人）。

男性倖存者在過去無法得到和其他兒童一樣的資訊，他們沒有任何「指南」來告訴他們如何生存與成功。他可能傾其一生想知道如何得到成功、權力和力量。因為執著在隱藏過錯、假裝正常，讓他無法欣賞（甚至沒有注意到）他實際得到的成功與力量。如果他真的認出自己的成功，也無法卸下他的防衛。他必須奮力保護自己已經建立的事物。花時間在休息與享樂可能會讓他被取代，最後導致失敗。不論世界怎麼看他，他知道「真相」，他是受害者，他唯一的願望是努力掩蓋資訊。為了維持形象，不讓別人看到「真正」的自己讓他筋疲力竭。如果有任何人與他親近，他就有被揭穿的危險。倖存者覺得自己必須在任何想要靠近他的人面前維持假象，或是跟每個人都保持距離，以免他們發現自己是個騙子。

「欺騙」的代價是筋疲力竭與孤立。他永遠不會停下來考慮另一種可能性——他的成就與特質是真的。他如此忙著擔心「被發現」，以至於不曾想到別人會欣賞他可能與他的行為無關。他是如此確信自己不被接受，而根本不會想到別人會因為他而喜歡他，喜歡他的人不是笨蛋就是被騙了。對多數倖存者而言，復原的主要挑戰在重建自尊，開始看見自己，就像別人看見他們，並承認這些知覺是正確的。當他們達到這種情形，就能喜歡自己，就像其他人喜歡他們一樣。

男性倖存者遭遇的另一個困境源於對權力與侵害的混淆。這種混淆發展如下：在小時候，他們經驗到有權力的大人侵害了他們的權力。加害者可能成為他主要的角色模範。因此他可能得到的結論是，如果要成為男人，他就必須侵犯別人。並不需要**每個**有權力的大人都有侵害的行為——這樣的經驗只要發生一次就很容易被泛化。古老的諺語「一朝被蛇咬，十年怕草繩」最適合用在當兒童被某個很重要的人「咬」時。這種把男子氣概與侵犯混在一起的邏輯，可以用不同的方式表現。倖存者可能把自己當成：

一、加害者（Perpetrator）：他覺得他必須擁有權力才不會再受害。在一個被劃分成受害者與加害者的世界中，侵害被解讀為權力。讓自己有男子氣概（被賦權）的唯一方法是讓其他人變成受害者。當侵害者的感覺雖然很可怕，但這是他脫離受害者角色的唯一機會，他再也不想成為受害者了。這也是許多侵害兒童的人本身也是受害者的原因。

二、**受害者**（Victim）：同樣地，倖存者覺得男人可以選擇的角色只有受害者或加害者。因為知道自己受害的感覺，他決定再也不要讓其他人成為受害者，因此他任憑自己留在受害者的位置。因為權力具有侵犯性，他避免成為侵害者的方法就是讓自己沒有權力。他熟悉受害者的角色，把它帶進大人的互動當中，並預期（也常常）被佔便宜。在每次再受害的過程裡，他確信他的位置是無法避免的。

三、**保護者**（Protector）：感受到孩子持續處在大人帶來的危險中，許多男性倖存者採取保護者的角色，以處理他們對被侵犯的害怕。在很基本的層面裡，他們可能想把自己童年時需要的保護給予別人。他們可能視其保護者的角色為唯一可以與他人親近而不帶有侵犯的方式。我們的文化把養育與照顧的角色分配給女性，但男性也有養育別人的需求。他們有時可以藉由助人專業中的保護者角色來滿足這種需求，或從事「非傳統」男性的職業，如護士或日間照護的工作。我的第一個男性復原團體有六位成人男性倖存者，其中有五位是助人工作者，這些人都在專業上協助人們處理情緒危機。許多倖存者（男性或女性都有）從事助人專業，我相信這不是巧合。

焦點 Focus

我為何要等這麼久？

不要因為沒有早一點處理侵害的問題而懲罰自己。關於為什麼你沒有馬上處理，直到現在才做，有很多很好的理由：

一、**侵害才剛發生**：你需要時間與距離來重新得到平衡，並且獲得足夠的觀點來開啟你的復原之路。

二、**你原本沒有把它界定成侵害**：需要時間與正確的資訊來揭發謊言。對旁觀者清楚的東西不見得是當局者顯而易見的。

三、**你仍受困於加害者要求的三緘其口**：很難去質疑我們在兒童時期學習到的。

四、**你會害怕**：雖然侵害的情境已過，可能感覺起來還是很危險。即使加害者已經死亡，這種感覺可能仍舊強烈。

五、**時間地點不適合**：不是每個人都準備好要傾聽這個侵害事件。你可以等到身處在安全與支持復原的環境時再進行。

六、**你不知道你有選擇：**女性一直到最近才開始復原之路。對男性而言則是更新的領域。

七、**你感覺自己太軟弱、受創、無望，無法為自己採取行動：**你可能覺得自己是很糟的人，你不值得更好的事物。

八、**還有太多要處理的事情：**當你面臨每天的危機與如何存活下來的基本掙扎，留給其它事情的資源與力氣並不多。在處理過去之前，你必須讓現在的生活有更好的控制。

這個清單可以一直延續下去，但我希望你抓到重點。**忘了自我譴責吧。你不可能提早做你現在正在做的事。**不論理由為何，你就是還沒有準備好。因為這樣就處罰自己並不實際，也不會減少你復原所需的時間，如果要講有什麼差別的話，就是它會阻礙你的進展。有許多的理由可以說明為何多數倖存者一直到三十、四十或五十幾歲才開始處理這些議題。男性在青少年或二十幾歲時通常仍過於卡在否認與困惑，以致於無法採取可以幫助復原的行動。如果你在青少年就開始這個歷程，你有一個很好的開始。如果沒有，你也不必擔心。人們用不同的方式，以及在生命不同的時間點，開始他們的復原之路。我們別無選擇，只能在當下處理，而未來大有可為。**在復原的過程中，你正站在你「應該」在的地方。**

我把男人就必須侵害別人的信念稱為「邏輯上的謬誤」。我指的是受侵害的兒童對世界的觀點較狹隘，建立在接收許多不正確與不完整的資訊上。我常把兒童性侵害與對他們說謊連在一起。透過侵害所灌輸的謊言包含對於權力、控制、親密、性、愛的本質的錯誤資訊，以及身為男人或女人意味著什麼的錯誤資訊。如果你是倖存者，那麼你就曾被謊言欺騙。這些謊話曾被強力灌輸了好長一段時間。

作為倖存者你會發現復原包含一個重要的面向，就是學習辨認那些你被欺騙的方式。你必須認識你是怎麼被教導關於男子氣概、權力以及侵犯的，以及這些資訊有什麼錯。你必須處理被欺騙的感覺，你必須哀悼錯失的機會，以及失去的關係。你必須表達你對是否能得到均衡生活而有的無助，是否能收拾殘局的困惑，以及對嘗試其他可能性的恐懼。而你可能也需要更進一步表達你對謊言的憤慨、對欺騙者的生氣。

所有這些努力會幫助你（就如幫助其他倖存者）了解別人對你做了什麼、釐清你的思考，並讓你探索人性不同的面向。你的信任感已經嚴重瓦解，要能接受新的可能性並不容易。你必須慢慢地移動，檢驗每個人以及每一個新的想法。

為了能夠有效的復原，成人倖存者必須相信復原是可能的。沒有人能夠單靠信心達到這樣的英勇事跡。作為一位成人倖存者，你必須知道你做的事情合乎道理。你必須檢驗你的觀念，不被你自己的經驗和其他人的經驗，包括其他倖存者所矇蔽。這些都會成為你的復原歷程。這是為了解、良好的判斷、經驗與某種信任建立一種堅實基礎的方法。有這些做為基礎，成人倖存者開始建立自尊，正向的關係，以及滿意的生活。

復原是困難但也令人興奮的。你不是孤單地做你正在做的事。當你繼續朝自己的復原前進，你將可以運用許多同盟者的支持、經驗、知識以及理解，這些同盟者包括男性與女性、倖存者、專家以及朋友。復原包括努力不懈與傷痛，但在通往復原的路途中也有報酬與喜悅。每次黑幕斷裂開來，即使只有一剎那，也會顯現在奮鬥的另一端等候你的真實，這個世界不會再蒼涼無望，復原也包括光明與欣喜。

【第三章】男性與情緒

如果火可以被保存在寒冰之中，那就是我生氣的方式。

——大衛，一位男性倖存者

這樣說或許很奇怪，但假若你不給自己烙上「興奮」或「恐懼」等字眼的話，這兩種感覺可以說是一樣的。

——芭芭拉．金索佛（Barbara Kingsolver），《毒木聖經》（*The Poisonwood Bible*）

我們都曾經感受到刻板印象對男人與情緒的影響，當我們產生了一些不符合自己性別該有的感覺時，我們容易擔心自己是否表現得像個男人或女人。於是，我們會去假裝感受到某些我們沒有的情緒，去表現出（或者不表現出）我們認為在某些情境下應該有的「正確情緒」。這些限制會使人懷疑自己，於是我們認為必須嚴格控管情緒，以免被認為脆弱、懦弱或者過度情緒化。我們變成只有一個音符的歌，變成面對困難時只會發怒、咆哮、威嚇的男人，或面對挫折時只會流淚的女人，更糟的是，變成連自己有感覺都不知道、更別提能表達感覺的成人。

「真正的男人是不會哭的」，想一想這句話，跟「真正的女人是不笑的」或「真的狗是不叫的」一樣蠢，然而，我們總是毫無疑問地接受著。還有更多這類的迷思：

- 男人不哭
- 男人不應有任何情緒
- 感覺有分男女
- 有感覺是脆弱和不健康的
- 表現情緒是不成熟的
- 人長大後自然就不需要哭了
- 女人可以自由連結自己的感覺，男人則不行
- 邏輯屬於男性，感覺屬於女性
- 感覺會阻礙理性思考
- 表達自己的感覺就表示你失控了

很多男性倖存者試圖從他們的感覺中「想」出一條生路，卻只感受到很大的挫折，因為兒童性侵害的創傷並不只受理性與邏輯控制，這些創傷並不是非理性思考所導致的「錯誤」；兒童性侵害加害者不只是表現了不合邏輯的行為，而是錯誤的行為，他們深深地傷害了兒童的情感。這些加害者通常也都是有情緒困擾的人。你無法跟這些虐待的行為講道理，也不能用思考來讓傷痛消失。虐待的情境充滿了大量的情緒，要了解這樣的傷痛且治癒這樣的傷疤需要深入了解情緒。除非你在情緒與理性的層次上了解並且修通自己的受虐史，否則創傷會持續干擾你，使你無法享受生命的樂趣。本章將探討我們在面對自己的感覺時的迷思與真相，並說明為什麼我們需要先改變我們對情緒的觀點，才能成功地從性侵中復原。如果你接受傳統對情緒的觀點，完全不加以檢視，對你的復原之路會有不利的影響。了解情緒的真實面向，可以讓你過濾掉不正確的資訊，然後走向療癒之路。

就像我之前所說的，每個社會都有意識或無意識地教導他們的孩子，屬於這個文化中適當的性別角色行為。同樣地，情緒的表達一如行為的其他面向，也受到相同因素所影響。因此，我們需要檢視文化教給我們的性別與情緒觀點，以便了解男性和情緒的關係。

我們很容易歸納出以下的結論，在我們的文化中，女人可以有感覺，男人不行。但這樣的說法是過度簡化了。其實，不論男性或女性，在情緒表達上都受到限制，只是方式不同。男女都不被允許自在地表達所有的感受。女人可以表達被標籤為女性化的情緒，例如哀傷、恐懼、羞窘，因此可以稍微自在地以哭泣、顫抖、臉紅、傻笑等來表現，而這些若出現在男人身上會被認為是脆弱的表現。然而，女性若是感受到比較強烈的情緒就會被認為不文雅，所以諸如憤怒、滿心興奮、強烈的愉悅是不大適合女性感受的，她們當然也不被鼓勵表達憤怒或者開懷大笑。

我們很早就開始學習不同的性別該有不同的情緒表現。例如，成人很容易嘲笑愛哭的男孩，這類的羞辱往往將他們和女孩相比，於是男孩學會壓抑特定的情緒，以免被烙上脆弱或女性化的標籤。當然，小女孩不會不知道她被看成比較低等的人，屬於次等性別的人容易因為表現生氣而被懲罰。一個堅強自信的女孩很容易被批評是個男人婆。這些訊息都很清楚，男孩和女孩應該表現出屬於自己性別的合宜情緒。

這些規範在青少年與成人階段會因為同儕壓力而持續增強。社會制度和角色典範會一直強調男性是堅強、理性、會生氣且不敏感（敏感一般被視為是女性美德），而讓女性則是情緒化（有時歇斯底里）、缺乏邏輯、比較柔弱的。這些觀點雖然有在改變，但是速度很緩慢。

當一個人是在亂倫的家庭中長大，尤其那些同時有暴力或失功能的家庭，情緒方面的問題更是複雜。在這樣的家庭裡，情緒表達通常和虐待事件相關連。情緒慢慢累積直到變成憤怒爆發，並導致語言、身體或性的虐待。若情緒性地回應這些攻擊，只會讓事情變得更糟，哭泣、發抖或甚至笑都有可能導致新的攻擊。有位男士回憶起他童年時曾被嚴重地毆打，只因為他的母親在隔壁房間裡聽到他在笑，母親認為他是在嘲笑她，而他沒有機會對她解釋說他是因為看漫畫。他很平靜地告訴我：「這大概也沒什麼差別，我總是會因為某個理由被打。」

小男孩的哭泣或顫抖很可能會引發暴力的反應，因為這些行為被認為是脆弱的或沒有男子氣概的，而成為成年人施暴的藉口。我的很多個案告訴我，他們學會控制自己的眼淚和恐懼，以免觸發另一個身體或性暴力。其中一個人說：「我爸爸告訴我，『站直，不要縮成一團，你看起來像一隻被鞭打的狗』，然後他鞭打我。」「不准哭，否則我會讓你哭個夠」是很多孩子熟悉的話語，然而，孩子們不會無緣無故哭泣，這些受虐男孩再一次得到一個訊息就是：把自己的感覺收起來，同時防止別人表達他們的情緒；感覺只會讓人受傷。男孩學會了掩藏、否認和控制他的情緒，同時也幫助其他人這麼做。當他長大成人，這個技術必然已達到爐火純青的地步，這時，要讓堵塞多年的情緒解凍是很困難的，但這卻是復原的必要過程。

感覺，讓人混亂的來源

關於感覺，受虐兒童通常會得到一個額外的訊息，他們會覺得這個世界只有兩種人，施虐者和受虐者。對他而言，誰有權力是一目了然的，只有施虐者可以表達生氣，兒童則是不被允許的，他任何生氣的反應都會引發進一步的施虐。憤怒是掌權者專屬的情緒，於是，孩子把憤怒和權力劃上等號。他也會覺得哭泣和顫抖是軟弱的，是會導致受虐的，而且他可能會引申出一個結論：如果要當個有權力的人，就必須要生氣。在他們的想法中，如果只有掌權者可以生氣，那麼也就是只有生氣的人能得到權力。而因為只有男人可以生氣，限制他的生氣感覺就會進一步損傷他心目中自己的男子氣概。為了扭轉脆弱及男子氣概受損的感覺，成年男性的倖存者很容易認為，唯一能夠保護自己的方法，就是以誇張的手段來展現自己的憤怒，並且以此威嚇這個世界，這樣或多或少可以阻止可能的加害者靠近。但不幸的是，這也讓其他人遠離自己，使這些倖存者生氣……而且孤單。誇張的憤怒表現很少只表達單一的情緒，反而像是一個保護面具，用來保護後面的東西，藏在後面的常常是悲傷或恐懼。

真正的憤怒是既有力又生動的情緒。當面對虐待或其他的不公義時，它會在我們胸中激起欲伸張正義的憤怒。這種義憤填膺的表達方式，不像誇張式的憤怒那麼頻繁常見，似乎只有在我們做了大量的復原工作之後才會出現。一旦它出現，就會令人印象非常深刻，因為人們會看出這個憤慨是很真誠的。當性侵害倖存者能夠感覺到這種憤怒，能夠表達出這種憤慨，他會感覺自己是活生生的，是有力量的，說不定這是他第一次嚐到這種滋味。但是在到達這個地步之前，可能會需要其他的情緒步驟，可能是流淚、顫抖或甚至笑。同時，倖存者也可能需要用另外那種比較誇張的方式來展現憤怒——尤其是如果他以前不曾被這樣允許的話，這個方式可以讓人深入內在的恐懼和悲傷。

當我提到誇張式的憤怒，並不是指刻意、做作的表現，倖存者可能知道也可能不知道他的生氣是虛張聲勢，他只是覺得自己沒有其他選擇。對他而言，放棄這個能用來保護自己的方式太危險了。

感覺是讓男性倖存者混亂的來源之一，他很怕擁有這些感覺，因為情緒會導致失控或是呈現出自己的脆弱。但他也很怕沒有它們，因為這顯現出他是一個麻木、無趣、不完整的人。我們會在第八章探討這個困難而讓人害怕的主題。現在，我們只先談情緒的修復對療癒歷程的重要性。

我們很難丟掉童年所學到的錯誤資訊。成年男性倖存者需要去探究什麼是感覺，他需要慢慢地接受自己是可以有情緒的，而且是全部，不是挑選過的情緒。他是可以有感覺並且將之表達出來的。他需要知道適當的和不恰當的情緒表現，兩者之間有什麼不同。他也需要了解為什麼情緒會是治療的開始，而不是虐待的附屬品。

當男性倖存者開始述說自己的感覺，而且能越來越開放地表達出來時，就是一個很驚人的突破。剛開始，這可能只會發生在一個諮商或團體之中，雖然終極目標是他們在家庭或朋友之間也能如此表現，但在早期復原階段並不適合抱持這麼高的期待，因為一開始他們還沒有足夠的安全感，也可能還沒有任何朋友。

蘿拉・戴維絲（Laura Davis），《與療癒相會》（*Allies in Healing*）的作者，曾提到她復原的早期階段，那時她滿腦子都是自己被傷害的過程，只有另一個倖存者才有興趣聽她講述一遍又一遍。倖存者可能需要先在個別治療或一個復原團體中講述自己的感覺，之後才有辦法鼓起勇氣去結交可以相談的朋友。和講述一樣重要的是，倖存者會發現**承認**、**感覺**且**分享**他的情緒是安全的，這可能更刺激，當然也更讓人害怕。沒有人會因為感覺而死亡，但沒有情緒的生命只是行屍走肉。

要如何修復表達情緒的能力？我的答案是要有耐心，慢慢來。我們花了很長的時間學會否認自己的情緒，當然也就需要一些時間來恢復它們。這過程是很自然的。你從來沒有失去感覺的能力——這是與生俱有的，它們只是被藏起來了，需要重新被發現，拭去上面覆蓋的灰塵，然後讓它攤在陽光下。你甚至不需要費心尋求，只要你有了足夠的安全感，它就會自然地發生。當你從人們那裡得到鼓勵、注意以及不帶任何批判的關心，感覺就會再度出現。

一開始，你會流一些淚，你會有一點點顫抖，你讓自己大聲笑出來，甚至允許自己有些生氣，這些都可能會讓你很害怕，感覺像是你要失控了，很危險。但是事實剛好相反。哭到一個程度你就不會再哭了，因為你已經抒解了一份哀傷；你會一直顫抖直到恐懼消退；你會在難堪和羞愧中一路笑、發抖，然後慢慢不再覺得難堪和羞愧；你會發怒，你會打哈欠來抒解身體壓力及被虐的身體記憶。（**請注意**，倖存者常驚訝地發現自己會一直打哈欠——無法控制地一個接一個。他們懷疑自己是不是太累了、感覺無聊了，以及這樣會不會太失禮。出於禮貌，他們會跟對方道歉，或者試圖掩飾或忍住哈欠。但其實哈欠是要被鼓勵的，有證據指出，這類的哈欠是身體釋放肌肉緊張的方式，也是修通受虐身體的方式，因為部分的傷害仍存在身體中。治療需要包含身體的面向，而哈欠是情緒復原過程中身體面向的一部分。人類是唯一會忍住哈欠的動物。我建議你們不要控制，讓它們發生，之後你會發現感覺滿好的。）

在適當的環境底下，所有的情緒表達都是具有治療性的，問題是我們會混淆對傷害的**療癒**和傷痛本身。哭泣並不是悲傷本身，而是從悲傷中**痊癒**的方法。顫抖和恐懼也是不一樣的，顫抖是讓恐懼離開的一種方式。同樣地，困窘的笑、哈欠、發怒甚至快速激動的說話，都是療癒過程的一部分，只是這些常被誤認為是問題的徵狀。

當然，不是每個場景都適合表達情緒，例如，跟老闆講話的時候就不適合一直打哈欠，求職面試的時候不要一直發抖，晚宴時不方便哭泣。因此，找到安全的時機與場合，讓自己重新學會感覺並因此復原是很重要的。這是為什麼早期的療癒過程通常是在其他倖存者的陪伴底下進行，然後慢慢地，你再把這些學習整合到每天的日常生活中。

剛開始總是比較困難的，所以不用擔心，你的感覺和表達情緒的能力會隨著經驗日漸增強。你流下的第一滴眼淚對你的震撼可能像是尼加拉瀑布。你會有感覺強烈的時候，也會有平靜的時刻。你不會永遠哭泣、顫抖、笑、哈欠或是生氣，你也不用一直談論這些，但是，這會需要一些時間。珍娜・葉森（Janet Yassen），一位波斯頓地區帶領女性倖存者的社工師，她說至少需要一千五百個小時的哭泣，人才能從傷痛中復原。你不需要開始計時，這不是精確的計量，你只要知道：一、哭泣是被允許的；二、哭泣對於復原是有價值且必要的；三、復原是一個持續的歷程，需要很長的時間。不要讓別人給你壓力，催促你趕快克服它、要你停止哭泣，或是要你別再鑽牛角尖，他們不懂得你需要時間。你也不要給自己壓力，只要你需要你就哭。每個人都有自己的時間表，你的復原也可以有自己的步調。

最後，不要苛責自己沒有早一點來做這件事，或者感覺這項任務是沒有希望的。之前你還沒準備好，所以你不可能提早來做，你現在有了決心、希望和資源。當你開始覺得外在環境是安全的，是能接納你的治療歷程的，情緒就會開始顯現。每次，當有人很專注地、很感興趣地聽你說話，你的心房就會打開一些。感覺好像很突然很神奇，但其實你已經為此努力很久了，你所做的每件事情都引導你到這神奇的一刻。就是這一刻，你願意讓自己感覺到興奮嗎？

story

馬丁的故事

馬丁，五十三歲，他在一個週末的男性倖存者工作坊結束時，給我這份詩禮作為他的故事分享。我覺得沒有比這更清楚的例子，能適合說明情緒的治療力量了。

見到一個男人哭泣

我的心上又一個緊箍咒鬆開了，
我從未看過父親哭
雖然我聽過關於他哭過一次的事
像是神話故事。

父親哭泣的事，在我心裡播放了千遍
他追逐我那不服管教的哥哥十三哩
從我們的田地追到家裡
一場高速車子的競逐
父親在其後試著想追捕，卻總是失敗
當他最終抵達家門
坐在長椅上看著我那總是膽戰心驚的母親，說
「這次你要站在哪一邊？」
他開始流淚
用手捧住那逐漸灰白的頭
母親在我十二歲時告訴我這件事
我無法相信我聽到了什麼
我，總是哭泣
我為很多事情哭泣
雖然這讓我覺得自己很脆弱
不像個男人（沒錯，我不是男人，只是男孩）

我爸爸哭泣的影像
那圖像就像是……像是什麼呢？
是奧林帕斯山般古老的神祕
是荒漠中的聖殿
是隱約閃爍著光芒的海市蜃樓
是一個不容易掌握的生存理由
然而，卻更為有力、也更令人生畏的，
就如同是無所不在的上帝一般
見到一個男人哭泣
我驚慌失措
宛如解放了我心靈的另一個緊箍咒

【第四章】性意識、恐同症與羞愧

我覺得自己像個外星人。

——世界各地的倖存者

男性倖存者對自己的性意識常感到困惑。因為當虐待以性的形式展現時，常會被誤認是性欲的表現，但事實上性虐待是對他人攻擊、毀滅性的侵犯行為。遭受男性性侵害的倖存者常會因此質疑自己的性意識。（**請注意：**由於大多數男童及女童性侵害案件的加害人為男性，故本章內容將著重於遭受男性性侵害的男性。這不代表我們否認或低估男童遭受女性性侵害的嚴重性。本章後面的「焦點」將會進一步討論遭受女性侵害之男性倖存者議題的獨特性。）

不論男性倖存者的性取向為何，他們常會質疑自己的性意識。雖然這些質疑的形式有些不同，但不論倖存者的性取向是異性戀、男同志、雙性戀、無性、未定或尚在困惑中，問題的本質都是相同的。許多倖存者在找尋答案的過程中，性取向常會不斷地改變。根本的問題是：「性侵害這件事究竟如何影響我的性意識？」異性戀倖存者常質疑自己「我還是個男人嗎？」身為「受害者」，是否還能成功地扮演女性的性伴侶？這種擔心使得倖存者對自己的性表現感到焦慮，或出現雜交行為，以企圖證明他們的男子氣概。這些焦慮可能會藉由對同性戀的恐懼與逃避展現出來（以避免倖存者被認為是同性戀者），甚或出現更激進、暴力的恐同症。對大部分的男人來說，他們也會質疑遭受男性性侵害者是否會導致同性戀。

異性戀男性常會問：「這表示我是同志嗎？」而同性戀男性則會問：「這就是我**是**同志的**原因**嗎？」或「是**因為**我是同志，所以這些事情才發生在我身上嗎？」（這強化了同志是受害者的刻板印象）。我們不能用以簡單的答案來回答這些問題。

有許多研究與理論在探究同性戀的「原因」。部分研究者帶著贊同或反對同性戀的偏見展開研究，也有些研究者尋找同性戀的起源，以試圖找到可以「治癒」的方式。本書將不會提及有關同志或異性戀等性取向起源之相關理論。有很多心理學、生物化學、社會學、人類學、哲學、醫學及宗教方面的文獻，都探討過這個主題，但都沒有定論。我們不知道同性戀的原因為何（或異性戀的原因）。從歷史及各種文化來看，幾乎將近有百分之十的人是同性戀者。不論個體在童年是否遭受性侵害，這個數據顯然都是一致的。但基於以下幾個因素，使我們難以對男性倖存者做清楚的統計：

- 目前才逐漸接受男童性侵害是真實存在的。
- 許多男性不願接受或揭露他們的性意識。
- 許多男性不願揭露或承認他們的受虐史。
- 目前對於特定性取向的構成要素，仍沒有一致的看法——這仍有許多可能性及灰色地帶。
- 性侵害的構成要素仍爭議不休。
- 目前沒有辦法確定虐待與性取向的建立有直接相關。

我們知道男童性侵害倖存者有異性戀及同性戀者。虐待可能不是造成性取向的**原因**，但虐待常會使倖存者對於自身性取向**感到困惑**。倖存者對於任何形式的性感受感到擔憂，以致於當他們被相同性別者吸引時會有極度的焦慮，並害怕帶來更深的傷害。當所有親密的感覺都被性化時，**喜歡**上一個男人便像是一種性的行為。在我所帶領的復原團體中，幾乎所有同性戀男性都表示，他們曾嘗試將自身的同性戀取向歸因於虐待所致，其中多數人認為（有些人說得不太情願），他們在遭受虐待之前就已經受其他男性的吸引了。

另一個常常自問的問題是：「**因為**我是同性戀，所以這些事才會發生在我身上嗎？」這個問題假設同性戀者會遭到侵害，而這種侵害是被允許的。這種假定背後真正需要被處理的是更深層的議題——**恐同症**（**Homophobia**）。恐同症的定義為：

- 厭惡男同志
- 害怕男同志
- 害怕被傳染（害怕成為男同志）
- 害怕人們會認為自己是男同志
- 不喜歡並否認自己的同性戀傾向（稱為「內化型恐同症」）

不論恐同症的定義為何，成人男同志及女同志常因為其性取向，而面臨排擠、歧視、嘲笑、刻板印象，甚至是被暴力相向。在恐同症的文化中，恐懼與憎恨不只侷限於成人，人們也會將這樣的壓迫行為延伸到兒童身上。無論是同性戀還是異性戀的成人，他們提到被視為無男子氣概的「娘娘腔」（sissy boys）或像「男人婆」（tomboys）是相當痛苦的。恐同症的病態行為不只有嘲笑或攻擊這些不遵守與接受一般行為規範的兒童，虛弱的、缺乏男子氣概或同性戀兒童（是的，研究者相信性取向在青春期前就已經建立了），較易因其特質而遭受性侵害。性侵害事件可能會使被害人開始覺察到自身的性取向，但若未發生性侵害事件，這些被害人也可能會慢慢地、以較不痛苦的方式發現自己的性取向。

部分男性倖存者完全無法認定自己是性的個體。當性意識與虐待產生密切的關連時，性欲便成為定義自己是施虐者或受害者的要素了。男性倖存者可能會將自己當作是無性的，或是對他們的性意識感到困惑。不論他們是否將自己當作是性的個體，他們都不認為自己是有性魅力的。低自尊（加上害怕遭到更多的虐待）讓他們覺得自己是不能有吸引力的。當我們在復原團體中討論到自尊及性意識的議題時，許多男性倖存者會驚訝地發現，自己原來是可以獲得了解與支持的。

此外，許多男性倖存者會害怕自己也變成施虐者。普遍的迷思認為，男性遭到性侵害後必然會成為施虐者，這稱為「吸血鬼理論」（Bite of the Vampire Theory）。許多研究顯示，大部分兒虐施虐者在童年時期都曾遭受虐待。雖然研究顯示如此，但反過來說，這不代表每個受虐者都會變成施虐者。事實上，許多童年遭受虐待的男性常會用他們的一生來保護他人免於受虐。許多男性倖存者亦因此從事與人相關的服務，並為他人提供自己兒時需要的服務。不過，從日間照顧、教學場域、治療情境、童子軍團長及神職人員的性侵害事件中可以發現，有些倖存者會同時變成保護者及施虐者，但這不是必然的。許多男性參加復原團體，是因為他們已經（或即將）當父親了，他們決定要終止虐待的循環，讓他們的孩子不要再經歷他們所經歷的過程。另外，有許多男性倖存者常常會覺得自己是潛在施虐者，因而會害怕及避免與自己的孩子或他人的孩子有任何情感的接觸。這對所有人都是損失。復原團體協助他們去區辨害怕、感覺與行為，而且團體成員會協助彼此去澄清迷思，並一起找出如何讓自己成為一個可以愛人、照顧人且不會虐待人的男性。

要了解受虐所帶來的影響，就不可能不提到羞愧感。成人性侵害倖存者在他們生命中需面對龐大的羞愧感。誠如我們前面所說的，「男人不應該是受害者」，如果他們被侵害了（即使那時他們還是小嬰兒），就會被認為他們不足以成為一個男人。倖存者的羞愧感來自於他們「允許自己」被貶低、「去男性化」（demasculinized）及軟弱。如果他們對虐待經驗有任何好的感覺（詳見第十一章的「焦點：如果我喜歡的話？」），他們便會進一步堅信自己不足以當人，亦不足以當一個男人。

當我們的文化將性別歧視及恐同症當作習以為常時，不夠男性化就會被視為是女性化的。異性戀男倖存者常會擔心自己是不是比女性化的男生或同志等更加丟臉。男同志也已深深內化了我們文化中的恐同症。社會教導他們身為同志是相當丟臉的，以致於他們必須格外努力地去克服這些負面訊息以建立自尊。當這些同志還必須額外背負著性侵害所引發的羞愧感時，建立自尊的任務變得更加困難。更糟糕的是，這種已經內化的恐同症，將會使同志更加地將受虐一事錯誤地歸咎於自己（或自己的同志性向）。這種受害者自我責難的形式意味著，就因為他是同志、貧困的或有問題的人才會遭受虐待，也就是說他會受虐都是他自找的。對這些人來說，了解恐同症並重新建立他們已經受損的自尊心是相當重要，因為這樣才能讓他們把責任歸咎於應該歸咎的地方。

焦點 Focus

當施虐者是女性

當一個男孩遭到女性性侵害時，他會面臨一種很特別的困惑與疏離感。年長女性與年輕男孩之間的性行為鮮少被認為是虐待。它可能會被忽視、低估或不被採信，因為男性（甚至是男孩）常被認為是性侵略者，而且他們是有能力保護自己免於「弱勢性別」的侵害。在這類案件中，我們常忽略性侵害不只與生理上的優勢有關，而且也不僅僅是性交而已。

男孩可能覺察到文化中對女人與男孩性交的態度。這種情形常被浪漫化，並被視為是邁入男人時期的開端。（尤其在法國文學與電影中，常會將這種跨世代的性行為浪漫化）。當一個男孩說出他被一個女人性侵害時，警察、醫師、治療師、媒體及社會大眾常對此抱持著不信任、否認、不當一回事的態度，或者將他故事過度浪漫化。當這個男孩必須面對社會可能會慶賀他所經歷的痛苦時，他可能不會再冒險說出這段經歷。他知道他可能會試著去重新定義他的經驗，甚至誇大或將此當作一個笑話，好讓這些經驗符合其他人的期待。因為他知道沒有人會了解他的感受，所以他必須試著去適應。

社會對虐待的錯誤認知會讓他陷入兩難境地。如果經驗中有任何好的感覺，或被激發了性欲，都會被認為這不是虐待。如果他無法享受這個過程，那他必定是一個同性戀。由此我們再次看到性虐待造成對性的困惑。對男人來說，承認自己無法享受與女人性交是一件丟臉的事情。對受害者來說，他得面對他必須享受受害過程的期待（這與將女性強暴浪漫化是相似的）。

他不知道該如何因應他的困惑，他可能會刻意忘掉這件事，直到多年以後再憶起。在我印象中，比起被男性虐待的經驗，男性倖存者較易壓抑被女性虐待的經驗。在復原團體的安全氛圍中，這些被遺忘、部分被封鎖的創傷記憶都會再次出現。不過，回想起女性加害人常會為復原帶來阻抗，因為他們會變得更加一蹶不振及情緒耗竭。

男性倖存者進入團體時，對男性加害人多有清楚的記憶，之後才會逐漸回想起被女性侵害的記憶。有一個男性倖存者常會跑到他父親的床上來躲避母親，但他從來沒有意識到他和母親所發生的性行為是具虐待性的。在團體會談時，另一個男性也脫口而出，「喔，我的天啊，我的母親也是！」而他的痛苦與沮喪顯而易見。這樣的情形在足夠安全的團體環境中並不罕見。

我沒辦法說這種狀況和女性倖存者有很大的不同，但我相信遭受女性性侵害的影響對男性來說是相當重大的。遭受女性侵害代表更高的恥辱，男性可能會自我責備，或不將這個當作是真的虐待。尤其當加害人是倖存者的母親時更是如此。這可能是由於在文化刻板印象中，母親比父親更可以被信任。在每一個文化中，母親都佔據了一個特別且神聖的地位。對許多人來說，很難想像母親不是滋養、保護及關愛的形象。因此，即使當兒童曾遭受母親極端的身體、情緒及性虐待，他們也會以各種藉口及自我責怪，來保護這個讓他們如此痛苦的人。

兒童性虐待讓性與羞愧感產生緊密連結。對一個倖存者來說，不論他是異性戀或同志，當他與男性或女性有任何性行為（甚至只提及性）時，都會再次引發他的羞愧感。性與侵害（與羞愧）產生強烈的關連，恐同症又更強化它，以至於需要很多努力才能打破這個連結。把性意識從羞愧感中區分出來是復原的主要目標之一。

當性意識與羞愧產生連結時，不論是男性及女性倖存者，最常看到的結果就是性功能障礙。部分性功能障礙在男性倖存者身上是相當常見的，當個案因任何種類之性功能障礙前來求診時，我都會詢問童年性侵害經驗，並對他過往經驗的任何虐待徵兆保持警覺。倖存者的問題可能會有各種特定的形式（如：無法達到或維持勃起、早洩、無法射精、害怕特定的性行為、過度沉迷於性、戀物癖、強迫性手淫、無法將性從羞辱、丟臉、痛苦或身體的傷害中區分出來），但無論形式為何，我堅信這些問題都是起源於童年性創傷。

童年遭受性侵害所帶來的不信任感，使其對成人時期的性行為充滿焦慮。對許多男性倖存者而言，性功能障礙的問題會造成憂鬱與絕望。他們對於「克服這個困難」，並回復「正常」的性生活感到絕望，但事實上並非如此。如果你可以找到問題的根本，這些症狀就會減輕、最終消失。我也曾在復原團體中，看到倖存者在復原過程中自然而然克服了性功能障礙。這樣的改變不會像奇蹟般發生，也不是一蹴可幾的，但當他們克服了自己的羞愧，當他們不斷地重建他們的信心與自尊，當他們可以經營健康的友誼與親密關係時，他們的性問題就減緩了。（是的，你也是一樣，你並不是獨特的、絕望的個案）當他們發現自己正朝著健康的性意識邁進時，那驚喜與欣喜無以倫比（通常也會伴隨著些許的緊張與無法置信）。

要讓自己從性虐待所引發的羞愧感中釋放，唯一的方式就是你必須認知到，我們不是在處理性吸引或性取向的議題。我們要處理的議題是虐待，你必須不斷地告訴自己這件事，一定記得要清楚知道這個議題與性意識無關，它就是虐待，一直都是。這跟你是同志、異性戀者、雙性戀或以上皆是，又或以上皆非的性向無關。你就是被性虐待了。不管你是怎樣的小孩或你做了什麼事，這都不是你自己的問題。性虐待會讓你對性意識感到困惑，是因為它不只是身體暴力或情緒剝削，它包括了性的成分在裡面。對男性與女性倖存者來說，真正的議題不是性取向，我們真正在面對的問題是信任、親密及自尊。當這些元素在一段健康、激勵、非虐待的關係中被探索、了解與強化時，性意識的議題將會變得更清楚、更舒服自在。你會更喜歡你自己，並對自己的性意識產生新的觀點。性意識只是一個完整個體的一面而已，而羞愧感會因為你的自我接納與自我欣賞而逐漸消失。

關於施虐者

由於這本書是寫給男孩時期遭受性創傷的倖存者看的，同時因為我並未與施虐者工作，我不願意花太多的時間與注意力去陳述加害人。不過，為了說明性意識的脈絡，我在這裡會花一些篇幅來談論性施虐者。當一個男人性侵害一個男孩時，常會被誤認為這是一個同性戀的行為。我必須再次說明，這是錯誤的。我們不是在討論性，我們是在討論**兒童性侵害**（我曾經聽過一句話：「當你用平底鍋打某人的頭時，你不能說這是在烹飪。」）當一個成人男性侵害小女孩時，我們會說他性侵害了一個小女孩，而不會稱這是異性戀行為。同理可證，當受害者是男孩時亦同。性侵害所涉及的憤怒、敵意、控制與權力都是相同的，且其影響都是相當具傷害性的。這些問題不是同性性行為或異性性行為所造成的，而是兒童性虐待所造成的結果。

如同年輕的男性性侵害受害者不必然會成為同志，而男性加害人也不必然是同性戀者。事實上所有統計資料都顯示，情況正好相反。絕大部分的男童性侵害加害人是異性戀男性（女童亦是如此）。他們大部分對於自己被認為是同性戀者感到驚訝。戀童症者可能會注意相同性別、不同性別者，甚至根本沒有性別區別。他們就是對兒童有興趣，而非對男性或女性有興趣。當我們漠視兒童性侵害的本質是虐待與權力，而只視之為性時，那同性的兒童性侵害才會被視為是同性間性行為（我們已經開始接受成人強暴的重點在於暴力與權力，而不是在於性。我們對兒童性侵害亦應如此。）

不論加害者是男性或女性、是異性戀或同性戀，這都不重要，重要的是他們是兒童性虐待者，我們應該處理的是成人對兒童的傷害。當我們準備好要去接受這個事實，並將它當作兒童性虐待議題來處理時，我們才能創造一個可以提供兒童保護與滋養的社會。

story

羅伯特的故事

羅伯特是一位二十八歲的倖存者，他將告訴我們亂倫對他成人關係的影響，以及對他學習愛自己所遇到的挑戰。

我是一個亂倫的倖存者。要說出這段經歷是相當痛苦的，因為至今我仍相信我父母所說的完美家庭是真的，但它不是，它從未是真的。我的家庭離完美太遠了。我甚至猶豫要不要說它是好的。對我來說，要了解我所背負的痛苦是相當困難的。我實在不想去檢視我受到的傷害有多大，以及這些痛苦對我整個人生的影響有多深。

當我開始寫這個故事時，我的心中有個疑問，「我要從哪開始寫？」對我來說，這個痛苦鋪天蓋地包覆了我整個的人生，要知道從哪開始去解釋我的恐懼及至今仍背負的痛苦有多深，這是相當困難的。對未經歷亂倫的人來說，要理解及了解這件事如何成為我整個人生態度的核心是相當困難的。在我生命中的每一秒，都充滿了恐懼與不信任。

我總是害怕有人會虐待我。

我母親在情緒與性方面虐待我，而我父親曾對我做身體和情緒傷害。他們常在我面前相互挑撥離間。我母親常將我的食物拿給我的父親。當我表現不好時（從她的觀點來看，這代表我拒絕好好照顧她），我母親也會把我帶到父親面前，要父親好好教訓我。我父親無法處理我母親的情緒及巨大的需求。我母親常揚言自殺，他沒有辦法處理她的狀況。早年，我父親認為我可以陪伴並了解我母親。

當母親在浴室裡尖叫與大哭時，父親便會將我帶到浴室，希望我可以讓她冷靜下來，並「好好照顧她」。這就是重點所在，自此她便開始在我房間內不斷地發洩，並跑到我的床上，等我進房來安慰她及緩解她的痛苦。

我依然還記得她在我床上的味道與感覺，我覺得很噁心，但我父親似乎很滿意這個安排，因為他不用再處理我母親的憤怒、痛苦與巨大的憂鬱。我母親越來越想要我所有的關注。她不希望我與別人約會。她跟我說要小心那些女孩子們，因為她們的腦中都只有性。

從一開始，我的浪漫關係就變得相當困難。當我受到女性的吸引或感到興奮時，我就會開始覺得噁心。我在每一段關係中都是如此。最後，我終於了解為什麼我會有這些強烈的感受，因為我整個人都在抗拒另一段關係的干擾。我和父母的關係讓我覺得置身情感關係之中就等於置身瀕死的危險中。父親對我的攻擊讓我對男性感到害怕，並認為男性都是暴力的；而母親對我的性虐待及情緒虐待，讓我一直對女性感到害怕，並認為他們都是想要利用及虐待我的。這讓我覺得所有的關係都會帶來傷害，因此，我很少結交朋友，花很多時間獨處及避免與人們相處。

我正在努力地照顧我自己。要學習照顧自己是一個困難的歷程。我總是希望有人可以照顧我，但從來沒有人照顧我，這讓我覺得我是不值得被照顧的。我現在正在努力讓自己知道我是有價值的。這個努力包括參加團體治療和個別治療、經常讓自己吃得好，以及試著去了解我對於人們與情境的感受為何，並依照我自己的感受去行動，而非照著別人的感受去做。

我正試著去學習愛我自己。對我來說，學習愛我自己是一件相當困難的事，因為我所看到的與愛相關的事物都是充滿虐待的。即便我現在已離家兩千哩，我仍可以感受到他們對我的虐待。即便我已經不用再跟他們說話、見到他們、聽見他們的消息，但我的自我感覺仍相當低落，以致於我還一直背負著這些虐待。

對我來說，不自我虐待是一件很難的事，因為虐待已經佔據了我大部分的世界。我需要學會不要再對自己如此嚴厲，這樣我才能在親密關係中感到舒服自在。我是這麼地渴望與他人親近、信任他人、並真正去愛一個人。我希望可以讓某人看到我的愛，這是一件欣喜的事，而不是一種責任；這是一件美好與自在的事，而不是壓迫與要求。我努力對自己有正面的感覺。我必須覺得自己是好的，這樣我才能真正覺得別人是好的。我希望我可以盡快感覺到自己是強壯與健康的，而非不健康與受虐的。我必須相信這個希望會成真。

【第三部】

倖存與
事後餘波

about survival and aftereffects

【第五章】童年的失落

在成長過程中，我對他充滿憎恨，我在他的房子裡總是感到害怕，而且原諒一個奪走你童年的人是很難的事。

——派特．康洛伊（Pat Conroy），《潮浪王子》（*The Prince Of Tides*）

當我們談及倖存者的童年時，「失落」似乎是一個非常不精確的詞。對於你從未擁有的東西，如何失去？如果童年從未被允許存在，那它如何失落？

我們為童年創造了一個神話。「童年是你生命中最美好的時光」，是自在、快樂的，是不會被成人真實世界所侵害的。電影、文學作品、電視節目中所呈現的理想家庭及童年時光，一再地強化了我們這個幻想。

現實是相當不同的，就算是最好的童年也不是一件令人輕鬆的事。我們有一整個世界需要去理解，孩子一直處在這些令人困惑與衝突的訊息。他們所面對的資訊遠遠超出他們所能理解的範圍——對他們而言，大人的行為就像外星人。這個世界並非為他們量身打造，他們必須忍受那些他們所不了解、也從未被解釋與澄清的規則。每個成人似乎都有權力以「為他們好」為由來批評或責罵他們。孩子任何的抗拒、爭論甚至試圖理解的作為，都可能被視為「頂嘴」、傲慢或無禮。即使成人所做的決定會影響到兒童，也不會有人徵詢他們的意見。他們的問題一直被忽略、被低估。兒童可能被當作是可愛的，並可能獲得疼愛與照顧，但鮮少有人嚴肅地對待並尊重他們。

孩子們對那些狂熱述說年輕有多美好的成人沒有太好的印象，這並不奇怪，因為他們可以證明事實是相反的。孩子會把這個現象視作是大人另一個難以理解的行為。不，童年並不像大家稱讚地那麼好，而且我指的還是「好的」童年。我談論的是一個比較上還算穩定的家庭，孩子在家中擁有足夠的愛、照顧與保護。即使兒童在友善的環境中長大，也會遭遇到考驗他們力量與適應力的困境。當我們思考這個議題時，我們會逐漸發現，即使是最幸運的孩子也過得很辛苦。

當社會、經濟、政治現況讓家庭的壓力與日俱增，越來越多的夫妻必須同時外出工作，才能提供並維持生活水準；也有越來越多的人選擇外出工作以實現他們個人的潛力。許多單親家庭的家長無法選擇不工作，儘管他們的家庭生活相當快樂也適應良好，但這些孩子卻像大人一樣，必須面對許多額外的壓力。比起「傳統」的家庭，這些出生貧困或單親的孩子，必須提早被迫去面對與承擔成人的責任。他們可能在很小的時候就變得比較嚴肅、自給自足。雖然這不一定是件壞事，但與我們一般認為的無憂無慮的童年是相違背的。

有許多孩子是生長在比較不幸的環境，而且並非所有的孩子都是在父母的期待下出生。不是所有人都願意或有能力去照顧孩子的。有些人是意外懷孕，有些是因為家庭壓力或其他理由。事實上，我們對親職條件的要求遠低於對駕駛開車的要求。有些小孩出生在酗酒、嗑藥、暴力或其他功能失調的家庭；有些小孩的父母是酒癮或藥癮患者、精神病患、未成年人或討厭小孩的人。有些孩子甚至暴露在會對他們性虐待的成人身邊。

如果在「正常」的家庭中長大都會遭遇種種困難，那麼，要在充滿虐待的環境中存活，對孩子來說更是一件艱難的事。事實上，你可能會一直經驗到這個受虐兒童的部分反應，即便你已經長大成人，即便那些虐待事件距離現在已經很久了，但這不表示你會因此感到安全、安心，或覺得自己是個大人。這些童年時期的受虐經驗會留下餘波，並讓你在成年後仍感受到童年時期的失落。

到底遭受性侵害的孩子失去了哪些童年片段？這些失落如何顯現在他們的成年生活？下列將列舉數項，但不幸的是，這些事項不勝枚舉：

一、**童年回憶的失落**：兒童性侵害是難以忍受的經驗，處理這個痛苦的其中一種方式，就是完全忘記曾發生的事。當兒童必須否認或忘記這些事情才能存活時，長大後就會發現他真的失去了童年。許多倖存者對童年常是毫無或僅存一點記憶。事實上，這種處理童年創傷的方法相當常見，因此，當個案告訴我他不太記得童年的事情時，我就會警覺地留意他在童年時期是否曾遭受某種形式的創傷。當個案開始記起童年的事情時，通常就可以清楚地知道他們想遺忘的原因。人們只想記住好的事情，而且我們會有美化過去的傾向。我曾經有個個案在諮商中哭了，他哭泣的原因是因為他想起童年時期唯一正向的經驗，就是獨處的時候，因為只有在那時候他才可以確保沒有人會傷害他。

二、**健康社交的失落**：當兒童只有在獨處才感到安全時，這將會嚴重地損害他與他人互動的能力。他會藉由不與人來往來保護自己遠離施虐者，但這也讓他錯失了可能與同儕或成人建立正向、健康社交互動的機會。

加害人常會強化受虐者的孤立狀態，並企圖隔離受虐者，讓受虐者可以保守祕密。為了保護家庭的祕密，兒童可能會積極地維持這種孤立的狀態。他長大後，不論有多少人關心他，都仍會一直感到疏離。因為他覺得必須在他人面前偽裝自己，建立自我保護的藩籬。只有在獨處的時候他才能放下警戒，並允許自己去好好感覺。但即便在這些時候，他仍無法感覺到舒服或安全，而是感覺孤單、與眾不同及難過。

三、遊戲機會的失落：你問孩子平時都在做些什麼，大部分的人會回答在「玩」，但對許多受虐兒童來說不是這樣。真正的遊戲是需要互動、需要玩伴的。受虐兒童無法放鬆或信任他人，以致於無法享受遊戲。對他們而言，輕鬆、積極、自發的嬉鬧感覺，就像是失控一樣。在他們的經驗中，失控只會帶來傷害。他不願意親近他人，而且他知道生存是相當嚴肅的議題。他的嚴肅與沉默阻礙了交朋友的能力。由於遊戲和所處的真實情形形成強烈的對比，讓他很難放鬆地去玩遊戲。當你相信受虐是正常的，就比較容易去忍受這段充滿虐待的童年時光。對他們來說，經歷玩樂與虐待之間的對比實在太痛苦了。遊戲機會的喪失將會為他們長大後帶來困境，當成人倖存者處在一個充滿玩樂的情境時，他們會變得相當僵硬與緊張。許多倖存者告訴我，他們「不知道該如何放鬆」，於是假期、週末、社交情境變成是令他們不舒服與焦慮的事，他們在那樣的場合中常顯得僵硬與憂鬱。

四、學習機會的失落：童年時期的遊戲並非只為了樂趣而已，事實上孩子是透過遊戲來學習。遊戲是文化價值的展現，兒童從遊戲中學習了解及掌控周遭環境。他們學習溝通、合作、競爭、問題解決、大動作技巧、創造力、「符合年齡」及「符合性別」的行為，而且他們共同分享資訊，透過遊戲協助彼此勾勒出對世界的看法，並藉由在遊戲中假扮大人學習如何成為大人。然而，受虐兒童必須靠自己來了解這個世界，他學習到的是人們都會說謊，認為任何事都是危險的，他只能相信自己最直接的經驗，但是那些經驗又都是疏離及痛苦的。他們喪失了與同儕共同學習的機會，這對成人倖存者造成許多問題。受到受虐經驗的影響，倖存者對於這個世界的圖像是相當模糊的。由於喪失了學習的機會，他們會覺得自己是幼稚、愚蠢、社交笨拙的，認為必須一直努力，才能追上那些已成功地在這個世界上生存的人們。

五、對自我身體控制感的失落：兒童時期是個體學習從他人逐漸分化出自我的時期。身體是個體最親密的一部分，但性侵害破壞了孩童對自己最基本的感覺，他感覺自己無法掌控自己的身體，也無法保護自己免受侵害。在童年時期喪失了對自己身體的控制感，同時也使他失去其他的自我保護能力，這會在成年後留下後遺症。他可能一輩子都會遭受欺負，被人用各種方式佔便宜。除了受虐之外，他什麼也不敢預期，所以他不斷地尋找各種證據，來證明這個世界是不安全的。即便成年後他有了力量、長得高壯而且思想敏捷，他仍覺得自己是微小、虛弱及無助的。他在鏡中看到的總是一個微小（或肥胖）、畏縮、醜陋及虛弱的小孩。切記，所有的虐待都與謊言有關，這些受虐兒童接收了關於自己、愛、照顧本質的謊言，即便所有的證據都顯示出事實不是那樣。對自我身體控制感的失落所導致的控制，成為他們成人生活中最核心的議題。他們變得過度控制、缺乏彈性、多疑，或無助、優柔寡斷。當他們對信任的渴望被背叛時，要如何期待他們長大後可以相信別人？

六、**喪失正常、關愛與滋養的環境**：童年時期是兒童學習到他是好的、她是值得愛的、他是被需要的、她是受歡迎的，也是從愛她的成人那邊獲得資訊、理解及保護的重要階段。然而，兒童虐待阻礙了這些發展，所有真誠的愛與滋養都因虐待而被抹殺、遮掩及否定。或許受虐兒童在童年時期最大的失落，就是喪失了對這個世界的安全感，這使得倖存者難以建立健康的成人親密關係、歸屬感及自我價值感。

七、**其他的失落**：當我們談到正常童年時期各個面向的失落，會進一步造成孩子長大後的哪些損失時，可以說是不勝枚舉：控制、安全、嬉戲玩鬧、信任、冷靜、自信、自尊、性成熟、親密、舒適及安全感。長大之後，他必須去處理童年時期經歷的那些異常所帶來的後果。不用懷疑，你可以在這個清單中繼續增加你曾經歷過的失落。對你來說，想像生命可以有其他方式可能是很困難的，但我們可以探索走出虐待的道路。雖然這條路很艱難，但並非不可能，而且努力所帶來的報酬是值得的。

在本章前半段我提過，我認為兒童虐待就是在愛、安全及照顧的本質上對孩子的欺騙。當這些謊言被強力灌輸和強化時，孩子便很難擺脫這些謊言，接納事情的真相。受虐兒童經歷了**扭曲的童年**，他們失去了**每一個孩子都應享有的正常童年**，而受虐的經驗又會時刻影響著倖存者成年後的生活。若要深入了解，我們必須去檢視孩子面臨性侵害時，他真正遇到的狀況為何。

倖存者無法相信他的處境是安全的，以致於他在任何環境中都無法感到舒服自在。他可能會變得多疑、孤僻，朋友也不多。這些混亂及疏離都是受虐所導致的直接結果。當他與生俱來的信任被利用時，他有足夠的理由不再相信其他人。事實上，他可能會拒絕其他孩子或成人的好意，因為他會擔心友善的言行為背後可能隱藏別的東西。

經歷過暴力與虐待，他可能只學習到扭曲的人際關係模式。受虐兒童會因為出現攻擊行為而被其他兒童拒絕，所以更常有外顯或誇張的行為以吸引他人注意。或者，他可能會變得更加退縮及孤立。

孩子也可能會賴在朋友家。受虐兒童可能會藉由尋找一個替代品，好讓他對改變自己的處境抱持一絲希望。但不幸的是，這種做法通常只會成功一半，他無法告訴他們為什麼他不願回家，他會一直待在朋友家直到對方不再歡迎他，然後他才被迫返回虐待他的原生家庭。然而，這兩個家庭間的強烈對比將會讓他感到相當痛苦與困惑。

最糟糕的是，他可能會覺得在這個世界上他唯一能親近的，就是虐待他的人，並將性當作獲得親密的唯一方式。當他面臨疏離與受虐的選擇時，他可能會為了隨便與人親近，而寧願讓自己再次受虐。他可能會拒絕了解虐待的真實性，因為加害人是唯一他可以（或被允許）親近的人。我有一個在童年時期被營隊輔導員性侵犯的個案，他激烈地捍衛輔導員和這段經歷。這個個案來自一個會對他肢體暴力、言語虐待及情緒虐待的家庭。對他來說，輔導員只是「與他發生性行為」，並沒有毆打、嚴厲地苛責或對他大聲吼叫，因此那個侵犯的感覺像是一個照顧及溫柔的行為。要他放棄這個「溫柔」的意象，他的童年就完全沒有正向的記憶了。為了尋求再度的接觸，他會淡化虐待的強迫及誘惑本質。他還不了解孩子會渴求溫柔與親近，而且為了獲得這些，他們會不斷地容忍。他的低自尊使他認為，自己不值得獲得沒有性及虐待的照顧與保護。輔導員於是利用了這個孩子的需要，讓他陷入性侵害的謊言中。

受虐兒童沒有機會學習建立合理及具保護性的界線。由於他們沒有體驗過安全，所以無法分辨危險的人與情境，而這也使得他們容易讓自己陷入險惡之中，或因此不敢從事任何冒險行為。

他可能會學習到如何讓自己沒有真的離開房間，但卻彷彿消失一般：很乖、很安靜的孩子會因為害怕受虐，便盡量避免引人注意。另外一種情況是，有的受虐兒童會極盡所能去獲得他人的贊同。他嘗試「學習規範」，好讓自己可以存活下來並被人接受；他展現出聰明伶俐、風趣的樣子，讓任何人都無法懷疑，其實他時時刻刻都背負著極大的祕密。當我和一位男性倖存者談到他所背負的祕密時，他寫了以下的文字給我：

「祕密的重擔」：他所失去的最主要的東西……難道不是不用擔心成人模式的性的自由（單純）嗎？因為他沒有機會用「正常的」步調長大，成為完整的性個體。性侵害受害者被迫脫離孩童時期的純真狀態，並逼著進入他們尚未準備好要面對的成人性的世界中。更糟的是，他們被迫接受輕率、有欠考慮及失功能的成人性行為。這對男孩來說是一種「精神分裂」。在他生活的某個部分，他被殘忍地硬塞入成人最糟的性世界中，另一方面，他也持續在日常生活中與同儕互動，旁觀同伴們逐漸覺察到的性意識與功能。這兩個世界是相當不同的。他和成人的關係是祕密的，而且這個成人不想知道他與其他同齡孩子的性生活；事實上，這個成人除了將他當作性滿足的目標外，根本不想跟他有任何關係。當然，這個男孩知道自己不可能將受虐狀態帶入日常生活中，因為這不能分享的，而且他已經被施虐者嚇到什麼都不敢說。

即使這個男孩知道另一個孩子也被這個加害者侵害，他們兩人也不敢向彼此說出這件事，因為羞愧及不理解所發生事情的真相，讓他們避免與彼此溝通。此外，當他和（據他所知）未遭受虐待的孩子相處時，也沒有機會分享這個成人世界強加諸在他身上的祕密。「這就是祕密的重擔」。

為了撫平這些傷害，受虐兒童可能會企圖成為一個很優秀的學生、明星運動員、班上的開心果或受歡迎的人，但這些羞愧及挫敗的感覺未曾消失。童年的失落？確實是的，但與一般大眾所以為的相反，這些失落不會隨著童年結束而消失，而是會一直影響到他成人之後。

當你第一次覺察到在受虐的童年失去了什麼時，你會感到無助，覺得自己好像被欺騙了，是不可能擁有美好、快樂的生活。振作起來，一旦你真的接受自己被欺騙，就表示你正往復原之路邁進。你是可以尋回你所失落的，但首先你必須先知道自己要找尋的是什麼。你沒有辦法為自己創造一個愉快的童年，假裝自己有個完美的童年就是否認了真實發生的事。否認無法讓痛苦過去。你無法在你成年後找到孩提時代所需要的愛。重要的是，你要尋找身為成人，你現在所需要的關愛。當你是孩子時，無法獲得你需要的愛對你是不公平的，而你若讓它阻礙你現在滿足這個成年人的需求，那就更不公平了。你可能需要表達你對這些失落的悲傷與憤怒，這些悲傷與憤怒代表你應該值得被更好的對待。即使這些失落已經無法尋回，失落所帶來的影響卻是可以復原的。

焦點 Focus

兒童性侵害倖存者常面對的議題及問題

並非所有的倖存者都會經歷以下的問題。雖然這個清單並不詳盡，但這裡面已經包括了許多男性倖存者常見的問題：

- 焦慮和／或困惑：恐慌發作及恐懼症
- 憂鬱——常包括自殺意念或企圖
- 低自尊——感覺自己有缺陷或不好的
- 羞愧與罪惡感——出現過度的作為和／或不作為
- 無法信任自己或他人
- 害怕感覺——必須控制感覺與行為（包括自己及他人的），或強迫性地照顧他人
- 做惡夢或不斷閃過創傷事件——強烈地被喚醒記憶
- 失眠——或其他睡眠障礙
- 記憶缺失——記憶喪失，忘掉大部分的童年記憶
- 暴力——或害怕暴力
- 被碰觸時會感到不舒服

- 強迫性的性活動
- 性功能障礙
- 高度警戒——極度驚嚇的反應
- 社會疏離——感到疏離及孤單
- 無法維持親密關係和／或進入另一段虐待關係，並再次遭到虐待
- 超過預期的成就和／或低於預期的成就／未充分就業——在職業（專業）方面
- 感覺像個冒牌貨
- 當他長大成人時，變成一個施虐者和／或保護者，以及其他虐待的受害者
- 有分裂或多重人格
- 物質濫用——藥物、酒精及其他
- 飲食障礙
- 其他上癮或強迫行為
- 不真實及負向的身體意象——感覺與他們的身體距離很遠
- 感覺像一個遭受驚嚇的小孩
- 高度關注自己的身體及外貌

回到童年時期是復原歷程很重要的一部分，但不是要讓它恢復正常，而是要去了解到底發生了什麼事，以及你在其中扮演的角色為何。你必須了解心中那個小男孩，並與他成為好朋友。因為在你長大成人的過程中，你一直帶著他，但你從未真正了解他。自我了解是你在童年時期時失落的一片拼圖，施虐者將它從你身上偷走了。當他跟你說你是不好的，其實他是在說謊。她扭曲了你對得到人的關愛與生理滋養的需求。他讓你對於你自己是誰感到困惑。你失去了對自己內在小孩的了解，你知道你欠這個小孩很多，如果不是內在小孩的勇氣與生存技巧，你不可能會在這裡，他值得你讓他感到安心。

當你開始了解內在的小男孩時，你會根據你所了解的真相重新去看待他。你會完全地了解他，並跟他解釋「**他一直是好的**」，雖然那些**發生在他身上**的事情是不好的。他總是盡所能地去理解發生了什麼事，但他所面對的事情並不是一個小孩可以處理的。身為一個成人，你可以了解什麼是謊言，並且去揭露它。當你這麼做時，你無法找回童年失去的東西，但你可以正確地看待這份失落，以及停止折磨自己。你可以真實地跟你的內在小孩說話，向他保證這個世界除了虐待，還有許多其他的事。當你了解你的內在小孩是勇敢、有智慧、有洞察力及良善的時候，你也會在你身上重新發現這些特質，因為你跟他是相關連的。當你逐漸建立起自尊時，你便可以放鬆，甚至是恢復遊戲的能力。

沒有掙扎，改變是不可能發生的。當你把注意力放在童年時期的受虐經驗時，是可能引發無助感的（當你停留在無助的狀態時，除了無助以外，很難讓生活有其他正向的改變）。無助是暫時的，當你持續努力復原時，你會逐漸從絕望中走出，但同時悲傷、恐懼及憤怒等一大堆的感覺也會跑出來。別因此感到氣餒，你不會一直被困在這些情緒裡。雖然這些情緒會讓你感到不舒服，但擁有這些感覺是另一個充滿希望的跡象。辨識並承認這些感覺是擺脫無助的第一步，而復原的歷程都會伴隨著這些強烈的感覺。

當你承認了失落，便可以開始哀悼這些失落。透過這個悲傷的過程，你將可以辨識你是怎麼被騙的、被唬的。當你發現自己完全是受害者而非加害人時，你會相當憤慨——對發生在你身上的事情感到理直氣壯的憤慨。當你可以對加害人感到憤怒，而非對自己感到憤怒時，便能下定決心使自己復原。你的生活將不會再被虐待主宰。當你用自己滿意的方式掌管生活時，你將能勇於面對過往的虐待經驗。**為了要讓這些痛苦過去**，你會喚起並經歷這些痛苦，但你不會困在這些痛苦中。你將從虐待經驗中復原，而復原就代表這些最初的謊言被推翻了。

復原不代表你可以重新獲得你所失去的，但可以找回失落事物的精髓。復原就是讓你可以用你所滿意的成人方式來主掌生活。這表示你會對自己有正面的感覺，並可創造相互滿意的關係。這包括感覺到自己是有力量的、聰明的及具有創造力的，也包括幫助這個世界重新獲得我們共同失落的——所有人都應該堅定承諾，讓孩子有一個健康的童年。復原意味著你了解你的過去，並運用你的覺知去創造一個更好的未來。這些都是你做得到的，而且你都已經準備好了。

story

菲利浦的故事

這個故事是人類精神的最佳證明。雖然他的自白痛苦地讓人不忍卒睹，但他著實令人敬佩。菲利浦，今年四十四歲。

雖然我是個道地的波士頓人，而且屬於只與望族往來的上層階層，但是和我們往來的望族只對上帝說話，而我的家族對所有人說話，卻很少真的說出什麼來。

我的名字是菲利浦，但這不是我現在用的名字。事實上，我有許多選擇，愛德華、喬治、布魯斯，我想這顯示了我父母早期婚姻的不穩定以及無法達成共識的問題。在我生命的第四十五年，我這個出生於戰後的嬰兒才剛開始學會打仗，但或許我已經領先我自己了。我寫下這篇簡短的自傳，如果它可以獲得一些同理的回應、讓人難以置信或點出人性的墮落、堅毅與幽默，我想這就成功了。請自在地發出鄙視、厭惡或讚美聲，反正我本來就是譁眾取寵的人。你們要是靠近一點看，就會發現一切都是假的了。

幕啟：

我出生時，我的母親二十五歲，我父親才十六歲，我是在一個不受歡迎的狀況下出生的。我父母原來是不太可能結合的，因為我母親來自於一個教養良好的名門家族，而我的父親則來自於「成天拿著念珠念經」的法裔加拿大家庭。

在我三歲時，我第一次見到我父親。他剛從戰場上回來。他是商船隊的成員之一，因為美國海軍認為他太不穩定，不適合當海軍。此時，我們住在山坡上的外公家（這時戰爭剛結束，而且住所嚴重短缺）。一直以來，我對這段期間最初的印象是，那是一段自由、知性且放蕩不羈的歲月，而且還要不計任何代價裝作對一切都不在乎。直到多年後，我才了解我所付出的代價常常是我自己本身。

我媽因為懷了我而不得不結婚。雖然我不到十三歲就已經猜出來了，但她直到死前兩個月才承認。對我母親來說，打從一開始，我就是相當特別的，她為了我犧牲，對我有很多期待，遺憾的是，她的期待不只是在成就方面，也在強烈的親密與持續的共生關係上。這種關係一直持續到她死去為止。打從我爸從戰場回來，我們就很清楚，他的存在給我和我媽帶來痛苦，我們容忍他的粗蠻無禮，為了當個合法婚生子我們付出代價，彼此訴說著美好婚姻與穩固家庭的神話，口惠而實不至。

起初三年，我被家人寵壞了。家裡有寵我的外公外婆、一個姨婆、一個遠房表親（他因為某個不能說的祕密不能返家）、我媽、一個管家兼廚子、一列每週都被我外公以「無能」為故辭退的女傭，還有我自己。起初，我和我媽睡同一個房間。從我兩歲到我父親返家前，我和我母親共用一張床。我父親回家後，我們三人仍同房，但我睡在房裡的小床上，直到我有自己的房間為止。

我的父母對彼此並不了解。他們之間常充滿緊張的氣氛，並常出現暴力地爭吵及暴力性行為。從三歲到四歲半，我罹患心因性耳聾，巧合的是，我有了自己的臥房之後，聽力就逐漸改善。

我的父親從沒真正融入這個環境。他沒有受過教育、從事卑微的勞力工作、說著一口很破的英語，根本就是一個文盲（直到現在亦是如此，但直到最近才被診斷為閱讀障礙）。他出生於一個破碎的家庭，早年非常貧困，青少年期亦相當悲慘。

他的選擇不多，面對加入以工代賑的公共資源保護隊，及因傷害及過失殺人入監服刑的選擇，他選擇加入商船隊，而不是去坐兩年的牢。十六歲時，他因為被威脅將被控強暴而娶了我母親。

我母親自己也沒多聖潔。在兒童與青少年期，她相當肥胖，個性相當叛逆，且社會適應不良。她是家中第五個小孩，她出生時，我外公已經五十七歲，外婆已經四十三歲了。不用說，她的出生是個錯誤，她最小的兄長跟她差了十五歲。她很早就學會樂天和否認這兩項本領。從她的日記中，我認為外婆的年輕活力讓年邁的外公甚感挫折，而且外公常將這些挫折的情緒與憤怒發洩在我母親身上。我的母親曾接受過高中及大學教育，但她並未順利完成學業。直到一九六八年，她才順利拿到臨床心理的博士學位。雖然她相當優秀，且擁有許多親近的朋友，但她仍長期承受低自尊及憂鬱之苦。

在我五歲的時候，我的弟弟出生了。在我八歲以前，我們一直共用一間房間。後來我就搬到我堂兄的房間。在這段期間我父親換了許多工作。他暴躁的脾氣及偏執的個性讓他不斷地失業。我確信對他來說，依賴我外祖父母為生是一件壓力很大的事。因為我外祖父母家裡很有錢，他想要複製他們的生活模式是絕對不可能的。

我在六歲的時候第一次被我父親打。當時每週日的早上，我父親都會念報紙上的趣味版給我跟弟弟聽。雖然他不識字，但他會根據圖片來編撰故事。當時我正開始學識字，我糾正了他，而這也讓我的嘴唇因此縫了三針，並上了四年的閱讀治療課程。後來我被送到兒童精神科，醫師認為我們家的氣氛相當「緊張」，便建議我們在晚餐前應該共享一杯紅酒放鬆。

當我九歲時，我父母不斷地劇烈爭吵，並且因此進行一年的婚姻諮商。那年四月，我母親質疑我父親對婚姻不忠（在收到我父親因罹患性病就醫的帳單後，我外公聘了一位私家偵探來探查他的行蹤）。我父親的翅膀被折斷了，我母親再也不和他做愛，而且他的行蹤都被密切監控。我父親本來就相當多疑，這件事發生後讓他的生活快不行了。緊張情勢不斷升高。

我們家的習慣是，我父親下班回家時，我母親會跑去睡午覺，而我和弟弟都會從五點跟父親玩到六點半，之後母親就會陪著我們兩個一起吃晚餐。我父親洗好澡後，大概在七點時會和其他大人一起吃晚餐。我們玩遊戲時會打打鬧鬧。當我父親的翅膀被折斷後，這段時間出現了新的變化。我父親開始對我有更多的關注。在不到一個月的時間裡，有一天我弟弟剛好去朋友家過夜，我父親粗暴地將我的上衣拉到頭上，將我的手臂反壓在後面，脫掉我的牛仔褲，逼我肚子朝下趴著，他在他的陰莖塗上三合一油，幹我、強暴我、與我性交、雞姦我、跟我做愛（至今我仍不知道該用什麼詞）。這種感覺糟透了。當我開始尖叫，他就威脅要殺了我。我沒有辦法控制自己是否要尖叫，因為他將我的頭往旁邊壓，並咬著我的下唇，咬破我的嘴唇。當他做完以後，他還堅持要我幫他口交，好把他弄乾淨。晚餐時，我媽在我的下唇貼了個OK繃。（我寧願相信這是一個意外，但我發現我身體的某部分好像不是我自己的。）我母親嚴厲地譴責我和父親玩得太過火了。很快地，這件事變成例行公事，不到一個星期，我和我爸又再發生了兩次

——當這種事發生不只一次時，要叫它什麼呢？

最後，我因為發高燒住院。起初醫師認為我可能罹患小兒麻痺症（那時候這個病很流行），但仔細檢查後，他們修補了我大腸上的撕裂傷，並用抗生素治癒了腹膜炎。

沒有人問我發生了什麼事或我怎麼了。直到最近，我要求影印這些紀錄時，發現上面只記載著我發高燒及肛門受傷。

我回家後，他仍像以前一樣侵犯我。我逐漸可以預期他會在何時及如何侵犯我。如果他沒有辦法侵犯到我，他就會對我母親與弟弟施予言語及肢體暴力，最後暴力的程度會不斷地提高，演變成丟東西及掌摑我們。我會快速地想辦法讓我母親離開，並說服我和我弟弟分開和父親玩耍，而我總是先和父親一起玩。如果幸運的話，我只需要跟他口交，不幸的話就要被肛交。有趣的是，我快速地學會如何讓自己解離及麻木。在這三到四分鐘內，我可以關掉我的意識，並讓它「自行運作」。沒多久，我的這種能力失控了，並開始經常地解離。回神過來時，我會非常恐慌，並試圖把我所錯失的部分拼湊回來。然而，那方法一度對我相當有用，感謝上帝。

我在十一歲時，我父親因妄想症住進精神病院兩次。好幾次當我陪他開車去附近的商店時，他的妄想症狀相當嚴重，他深信有人在跟蹤他，最後他就帶著我躲到紐約去了。某個星期五晚間，我父親和我就是這樣到了紐約。後來他較為冷靜後，認為自己已經沒有危險，便決定在格林威治村用餐。在這裡，我第一次替我父親誘騙其他男人。我要求一個站在路邊的年輕男子進到車裡陪我和我弟弟。他真的進到車裡，但結局卻是幫我父親口交。在我十一歲到十三歲間，這種情形又再發生了六次。

在我十三歲時，某天我放學回家，發現我母親正在打包我們的行李，我母親跟我說她再也受不了了，因為她發現我父親和婚姻諮商師外遇。我父親在個別諮商時與諮商師做愛，並將過程錄音下來。這天的前一晚他將這卷錄音帶在晚餐桌上放給我們聽。

我父親要求母親履行同居義務，並要求她做變態的行為，但我母親拒絕了。我父親要脅要殺了我母親，而這也成為壓垮我母親的最後一根稻草。在我生命中，我第一次了解到也許我不是瘋的。我暗自高興自己要離開了。（直到最近，當我回頭看時，當我發現她只為了自己的利益才採取行動時，我感到相當痛苦與憤慨。）她知道父親侵害我。當我住院時，他們曾來醫院看我。當時她外出買冰淇淋回來，剛好撞見父親正在強迫我為他口交。我始終沒有辦法讓她跟我討論這件事。後來，我們離開家裡並搬到夏日別墅。很快地，我變成我母親的守護者。

我們搬去一個小小的、緊鄰海邊的封閉社區，這個地方有許多有特權的、有錢的、政治保守的人。在其他面向，這裡是雜亂且相當偽善的。兒童們都就讀寄宿學校，他們有滑雪之旅、海島之旅及紐約遊艇俱樂部之旅。

母親尚未準備好擔任家計負擔者。因為離婚是個不可原諒的罪惡，她也失去了所有的經濟與情感支持。很快地，我們就破產了，並開始依賴「陌生人的救濟」。在接下來的兩年內，我母親嚴重酗酒，回家時要不就是醉醺醺的，要不就是帶了個陌生人回來（也許我應該說不是那麼陌生）。對我來說，那是最艱困且窮途潦倒的時期。我以為我終於可以逃離了，但沒想到我又陷入另一個新的及複雜的問題中。

我很快就學會付出任何需要付出的東西來過活，我母親也逐漸將我當作心腹，並向我尋求認可與情緒支持。她的新朋友把我視為她的陪伴者及護衛。在我十五歲時，我常無照駕駛，並在聚會、餐廳及酒吧中喝酒。雖然這是非法的，但從來沒有人在意過。直到今天，我才驚覺原來從兒子變成小白臉是如此容易，而且我的角色竟如此輕易地被人接受。我媽的朋友把我當成同輩，我媽也一樣。人們常以為我們是姊弟，或以為我媽又交了一個年輕的男友（我想這有一點誇張，但它不是）。我學業成績頭一次嚴重下滑，我的體重也開始起伏不定（規律地增加及減少五十磅，有時候節食、有時又大吃大喝，然後催吐）。

我承擔了所有家事：購物、煮飯、清掃，並不時扮演保鏢及保姆。很快地，我學會如何賴帳、用三本支票簿換來換去、偽造簽名，並虛張聲勢地為自己的行為辯解。我唯一無法扮演的角色就是情人。我相信我母親敏銳地意識到這對我是危險的（我還是感謝她這個小小的恩惠），但她所採取避免的方式是相當具有毀滅性的。她不斷地隨便談戀愛，有時我開車載她和男友回家時，便被迫目睹她與男友們各式各樣的性愛過程，幸好這僅只於口交，我只抱怨過一次，但她跟我說是我太保守了，是個老古板。為了證明這一點，她在我面前勾引送貨員，自此我再也不敢挑戰她。不過為了報復她，我在十五歲時和我母親最好的朋友上床，也是那次我失去了異性戀的童貞。

後來我漸漸變得很珍惜這個混亂，珍惜我和同儕間的這種不同。我進入成人世界的方式是遠遠超乎他們所能想像的。在這段期間，我只有一個好朋友，他也是個同性戀，而且我們的生活方式相當接近，他是由祖父母帶大的。我們常相互分享故事，並提供彼此情緒的出口。我很早就學會如何保守祕密。我母親和她朋友都說我是謹慎的人（但我有時覺得我比較像隱形人）。我也發現我的意志力可以讓我完成所有的事情。我只需要研究出某人要什麼（可能的話，順便找出他為什麼要），然後針對那點下功夫就行了。我成功地維持好幾種生活形態，即使沒有三、四種，也有兩種（我現在仍然如此）。

那時我內心感到相當困惑（現在的我也是），因為所有的現實都變成可能。在任何一個特定的時刻，我不得不記住並維持各種樣貌。我認為我已經盡到最大的能力，讓我自己可以和自己的感覺分離。（直到現在，我常不確定我的感覺到底是什麼，也不知道我是否捏造了情況所需的回應。）

青少年後期，我念過三所私立高中（其中兩所是寄宿學校，因為我母親希望我晚上跟週末可以回家，盡到整理家務及守護她的責任）。經常換學校讓我可以做我想成為的人，而不用擔心有人會知道我的過去。我發現安非他命可以控制我的體重，並幫助我支持越來越多樣的生活形態。我第一次真正離家是在我大一的時候。我選擇了一所在佛蒙特州（Vertmont）的小學校，這所學校相當自由開放，毒品、麻醉劑、性及學術都很自由，但我所有的舅舅阿姨都反對。大二時，我開始巡迴長春藤聯盟的各個大學。舅舅們的勸說加上我獲取獎學金的能力說服我轉學。在接下來的三年裡，我每一年都必須轉學一次。不論換到哪個學校，我總是可以維持四．〇的平均成績，所以每個學校都須發完整的學分給我。就像我說過的，我是個學很快的人。即便我的大腦沒在運作，我仍然可以發揮我的影響力及說服力。我決定要成為一個社工，所以我選擇了中西部大城市的一所研究所（距離東北區甚遠），我想要服務弱勢的年輕人，但因那時鋼鐵業大罷工，而且有許多汽車設備工廠裁員，所以我被放到社會福利部門。不用說，這根本就是一個災難。我的生活第一次陷入困境（我的工作狀況幾乎匹配不上我亮麗的學業成績，我也完全無法適應），我只好向家庭壓力以及少年時期破產的記憶低頭，去就讀醫學院。後來，我在外科與精神科實習，並於一九六八年畢業。我不想成為自大的外科醫師，而且我逐漸開始想尋找我的生活到底哪裡出了錯。我陷入長期的憂鬱、性濫交、和男女都可發生性行為及藥物濫用中，但大致上來說我是相當有成就的。雖然我所獲得的獎賞無法有實質的收穫，但我仍然堅信只要我可以把事情搞清楚，一切就都沒問題了。

我在醫學院畢業那年結婚，因為我害怕如果不快點結婚，我就會迷失。我擔心有人會發現我是同性戀、是偽裝的、脆弱的。這一年，我的母親也完成心理學博士學位，並有意和我聯合執業，但我需要盡可能地拉開我們的距離。我的妻子是母親介紹給我的，她曾和我母親一起擔任志工，而她也是第一個獲得我母親認可的對象。茱莉亞是一個出生在美麗中西部（「中西部」這個詞就意味著天真純樸）的年輕女孩。她生長在大盎格魯撒克遜白人家庭中。身為六〇年代的孩子，茱莉亞犯了個小小的、悲傷的錯誤——未婚懷孕且將孩子生下（不管它是否和我母親的婚姻相仿，我太害怕了，所以根本不在乎）。直到我跟茱莉亞結婚前，這個孩子的父親一直和我有性關係。

一切並非如此悲哀。雖然我是一個同性戀者，我如此害怕自己的陰暗面，但我也是個醫學院畢業生，而且是一個美麗紅髮小女孩——蘇珊的養父。不過，當時我並沒有理解到，我的妻子和我一樣害怕，而且她相當依賴我，我就像是她的父親一般。最後，她對我而言就像是個妹妹。然而，蘇珊是我做對的事。也許在我的生命中，她是唯一一個讓我可以沒有罪惡去愛的人，一個讓我可以絕對及全心全意信任的人。對我來說，她是我自己選擇要的，並不是我不小心做錯事，而必須被迫接受的。我不想要過分浪漫化這個時期。我剛剛開始起步，而茱莉亞則是全職的藥學系學生。我獨自負擔所有家務與收入。我常覺得我好像回到我青少年晚期一樣。

蘇珊繼承了她父母的兩個世界中最美好的事物：她母親中西部人堅強牢靠的誠實與開放，新英格蘭人的世故與玩世不恭，以及對生活中細微與荒謬事物的欣賞。

最美好的是，週日時，我們會在街上一起吃早餐，一邊看著路上的人群，對經過的每一個人品頭論足。我們用最好的朋友兼叔叔與女兒間的模式對話（她一直都知道自己真正的父親是誰）。我非常以她為傲，她是我的試金石，會戳破我過度的自我膨脹，在我隨著年歲增長，開始出現皺紋的過程中陪著我歡笑。蘇珊就讀大學時，茱莉亞和我決定分開，但我們承諾要當好朋友（不是沒有怨恨，但確實沒有暴力相向）。畢竟，我們總是偽裝成成熟的大人；我們太驕傲了，離婚時不可能不裝成成熟的大人。

一九八二年夏天，蘇珊在法國因意外車禍而身亡。那時候，茱莉亞本來要在夏天結束前陪她度過整個八月，而我則因為剛換工作沒有時間陪她們。後來，她們母女發生一些小爭執，所以茱莉亞就提早回來了。我找到茱莉亞後，硬把她塞上一班座位已經預定一空的飛往法國的班機。我和茱莉亞相處的歲月裡，她就只有這麼一次，百分之百、全心全意地只想做一件事。一天後，也就是意外發生後的七十八小時，我在工作時接到茱莉亞的來電。（茱莉亞和我都同意，不要用任何特殊的方式來延續生命）。茱莉亞和醫師在蘇珊的房間內，而我則坐在我的辦公桌前，茱莉亞把話筒拿到蘇珊耳邊，並在醫師關掉生命維持系統時，我們三人一起唱搖籃曲給她聽。

在七〇年代中期，我第一次有了男性的愛人。他人很好，結過婚，並育有兩名學齡大的孩子。對我來說，這是我第一次一對一的關係，也是第一次重要的同志關係。鮑伯是一個善變、溫暖、粗暴、叛逆的義大利人，他也是個性濫交及真正的流浪漢。我不禁懷疑，我所選擇的伴侶如果不是像我母親那樣，是否就會像我父親一樣。我很珍惜這種混亂的狀況。鮑伯是大波士頓地區最早被診斷有ＡＩＤＳ的男同志之一。當我們清楚得知多重性伴侶是罹患ＡＩＤＳ的原因之一，我的醫學訓練警告我避免與鮑伯發生性行為（至今我的ＡＩＤＳ篩檢仍是陰性）。

鮑伯的病情越來越嚴重，意志也越來越消沉，終於他在四月的某個星期一的早上過世了。當天，我們開車前往波士頓進行化學治療，由於他感到相當絕望，便以時速八十五英哩開車撞山壁。當時我被拋出車外，而他就這樣過世了。

接下來的三年中，我不斷地接受整形手術及治療。我選擇了一個全新的樣貌，但這讓我憂喜參半。因為如果我知道自己是誰，我可以較容易地去適應。然而，我非常地沮喪，因為我有時真的完全不能照顧我自己的情緒及身體。我母親跑來要「拯救」我，她搬來跟我同住並照顧我。現在她已經六十多歲了，她這一生即使不算是精彩刺激，至少也算是魯莽輕狂，她總說她的靈魂已經飄到雲上，但她的心智仍在水溝裡。這樣的生活使她的身體付出了代價。她非常肥胖，每天抽四包煙，有著許多依賴她的朋友跟病人。她罹患肺氣腫，需要每天抽痰、幾乎不間斷地呼吸純氧，往往沒辦法從事功能性活動。為了可以監看她的呼吸狀況，我讓她睡在我房間裡的小床（沒想到四十年後，我們又再次共用一間房間）。不到六個月後，我覺得我受夠了，我需要個人隱私，所以我幫她租了一層公寓，並花大筆的金額安排她去旅遊（這花費相當高，因為她去到哪裡，醫療支持系統就必須安排到哪裡）。勞動節時，她回到了我家，不斷地說她所經歷過的美好時光，給自己倒了一杯曼哈頓雞尾酒，然後上床。隔天早上，她在衝向廁所時過世了。

在我母親過世前的那個春天，她終於承認我是先上車後補票的孩子，這激勵了我，我最後一次面質她有關父親虐待的事情，因為我想知道為什麼沒有人阻止這件事，為什麼我忍受了這麼久才能離開？她的回應真是悲慘地不足（或許我只是在找一個不可能的答案），但又可怕地精確。

她用無奈的聲音哭著對我說：「你要身歷其境才會了解事情有多痛苦。」

「但是，媽，我在那裡耶，我知道。」

她回答我說：「我當時也猜你知道，我知道你知道，我們不是共同經歷了嗎？我覺得我將事情弄得一團糟，你知道的。天啊，也許你該跟你父親好好談談。」

在我母親過世後，我寫信給我父親，要求和他見面，並勾勒了見面的事宜。為了讓他有機會好好想想，我預告兩週後才聯繫他。沒想到他接到信件後的二十四小時內就立刻打電話給我。我同意去一間餐廳跟他會面，並放棄了我原來預擬的會面議程。

當我到達餐廳時，沒有看到他或他的車子。我倚在我的金龜車車頂等他，我不只是太驚嚇，而是根本嚇壞了。事實上，我相當地激動，並開始讓自己變得「麻木」。大概半個小時後，他到了。我沒有預料到眼前這個從一輛凱迪拉克新車中步出的，穿著紅色運動外套、灰色絨布褲子、灰色絲質襯衫、寬領帶，並用閃閃發亮的皮帶牽著兩條黃金獵犬的男人，是我的父親。（我後來發現他用現任妻子與我母親的名字來命名那兩條狗）。他從我正前方走過去，但他沒有認出我（因為我已經做了整形手術，所以他認不得我）。我叫住他，他立刻開始激動地流著淚，英法語夾雜。他飛奔到他車裡拿出相機，強力拜託一個路人幫我跟他一起合照。他又哭又笑，相當失控。我外表變得越來越謹慎，內心卻相當激動、害怕。

我本來想要在餐廳裡談，但因為裡面剛好有旅行團在用早餐，我擔心他的情緒可能會引起大家的關注，所以就放棄了。之後，我想說我們在我車裡面談好了，但因為我身高六呎二，我父親六呎四，所以只好到他的車裡面。獨處並不在我預擬的狀況中。

在車子裡時，他說他知道我有很多疑問，他一開始也很質疑自己的父性。我沒有辦法插嘴，所以我試著重新說明我的問題。突然間，他把車門的鎖鎖上，把我們座位旁的扶手拉起，並開始愛撫我的大腿及拉開他的拉鍊。他抓住我的後頸，並將我的頭轉向他的下面，他跟我說，他想我打電話給他是為了想再跟他一起做愛。我大叫：「不，我他媽的才不要！」我掙扎地坐起來，我頭的側面撞到方向盤。當我大叫時，他強壓我張開的嘴巴去撞方向盤，把方向盤緣壓到我嘴裡的深處，使得我上下排後面的牙齒被撞碎了。我一面把血吞掉，一面想辦法讓自己離開車內。我跑回我的車，並將車門反鎖，開車回家。我想要把自己從那件事中拉回來，但我卻發現無法做到。於是我聯繫我的精神科醫師，並約定早上進行會談。當我到的時候，我好想自殺，我不斷咒罵我自己判斷錯誤，深信是我自己誤導我父親對我做我九歲時發生的事。我的精神科醫師一再地向我保證，我已經三十九歲了，已經從那些更悲慘的事情中存活下來，他相信我可以繼續下去的，但他只能給我十五分鐘。之後，牙醫幫我移除了部分碎片，並安排我隔天再來複診。不過，我再也沒有去找精神科醫師及牙醫，而我後排牙齒的根部也一直沒有修復。直到一年後，我才去做此生第二度的頸部重建，現在我可以向前看，但還不太能向左或向右轉。我的右耳聽力受損。從那時候起，我換了四次工作，最後我離開了臨床實務工作，並開始花時間處理我自己的問題。

我第八度接受治療。我曾成功地去控制我的問題，所以這次我決定正視亂倫的議題。大概在一年多前，我在愛滋病行動委員會（AIDS Action Committee）擔任志工時，認識了一位年輕的治療師。

當時我們發生了一些不愉快的衝突，他成功地勇敢面對我把他打發走時的驕傲自大與無禮的行為。我對他印象深刻。在這一年中，他在當地同志報紙上刊登了兩次廣告。其中一個團體是開給想要處理中年危機及感情問題的四十多歲男同志們，另一個則是開給亂倫的倖存者。當然，我對那個處理亂倫議題的團體較有興趣。因此，我額外花了六個月的時間訪問他、質疑他，仔細觀察他，後來我和他接洽詢問中年男子團體的事宜。這時我決定誠實地說出亂倫的議題。他對亂倫沒有先入為主的偏見，或即使有也至少很小心地不表達出來，這讓我不必迎合及遷就他們。但我的第二個擔心是，我是一個醫師，而他是碩士級的臨床心理師。這個擔心可以分成兩方面來說，他會不會覺得我對他有威脅？以及他是否能遵守保密原則？當然啦，由於我們兩個都是臨床醫師，治療終究牽涉到了關係、移情、反移情等狗屁，並且被亂倫的信任問題攪成一團迷霧。

兩年後，我交了一位新的愛人（他也是童年曾遭酗酒父母施虐的男性）。這對我們來說並不容易，因為我們很難信任他人，很難與他人親近，性行為只存在於希望中，因為他的愛滋病篩檢是陽性反應。後來，我的前妻又再度懷孕了，而我也被診斷出有霍金森氏症（Hodgkin's disease）。

我問我自己，這些能引起迴響嗎？值得慶幸的是，是的，因為我珍惜這些過去，將這些稱作回憶，並將他們歸為「智慧」。有時候我也會像看到鬼一樣快速逃離，並因太過恐懼而不敢求助，甚至覺得自己太卑微低下，而不敢相信自己求救所獲得的回應。

我曾經認為「活在當下」就好，但現在我進步了，我會做兩個星期的規劃，還會幻想未來。現在的我仍受未知的恐懼之苦，但話說回來，誰不是呢？

#【第六章】生存的策略：新的觀點

我們看見的世界不是世界的樣子，而是我們的樣子。

——《猶太法典》

「你知道我的意思嗎？」這是一個直接、陳述事實的問句。在日常的交談中，人們會去確認聽他們說話的人是不是了解他的意思。對很多人來說，這句話只是一個修辭，一種說話習慣，像是「你懂嗎？」「你知道嗎？」，意思不過是「你有沒有在聽？」有時候說的人可能根本沒意識到他在說這句話。

當我和受虐倖存者工作時，我漸漸發現自己會去覺察這些問題和其他類似的話。我常常聽到這類問話，而且語氣很強，給人一種很急迫的感覺。這樣的問題會以各種形式出現，像是：「你了解我說什麼嗎？」「我這樣講有沒有道理？」「我這樣講會不會很離譜？」我開始去注意且思考這些問題，他們真正想要問的是什麼？又是什麼力量驅使人問這個問題？

很明顯地，我聽見的不僅僅只是修辭。我逐漸意識到眼前這個成年人帶著孩提時代想要理解這個世界的需求。我發現受虐兒童非常想要補償失落的健康童年，但是不知道怎樣才是適當的做法。（**請注意：**你的家庭經驗絕對和我舉的例子有所不同。這代表孩子會用種種方法尋找虐待原由以及度過虐待情境，然後這些生存策略又如何在他們往後的人生中呈現出來。）所以，這就不僅僅是說話的形式而已；倖存者是在要求我理解一個複雜的情境。我被問到的是非常重要的問題：「你會幫助我理解嗎？」他是在告訴我，性虐待倖存者的世界是困惑的。他覺得每一個人都拿到了一本生存手冊，但是他從來沒拿到。他覺得這個世界上的其他人都充滿力量，可以自在無慮地表達和行動，他們對一切都充滿信心，但是他對**每一件事**都沒有自信。

當一個倖存者問我：「你知道我的意思嗎？」我會很認真地看待這個問題，事實上，他是在跟我分享他的困惑和孤立感。他其實是在邀請我幫忙他理解這個世界。當他問「這是不是很瘋狂？」或「我是不是瘋了？」他告訴我的是，他在經驗這種種一切時**感覺自己瘋了**。他總是懷疑自己的認知不正確，他從來不確定別人對事物的感知是否和他一樣，因此他不斷地質疑自己的精神是否正常。是的，我通常會很嚴肅地回答他的問題。當他所呈現的東西在我看來很合理正常時，我會告訴他這很合理正常，並告訴他為什麼它合理正常。當他所說的話在我看來不合理正常時，我會和他討論我不理解的部分，然後設法釐清所有的困惑。所謂的釐清包括要檢視我們討論的內容，也要檢視它呈現的方式。通常討論的內容都再合理正常不過了，需要做的只是確認而已。

焦點 Focus

面具與形象

面具有很多功能，你可以藏在它後面，用它來偽裝、裝扮你自己，或者用它來達成某一個你所渴望的效果。很多倖存者不喜歡他們以為的「真實自己」的樣子，所以會小心翼翼地創造出另一個形象——一個他感覺可以保護自己的、更被接受的、更有吸引力的樣子。

這個偽裝的目的是，倖存者可以藉此把他們認為是缺陷的部分隱藏起來，好愚弄他人，使他人喜歡自己。但是面具的問題是它不僅會遮掩負面的東西，連正面的部分也會被掩蓋起來。面具是僵硬且不會改變的，面具看起來永遠一樣，戴面具的人對所有情境的反應好像都是相同的。

但是這個面具也提供了一些線索，告訴我們有什麼藏在它後面。對有意仔細觀察的人來說，面具不只隱藏祕密，它也洩漏祕密。你選了一個怎樣的面具，就表示你是怎樣在感覺你自己，以及怎樣在知覺這個世界。

男性倖存者在復原團體裡會攜帶許多不同的形象（有一個成員甚至建議大家真的戴個面具來參加團體。看他們選擇戴什麼樣的面具可能會非常有趣）。常見的面具包括：

- 吵鬧的：講很多話，荒謬沒意義的發言，不給人任何空間以免自己的防衛被刺穿。
- 不祥的：沉默與陰沉，呈現出明顯暴力且體能強大的黑暗形象。
- 隱形的：非常沉默以及自我隱沒，看起來像是消失在你眼前。
- 有威脅感的：很聰明、油腔滑調、敏銳，而且非常了解人的心理，以至於幾乎沒有人敢挑戰他的猛烈言語攻擊。
- 憤怒的：怒氣四射、批判、偏執——攻擊他人以防止自己受攻擊。
- 粗暴的：言語、外表和行為都很嚇人，用這樣的方式設立保護的屏障。
- 撫慰人的、討好的：非常親切、很照顧人和樂於助人，因此所有的注意力都在他人身上。
- 喜劇：用膚淺、玩笑戲謔以及無關緊要的事，來岔開別人的注意力，使人忽略他潛藏的痛楚。
- 悲劇：注定失敗的人生，呈現出嚴重無能的形象，好像幫助他是一件難如登天的事，因此沒有人會想試圖幫助他。

- 樂天的：夢幻樂觀，想像一切都沒問題，這面具通常是用最虛幻的材質製成的。
- 泰迪熊：溫暖的、安慰人的、沒有威脅性的、沒有定性的（無性的），跟「不祥的」面具剛好是相反的。
- 學術的：退縮在他的腦袋裡，以防止任何情緒的危險接觸——通常會成為作家、講師或是分析師。在復原團體中會試圖擔任觀察者、解釋者和協同治療者。

所有這些面具的類型可能都是你熟知的。你現在可能正戴著其中一個。它們的樣子（以及其他的形象）的共同點都是會阻礙面對面的連結。它們會阻礙我們深入認識我們自然的盟友，但幸運的是，面具多半都是虛幻的。

這些面具都是由脆弱的材質製成的，當暴露在強而有力的注意以及鼓勵之下，它們會被融解。當我們多花一些時間跟它們相處時，它們會越來越透明，直到戴面具的人無法再欺騙自己，相信這面具仍然有用。

我們戴上面具時，會期望面具能被戳破。當摘下面具，露出底下真實的美時，我們會感覺如釋重負。

倖存者會感覺到的另一種不安全感，是關於語言的精確度。倖存者感覺困惑且詞不達意，所以他以為自己的形象也是這樣。而為了要去補償不清楚的部分，他可能說話說得很慢、很文謅謅、語調很慎重，使得他說的話聽起來不太自然且令人毫無感覺。或者他會使用學術性的語調，這樣的說話方式有雙重功能，一個是過度解釋，一個是讓他的話不帶任何真實情緒。次要的影響則是它可以創造聆聽者和說話者的距離，傳遞的訊息只是演說內容，而不是它真正的本質——人類真實生活深刻而重要的表達。

另一個兒童時期的生存技能被表現在成年生活的例子，就是「輕輕帶過」的表達方式。為了讓自己的情緒不失控，倖存者可能會以他們的事是沒什麼大不了的方式，來談論自己的經驗。他們用看似無所謂的言詞，述說一個嚴重駭人的殘酷行為或長期被忽視的經歷。他們這麼做的原因是可以理解的。倖存者可能深信，如果他把情緒帶到故事裡面的話，聽眾會被嚇到。他長久以來都將情緒防衛得很緊密，以致於這成為他的第二天性。然而，他害怕的其實是，一旦感覺被開啟，情緒的洪流會變得無法控制，會把聽的人和說的人都沖走。而他現在有一個可以說話的人，他不能冒險把對方嚇走。

對聽的人來說，這一切可能會讓他感覺困惑和恐懼。聆聽一個人把受苦的故事描述得像是陳列清單一樣稀鬆平常，是很奇怪的事。但是我們必須了解，讓這個故事能被聽見是很重要的，即使它是以有限的方式被敘述。如果聆聽者有耐心、願意去理解，說話的人會慢慢地讓感覺回復，這時候，原本像是劇情大綱般的單調複誦，就會轉變成一個活生生的故事，一個人的真實經驗。（**請注意：**雖然輕輕帶過的說話模式和先前提過的精確語言的表達方式，表面上看來似乎相反，但二者的源頭其實是一樣的，同樣常見也同樣令人不安，它們有時甚至會同時出現——用「無所謂的語氣」說著精確的詞句。）

為什麼一個聰明、善於表達的人，會對自己的溝通能力沒有把握呢？為什麼他那麼害怕自己完美合理的感知和定論全是瘋子的胡言亂語呢？是什麼摧毀了他的自信？他對於發瘋的恐懼為何是受虐的另一個後遺症？以及這些成年時期的情況為什麼是童年的生存策略的遺跡？

所有的孩童都要想辦法理解他的環境，他們藉由聆聽和觀看周遭發生的事來理解這個世界。在一個穩定與健康的情境中，小孩子是有機會去處理困惑的。他所處環境裡的大人的舉止是合理的，穩定的，即使成人的行為不一致、自相矛盾、看不懂，小孩子問一些問題之後也就懂了。他們對世界的感覺是覺得安全而且可以理解的。但是受虐兒童卻是要努力地在非理性的環境下生活，他們需要成人的解釋和安慰，但是大人卻常常是他們困惑的來源——大人的行為在最好的情況下是前後不一，最壞的情況則是殘忍恐怖；大人的解釋與安慰和孩童自己的經驗相違背，他知道「事情很不尋常」（很瘋狂）。但是他沒有任何脈絡或方式可以指出到底是哪裡出錯了。

焦點 Focus

檢查你的生存策略

因應的方法可以是很健康和很有保護性的，但也可能會是具傷害性和令人上癮的。任何重複性的行為都值得被檢視。你可以問問自己底下這四個問題，好幫助自己了解你正在做的是否是你真正想做的：

一、這樣做之後我有何感覺？

二、這樣做能讓我對生活更滿意嗎？

三、別人在類似的狀況下是怎麼做的？

四、我還可能嘗試其他的什麼選擇？

嘗試新的策略並不保證你一定會（要）改變，你依舊可以回復使用舊的方式。但是，你越去探索其他的選項，就越能自在地掌控自己的人生。

對於發生的事，受虐的孩子會去發展一套自己的解釋，而發生在他身上的是**瘋狂**的事。（**請注意：**我刻意採用「瘋狂」這個詞，而不是較學術性的臨床術語，我想用這樣的方式來呈現孩子們的真實感受。）他是被施虐者隔離的，所以很少或幾乎沒有接受到正常的資源與訊息。他只能靠自己。（施虐者經常會隔離受虐者，不讓他有其他的社交互動，以便保守施虐的祕密，或是控制和支配他。）有鑒於他所得到的這種有限且扭曲的現實——充滿許多矛盾的訊息——就可以輕易地了解為什麼孩子會感覺到瘋狂。如果他根據自己所知道的真相來行動，他的行為就會跟其他小孩不一樣，這麼一來，他對自己與其他人是不同的認知就會更被加強（而這會逼著他回到被隔離的狀態，或是發生更多虐待事件）。對他的受虐毫無所知的成人，會覺得他是個心理不正常的怪小孩，然後他就會內化這些大人的反應。

被虐待的小孩通常沒有機會全面透視自己的處境，他要從哪裡去得知自己並不瘋狂，瘋狂的是他置身的情境？沒有人告訴受虐的孩子說，性虐待是一件瘋狂的事情，孩子可能連自己正在受虐都不知道。他也不太知道世界上有人過著跟他不一樣的生活。他只知道自己的生活好像有點奇怪。既然這個世界是如此令人困惑，所以為什麼不相信問題是出在自己身上？他能依賴的就是自己的資源，而他深信這些資源有著嚴重的瑕疵，於是他會去發展一套對於發生在自己身上的事的解釋，以及日復一日存活下去的技巧。

非常時期就要用非常手段，為了要去應付這個瘋狂的狀況，倖存者的失功能行為就可以被理解了，它是一個有效的生存策略。我很佩服這些孩子在想辦法度過受虐時期時所發展的創造力。他們要去對抗強大的逆境，手邊的資源卻非常有限，訊息也不正確，他們能夠生存下來是很不可思議的（當然也有很多人沒有順利存活下來）。不管這樣的適應策略是不是古怪的，它卻是有效的。他們的身體存活下來了。這些孩子值得絕對的尊重，因為他們找到方法度過他們的兒童時期。只是稍後，長大成人之後，他遠離這些被虐的事件了，他想要改變。當實際的虐待事件已不再發生，已經過去了，這些當初幫助他存活的策略可能就會在他的生活中造成阻礙。這些生存策略在成人時期會變成是問題，他開始責怪自己，認為是自己創造了這些問題，而每個問題的發生，也都被他拿來證明自己果然是有很多缺陷的。

但是這些倖存者不應該受到批評也不應該受到責難。這個小孩其實是很勇敢地、很努力地在尋求方法度過難關。他成功應付了那些瘋狂的事，儘管他缺乏適當的訓練，使用的是不可靠的羅盤。他有限的策略幫助他度過受虐的兒童時期，在他長大成人之後可以開始思考改變的可能性，無論他多麼膽怯或是覺得多麼恐懼，這就是復原歷程的開始。這個成年人應該要讚美當年的那個自己。你和這孩子一樣，不僅僅是個受虐倖存者，你是完整的人類，擁有所有人的特徵與特質、不完美以及複雜。你擁有著聰明、創造力、幽默和能力。你的復原歷程將會使你能夠去接納你所有完整而豐富的人性。

接下來的第七章到第十一章，會詳細介紹兒童時期的特定生存策略為何及如何發展出來的，以及在孩子長大之後，它們又是如何阻礙了成人的正常功能，影響他們的生活。我希望你在閱讀這些章節的時候，可以看見這些策略的真實面貌——一個聰明有智慧的年輕人，在恐怖、瘋狂的情境中發現的創意解決方案。我相信，透過這些理解，你將會像我一樣去尊重所有倖存者——包括你自己在內——的創造力和與生俱來的良善。

【第七章】遺忘、否認、疏離和假裝

記憶第一次浮現，是在我度蜜月時。我有一個新的家庭，而且我不需要假裝什麼事都沒有發生。

——一個男性倖存者

把我自己想成騙子，比承認這些事情真的發生要容易多了。

——一個男性倖存者

「如果我小時候真的有被性虐待過，我會不記得它嗎？」我們都會合理地假定，像性侵這樣可怕的事情會牢牢地嵌在人的記憶裡。但是，事情通常不是這樣的。對於兒童時期性虐待的創傷，人們通常會忘記整個事情和其他相關任何的事件，而且壓抑的作用甚至會擴及到在那些年間發生的其他事情上（請參考第五章）。然而，當記憶不復存在，倖存者會覺得像是生活在真空之中。他知道生活裡有些問題，卻不知道到底是什麼問題，因此很可能會覺得問題就在自己身上。他常自問，我是不是都在為失敗找藉口？我是不是個可怕的人，把罪都怪在別人身上？我有什麼毛病，為什麼不記得小時候發生的事？

回復失落的記憶是接受治療最常見的原因之一。個案認為，「知道發生了什麼事」就可以解開所有的困惑。「如果我知道發生了什麼事，我就一定可以處理它。困難就在於我不確定。」倖存者會尋找進入記憶的入口，他可能會嘗試催眠、心理劇、引導想像、心理分析、冥想、按摩，或是任何結合身體和心靈工作的方式，最終的目的都是要——記得。

把回復記憶設定為最重要的目標，會產生一些問題。這創造出一種思維或心態——記憶的復原是任何復原工作的前提。「直到我知道真的發生了什麼事，我的生活才能繼續前進。」這樣的想法會使人忽視眼前的工作——療癒童年時期的傷痕。

的確，一個人會很自然地想要記得生命中發生的事，但是當他變得像是偵探一樣要去探查時，他遇到的挫折會多於幫助。雖然我了解生活在不知道的不確定狀態下有多困難，我仍然鼓勵個案不要將焦點放在恢復記憶這件事上。我過去看過很多人雖然不確定到底發生什麼事，卻還是有深刻且重要的復原進展。在投入於療癒過程的其他面向上時，很多倖存者都會自動地恢復記憶。

要了解如何可以恢復記憶，就必須了解為何它們會被藏起。如同第六章所述，生存是這些受虐孩子需要去面對的首要課題。面對持續的生理與情緒攻擊，他們沒有太多的資源可以運用，他們幾乎沒有時間也沒有能力去衡量輕重，只能忍耐地度過一切。當這個世界要將他們淹沒，而疼痛也強烈到令人難以忍受時，唯一的可能性就是讓自己與這樣的情境保持距離。

這是為什麼有這麼多蹺家小孩的原因之一。孩子們以實際的行動把自己和虐待他們的家庭隔離開來。要去適應街頭的毒品、賣淫、暴力和殘忍獸性並不困難，因為這樣的虐待環境對他們而言並不陌生。事實上，他們對於其他（不虐待）的情境所知甚少，街頭的生活雖然很辛苦，但可以讓他們對自己的情況有掌控的錯覺。他們和了解自己感覺的人在一起，不用假裝一切都沒問題。他們不再需要塑造一個正常的自己，也不會因為別人都有正常的家庭、快樂的生活但自己都沒有而深感挫折。他們對環境有一點理解，雖然獲得理解和接納的代價是更多的虐待、成癮行為、疾病及死亡，但這只不過是另一個需要接納的事。

對其他孩子來說，遠離那個受虐的家庭不太容易，因為他們可能太小了、太恐懼了或者因為其它因素而無法離開家，所以他們會用一些創意的方法在受虐當時與之後把自己隔離開來。當他們無法在身體上遠離虐待時，他們就心理上讓自己與感覺疏離。孩子可能會退卻至恍惚的狀態或幻想的世界。我所帶領的倖存者復原團體的成員，描述他們用以下的方式讓自己從受虐現場隔離開來：

「我總是像靈魂出竅一樣，浮在天花板上，看著我自己和我爸。」
「我想像這是發生在某個人身上的故事。」
「我會試著去想其他事情，直到它結束。」
「我會給自己另一個名字和個性。」
「我知道他們不是我真正的父母。有一天，真正的父母會來接我回去跟他們團聚。我媽媽是很善良漂亮的，我爸爸很高也很壯，他會把我舉在他的肩膀上，我們會從此一起過著幸福快樂的日子。」（他在說最後這句話的時候，帶著困窘的笑容，就像是說話的這個人雖然覺得這個童年幻想很蠢，但重要的是我聽到他的話，而且我知道這對他的意義是什麼。）
「我必須要將感覺完全放在我有多恨他。如果我可以這麼做，我將不用去想發生了什麼事情。」
「我假裝我朋友喬伊的父母才是我真正的家人。我很多時間都待在他家，他們總是對彼此都很好，而且他們常常笑。我總試著讓他們邀請我去他家一起吃晚餐，我也總是想在他們家過夜。但是我媽不喜歡我都待在喬伊家。我想她看到我在那裡比較快樂時，是感覺很受傷的。」

接著，他們用來處理痛苦的方式就是把它完全封鎖起來。就情緒的創傷來說，這個方式就是**遺忘**。如果我不記得小時候發生過被性虐待的事，就表示那件事從沒發生過；如果從沒發生過，就不用去處理。只要不去記得生活裡那些太混亂、太痛苦、太無法抵抗的片段，受虐的孩子就只需要去應付他能力所及的問題。把巨大的問題分解成可處理的小片段是合理的。當虐待是特別嚴重的，或是一直持續的，童年生活中大量的片段可能就被迫要隱藏起來。

當這些個案告訴我，他們對兒童時期只記得一點點或是全部不記得，我不會覺得驚訝，我會假設可能發生過某種形式的虐待。記憶會被封鎖是有原因的，通常是為了要保護什麼。要移除這些保護需要耐心及非常小心，要在安全和受到照護的情況下進行。以為把記憶找回來一切就會自然解決是不理性的想法。就好像我們打開身體上的某一處傷口時，我們不會置之不理然後讓它再度受到感染一樣，我們一定要有一些新的策略來取代遺忘。我們必須要了解，失憶是有其功能性的，這是讓一個受虐孩子長大和生存的方法。在找到更長久的處置方式之前，傷口的包紮只是暫時性的保護。我們要欣賞這些孩子用如此有創意的方式讓自己生存下來，直到他們得到療癒的機會為止。

一個成年倖存者會攜帶這些策略所遺留的東西。他會發現從痛苦記憶裡保護自己的其他方法。除了遺忘童年時期的一部分，他還會去重新寫歷史，這包括了**否認**與**假裝**。

成年倖存者會記得自己的童年是美好的，他可能會用柔軟的色調去掩蓋一幅很可怕的景象。當個案述說的童年景象太美好時，最好去深入探究一下。有些東西聽起來太美好而不像是真的時候，通常它就不是真的。但這並不表示他在說謊，而是他選擇了一個自己能處理的方式來看世界，而這也表示他創造了一個不同版本的現實，好讓他在受虐時還能繼續生活。現在他準備好要放下美好的童年幻想，去看看實際上發生了什麼事。

和遺忘及重寫歷史相關的其他策略，是合理化和淡化。就像重寫歷史一樣，這些技巧也包含了否認與假裝。倖存者會替施虐者找藉口，他會解釋為什麼他控制不了自己、她是因為受到了某種驅使、他並不知道自己正在做什麼，或是她其實是愛我的。這些合理化的藉口包含了酒癮、藥癮、精神疾病和不幸的婚姻等等。事實上，倖存者可能也會用施虐者用來辯解自己施虐行為的種種藉口，來解釋施虐者的行為。我們應該把這種做法視為是倖存者為減低受虐的嚴重性，好讓自己能掌控、應付的一種方法。我們必須尊重他們的生存策略，但不應該把它當作事實真相來接受。

倖存者會藉由否定虐待的嚴重性（淡化），來減輕自己不勝負荷的感覺。他們會說「沒有很嚴重啦！」最嚴重的性、身體以及心理的虐待故事，有時候會被他們以一種隨意的、平鋪直述或是「輕輕帶過」的方式敘說。有些人說倖存者在說自己的故事時好像太戲劇化了，我聽見這種說法時總是很驚訝。（我甚至也聽見很多倖存者擔心自己太戲劇化、太小題大作了。）我的經驗是，倖存者比較傾向於淡化發生在自己身上的事，需要有人慢慢且小心翼翼地鼓勵，他們才會接受自己的童年真的很痛苦。

我有一個個案的父親常常用香菸燙他，當我跟他說他被虐待時，他很驚訝，他說他從來沒有想過這是虐待，因為對他來說，這就像是爸爸會做的事情而已。但是當我問他如果他看到有個小孩被人這樣子用香菸燙，他會怎麼想，這時他才想那確實就是虐待。

被虐待的兒童通常要忍受很可怕的現實。能夠生存下來證明他們有很強的力量和創造力。因為要因應的問題比大部分的小孩多，他們可能會把自己的能力視為理所當然。當舊的策略在現在的情境裡不足以使用時，他們會覺得自己沒有正常解決問題的能力。

雖然倖存者很想要記起童年時的所有細節，但他的心靈持續地想保護他，不讓他被痛苦的記憶傷害。我相信找回這些被封鎖的記憶的合理方法，就是去尊重記憶之所以消失不見的原因。當情況符合特定條件時，記憶最能夠被重新喚起：

一、與虐待事件相隔了一段時間與空間：這是為什麼人們比較常在三十、四十和五十歲之後，才去面對兒童性虐待的影響。因為到了這個年齡，事情已經過去很長一段時間，足夠使他們理解到自己已經不再有受虐的危險了。男性很少在十幾二十歲時能感到同樣的安全感。虐待仍是咫尺的事，危險仍然如影隨形。要創造適宜復原的環境，保持空間上的距離可能是有必要的。我有很多個案是從很遠的地方來找我，因為他們覺得無法在家鄉進行復原工作。唯有遠離施虐者（或虐待發生的地點），才有辦法卸下心防去做復原工作。（**請注意：**這可以做為延長虐童者起訴時效或完全取消消滅時效的論點）。

二、**創造一個安全的環境：**安全有很多種意義。舒服的感覺常被誤認為是安全的，而復原工作對於倖存者而言很少會是舒服的。任何環境都可能會讓人感覺到恐懼，特別是一個會引發痛苦情緒的地方。當我提到「安全的環境」，我的意思是沒有虐待的、不批判的、接納個體也接納他的故事，而且可以容許他表達所有的情緒。雖然背景、教育、種族、經濟條件、職業、年紀和生活經驗的不同，我的復原團體裡的成員還是努力地去創造一個安全氛圍，以協助療癒工作的進行（詳見第十七章）。這對倖存者來說其實不是一件容易的事，因為他要去面對與相信的，不只是一個陌生人，而是一群陌生的男性。對於以下人士來說，可能更是困難重重：一、被男性虐待的倖存者；二、對自己身為男性有負面觀點的人。要去克服這些恐懼、懷疑和阻絕多年的情緒，對他來說都是極端痛苦的。倖存者在面臨這些阻礙的同時，成功創造出堅強有意義的支持系統，足以證明了他們的勇氣以及復原渴望的強烈。

三、**足夠的情緒釋放：**在本書其他章節曾討論過感覺以及表達感覺的重要性，然而，在我們現在探討恢復被封鎖的記憶時，也有必要將此重述一次。復原歷程的一部分就是要表達情緒。倖存者可能需要哭、憤怒、發抖、大笑或是打呵欠。他有自由表達的需求和權利，事實上，我們還必須一再對他強調他是完全被允許的。他會感覺害怕、困窘、困惑、生氣、憤恨和身體的緊張，我們必須鼓勵他表達。找到或走出這些感覺並沒有時間表，也無法在孤立的狀態底下完成，旁人的耐心和持續鼓勵是幫助他成功復原的重要條件。

四、刺激的事件或情況：雖然這不是必要的，但很多時候，有些特殊事件會引發個體覺察到自己必須對情境做些處理。無論倖存者對受虐事件有沒有記憶，這種事都有可能發生。這催化劑有時候是平凡的或不重要的瑣事（像是一個電視廣告會引發童年的回憶，或是看見一個小孩在遊樂場裡嬉戲），有時候也可能是生活的重要事件（像是孩子的誕生，或是家庭成員的死亡）。我聽過有人說：

「當我變成一個父親時，我被悲傷所淹沒。我知道我必須去保護我的孩子，讓他免於遭受恐怖。」

「當我看見你在電視上時，我無法停止地哭泣。我知道我也發生過恐怖的事。」

「我被按摩時，他讓我翻身，正面朝下，我開始不由自主地發抖。」

這催化劑可能會引發完整的記憶或是曾經發生過某種事的感覺。對很多人來說，這就像是提醒他們曾經虐待過的第一個線索。

當個體準備好的時候，記憶其實是會被釋放與恢復的。一旦時機成熟，就不需要刻意尋找方法來重拾記憶。記憶的重現有時很模糊，有時很清晰，包含許多令人眼花撩亂的細節。它們可能一下子全部湧回，也可能緩慢、片段地恢復。就好像有一件事情快想起來卻又想不起來時，刻意追尋只會使它更遠離知覺，轉移注意力反而可以使它返回。倖存者要去回憶遺忘的事件，最好的辦法就是專心地把注意力集中在復原療程上。

要記得，遺忘、否認、疏離和假裝都是有價值的生存工具，復原的歷程也包含找到適用於現在的工具。舊的工具已經完成任務了，我們可以用謹慎且尊重的態度把它收到一邊了。

story

約翰的故事

一個四十八歲的成年倖存者，一個虐待事件幾乎讓他致死。他的決心使他能夠生存下來。

其實，我不記得了，但是我被告知說我在四歲時喝過氨水。我現在知道，那是我第一次企圖自殺。

我對童年的事情記得不多，唯一的記憶就是大多時候我是不快樂的。我很胖而且很娘娘腔。我記得我的祖母問我說，既然我知道吃冰淇淋會更胖，更胖就更沒人愛我，為什麼還會吃冰淇淋。

當我念高中的時候，因為我有自殺傾向所以被送去看精神科。

我想上大學，但是沒安全感到就連申請大學也不敢。我寧願去高職學烘培（這不用任何花費，雖然我的父母也供得起我上大學。）

我的性生活很混亂，從我國中開始就跟比較年長的男人雜交。我渴望一個愛人，但總是太渴求也太荒淫。然後，在我二十五歲的時候，我遇到一個完美的伴侶。

他是一個很成功、比我年長的人，他對任何事情都可以一手掌控。他總是充滿怒氣也有恐同性戀的傾向。這理想的關係——我覺得我像垃圾，他也把我當垃圾對待——持續了二十一年。

我工作很努力，我買賣古董，朝九晚五，閒暇時間就整修房子。我們有一幢十個房間的連棟房屋，和一間十八世紀的有十個房間的度假別墅。這樣可以讓我們在晚上、週末、假日和假期時工作。兩棟房子都是我們親手整修的。

但我變得越來越不快樂，我覺得我的人生不值得活。我想不出有什麼能讓我快樂的事。這感覺越來越糟，糟到唯一的出路只有自殺。我喝很多很多的酒，也使用大麻，但是都沒有用。毒品和酒精只能讓我短暫地失去意識以逃離現狀。有些日子我可以正常生活，但我不記得有那樣的日子。

在楠塔基特島（Nantucket）上，某一年的五月，我再也看不見希望，我選擇再也不要遊戲人間，我決定結束了。然而上帝其實有祂的想法。我喝到爛醉被帶到警察局，而且把我保護性拘留，然後我就不記得了。直到隔天早上，他們沒有直接放我出去，而是把當地一個心理治療師送進我的牢房。

他建議我去「戒酒無名會」（Alcoholics Anonymous）。我告訴他，他不了解，我就是靠喝酒和吸大麻活下來的。最後，他還是說服我去了一次戒酒無名會的聚會。而第一次的聚會讓我有了希望，覺得它能使我的人生值得活下去。

有兩年的時間，我過著比過去都清醒而且快樂的日子，但我還是覺得情緒上是空白的。所以，我開始接受心理治療。我去「酒癮患者的成年子女協會」（Adult Children of Alcoholics），每週一次接受治療聚會。

開始治療的四個月後，有個男人在聚會裡提到，他被父親性騷擾，那時候他才兩歲。我想這是一件非常令人難過的事情，我開始哭而且一直哭一直哭無法停止。

我的治療師中午外出吃飯，第二天，我沒有和他預約，就去站在他門口（我仍在哭）。當他出門要去吃午餐時，我跟他說，我現在需要見他。

我解釋，我還在為昨晚聽見的那個故事哭泣。他說，這樣很好，這意味著我一定是預備好去面對我的過去，那個亂倫的事件。

我還是不記得，但是我知道它發生過，而且我知道發生了什麼事。那是在我三歲的時候，跟我父親有關。

那是三年前的事，我第一次覺察到阻礙我過幸福人生的東西是亂倫。最痛苦的部分已經過去了，我感到憤怒和恐懼。我現在雖然還沒有完成這些功課，但是我知道它已經沒有力量毀壞我的生活了。

我感覺我可以得到愛，也可以得到人生應得的美好事物，我也有好的親密的朋友，也知道我的人生是值得活的。

【第八章】麻木

在二十三歲之前，我的臉上從未出現過笑容。

——卡爾，一位男性亂倫倖存者

當遺忘、否認、疏離、假裝等策略起作用時，孩子藉此把受虐經驗從意識層面趕出去，讓一切變得比較容易忍受。但如果一個人把受虐經驗記得太清楚，而這些記憶只會帶來痛苦時，他會做什麼呢？

要成為完整之人的其中一個要素，是對生命中所有的經驗和情緒保持開放。對一個未受到嚴重傷害的孩子來說，世界是令人興奮且充滿驚奇的，等待他去觀察、探索以及感受。這個孩子會帶著熱切與好奇去接觸新的環境，渴望了解生命，並且有信心能掌握他的環境。他知道生命裡的大人是善良的，能協助他克服種種威脅和傷害。如果他意識到這個世界的危險性——人可能是不理性和有害的——他仍然是安全的，因為身邊的大人們會保護他。他可以自由地去經驗興奮、快樂、恐懼、憤怒、悲傷、困惑等感受，因為他知道這些都是暫時的，而且家人、鄰居、老師都會提供引導和安慰。

慈愛的父母會盡全力保護孩子遠離重大威脅，但仍然允許他們冒險。冒險會讓孩子們學到寶貴的經驗：很多難題可以被解決，但有些不行；人是需要為自己的行為負責的；大人沒辦法解決所有的事；不是所有的結局都是美好的。不被允許冒險的孩子會幻想自己刀槍不入（這可能會讓他陷入致命的危險），或是害怕任何有風險的事（這會使他的生活處處受限）。為了孩子的安全和福祉，父母必須克服恐懼，放手讓孩子去闖蕩。因為擔憂最壞的狀況，又知道不管怎樣竭盡全力都無法百分之百保證孩子的安全，父母只能在孩子開始朝一個不完美的世界前進時，盡可能提供引導。

成長歷程牽涉到被養育和邁向獨立間的交互作用。健康的孩子在依賴和獨立之間來回移動。健康的父母則會提供一個安全堡壘，讓孩子可以在探險後回來整理他的經驗，然後再開啟另一段冒險。當孩子在探險過程遭遇痛苦，他知道大人會幫助他了解並處理傷痛。孩子在安全感中成長，相信自己有能力在這個大致算是溫和的世界裡生活，並且視其他人為可能的同盟和朋友。

然而對於受虐的孩子來說，情況就完全不同了。處在一個令人困惑且痛苦的情境裡，沒有可以幫助、了解和安慰他的人，該是最愛他、最保護他的人，卻成了最傷害他的人。他們若不是直接施虐，就是明明知道施虐在發生，卻讓它持續下去（有意識或是無意識的）。或者施虐者也會把孩子和可能提供保護的大人們隔絕開來。

有許多方法孤立受虐者。施虐者可能禁止孩子和家人以外的人接觸，並且恐嚇所有的家人，以防止他們相互支持。施虐者也會透過施壓、威脅或是身體上的暴力來確保孩子噤聲。他也許會嚇唬孩子，萬一受虐事件被人發現的話，他可能會有的遭遇（不被認同、處罰、監禁、趕出家門或甚至死亡）。他也會要脅孩子說：如果施虐被公諸於世的話，就要自殘或傷害對孩子重要的人。（切記，不能假設孩子並不愛施虐者。）施虐者可能要求孩子接受「不說出去」的協定或承諾，或者可能會用賄賂的方式使其順從。無論用什麼方法，這種沉默都使孩子和可能的同盟隔離開來。孩子找不到出路，而他的孤立會一直維持到成年。面對自己長期痛苦的、困惑的、孤立無援的人生，為了生存下去，孩子將藉由麻木自己來減輕痛苦。

接下來討論麻木的運作歷程。當虐待發生時，孩子會對所有的情緒感到懷疑。情緒太常和痛苦連在一塊了，為了要避免任何痛苦的情緒，孩子會試圖麻痺所有的感覺。當感覺代表著痛苦時，沒有感覺反而比較舒服。當這樣的錯誤認知（所有的情緒都是痛苦的）被建立，受虐孩童就會給自己一項任務——藉由減少、破壞情緒或者轉移注意力，來擺脫自己所有的感覺。

我們都看過許多好心的大人試圖用冰淇琳和餅乾來麻木（通常被視為「安慰」）孩

子的感覺，或是用玩具、有趣的活動來轉移孩子的注意力。這些大人同時傳達了「要不惜一切避免感覺」的概念。透過這些訊息，孩子學習到面對感覺最好的反應就是殺了它。孩子藉由某種活動、對象、物品好讓自己分心、靜下來，並減輕痛苦，只要效果能持續讓他滿意，他會一直這麼做。如果某種策略不再有效，他會增加這個活動的時間、這種物質的量（大部分的時候，「物質」是指酒或毒品）、這種行為的強度，或是尋求其他更強力也更持久的麻木形式。如果這看起來很像在描述成癮，你猜對了。孩子設定了一套成癮的行為模式，並一直持續到成年。如果沒有覺察或阻斷它，這個模式會伴隨終生。

沒有成癮或是強迫性投入某種麻木行為的倖存者非常少見。雖然我們每個人有時候會需要麻木自己，透過降低感覺的強度以逃避生活壓力。成癮者認為原來的生活太痛苦了，為了生存，他必須降低或是轉移所有強烈的情緒。我要說的不只是化學製品（包括藥物和酒）成癮（雖然大部分藥物成癮或酒癮者在兒童時期都有被虐待的經驗，而施虐者也通常是藥癮或酒癮者），我指的是任何僵化、持續、強烈的麻木行為模式。

顯然某些麻木行為是比較能被社會所接受的，某些甚至還是被社會所讚許的。社會認可的成癮或強迫行為通常會得到獎賞和增強，而非被阻斷。這些麻木行為通常不會被認為是麻木的，更不會被認為是成癮。一個將全部精力投注於工作的男人，可能會開玩笑地自稱「工作狂」，但他很少注意到這個自稱的意義。當事業有成、收入豐渥，而且他人都讚揚他是「社會棟樑」、有錢、不酗酒、正直的公民時，沒有人察覺隱藏在不停工作驅力背後的痛苦。工作狂的模式之所以被雙倍增強是因為：一、把時間花在工作上會佔去他的能量，轉移他對痛苦情緒的注意力；二、別人的讚揚使他感到更有價值（這也意味著減少了傷害）。這樣的認可具有使人上癮的性質，促使他在職場上追求更高的成就，讓他在別人眼中的地位更加提升。工作狂被自己逃避負面感覺的策略給困住了，因為害怕痛苦的感受再次出現，擔心失去別人的接納和羨慕，他無法片刻鬆懈，即使事業已達到巔峰，還是不敢休息。因為他害怕失去已獲得的成就，也因為可怕的感覺和記憶仍等著他上勾。

並不是說我們不應該投入工作。從工作中得到滿足是很重要的，這是生活的根本之一。但是當一個人完全把他身為一個人的認同和價值放在工作上時，這個人的自我概念就變得非常脆弱。我們都知道這會帶來什麼後果：一個退休而失去生活動力的主管，或是被解雇後整日酗酒的人。小酌一番並不會讓人變酒鬼，而投注在工作上也不見得會變成工作狂，這裡討論的是這些行為的程度和品質。一個人太專注於生活中的某個面向時，就需要仔細審視一番。適度的成癮行為通常可以被社會接受，或是不太會引起注意。然而成癮的本質就是它很少維持在合宜的程度。這些解決方案（麻木策略）不斷被強化直到成為困擾。這就是為什麼麻木對倖存者來說只是權宜之計，最終會製造額外的問題。成癮和強迫行為是所有麻木行為的極端表現。

還有其他許多麻木行為模式的例子，它們被社會認可的程度各不相同。在我的男性倖存者團體裡，有復原中的酒精和藥物成癮者、暴食症者、賭徒、購物狂、花錢狂、工作狂。也有的沉迷於性、自慰、刷卡、電視、危險、睡覺、健身和馬拉松。還有瘋狂收集藝術品、汽車、衣服、金錢、學位和朋友的人。也有宗教狂熱分子，或強迫性地照顧別人的人。

如果適量使用，這些活動或興趣很少會引起憂慮。會造成困擾的是這些行為的品質和背後的成因。當一位倖存者藉由麻木感覺的策略從受虐中存活下來，他可能在短時間內覺得好多了。但最終這些行為變得不受控制，而製造出比它們減輕的還要更多的痛苦。屆時倖存者的治療計畫就會多一項困難的任務——克服成癮。他必須學習過不麻木的生活，並且去經驗復原歷程和健康生活中必然出現的負面感受。遠離痛苦的良方就是直接去經驗它。總括來說，麻木自己的感覺的確比逃避容易，但這兩種策略都不可能真正解決問題。要從這個困境跳脫出來，倖存者必須找到一個安全且支持的環境，來允許自己經驗所有的情緒，包括那些令人痛苦的。在此條件下，他慢慢放下那些麻木的技倆並經驗真實的感受——這些感受是如此豐富和美好，沒有人會因為有這些感受而死掉。

story

卡羅的故事

卡羅，四十七歲，外表俊俏、口齒清晰、聰明、擅長運動且受歡迎。他擁有一間公司，同時也是個好父親。大多數人都認為他既快樂又成功。他的陳述將以寫信給朋友的形式呈現，是麻木策略不會永遠有效、面具可以隱藏但無法消除痛苦的有力證據。我把這封信收錄進來是因為它清楚地說明了隱性亂倫所帶來的傷害，同時也提供了創意的方法來面對虐待，以及如何求助、如何讓信賴的朋友知道他們可以如何提供協助。

親愛的朋友們，

我是一位兒童性虐待的倖存者。儘管我活下來了但我仍然持續受到創傷的潛在影響。我被隱性亂倫，也有被公開亂倫，但程度比較小。侵害者是＿＿＿＿，我的母親。在我原始的筆記中，我稱她為我「不知不覺的母親」。那個想法以及現在我忽然插進這一句的做法，正彰顯我是多麼持續努力地想要保護她。

我附上了說明隱性亂倫定義的網址，我希望你能讀一讀。會需要這些定義是因為我很難解釋這個微妙但重要的概念。我的困擾之一，我擔心也是你的困擾，是你讀完之後可能會說：「喔？所以呢？不是每個人多少都會有這樣的經驗嗎？你又沒死，也沒有被你叔叔雞姦、把襯衫塞好，把這個問題忘掉吧。」

當你在讀這些定義時，請想到你所知道的我。試著整合這些想法和網站裡列出來的症狀。我持續地承受著所有的症狀。請現在就讀，然後再回到信裡來：〔譯註〕

http://www.alwaysyourchoice.org/ayc/articles/incest_covert.php

http://www.sexualhealth-addiction.com/template.php?pid=113

我背負著很深的悲傷，這源自於已故的父親。我無法告訴你我是否因為我們從未有過真正的關係而難過，還是氣他遺棄我，還是因為以他為恥而有罪惡感。我還在努力弄清楚中。

在很小的時候，為了避免被痛苦吞噬，我關閉了所有的情緒。四十多年來我一直以理智處理我的關係，我解讀別人並做出反應。直到最近我才覺察這些操控我生命的內在動力。這個察覺尚未改變我，我仍然還沒準備好要去感覺那些據我相信可以使人生值得活下去的感覺。如果想要親身體驗的話，你可以想像一個食之無味的生活。再想像得更複雜一點，想像你很害怕那味道會讓你想吐。偶爾你不經意地嚐了某個味道，很甜很美味，但你很快地回過神來，感到作嘔，然後把食物吐出來。但你會記得這個美味的時刻，而且很希望再來一次。

為什麼我要跟你說這些？雖然我很歡迎任何討論，但我不需要你的回饋。我也不期待任何的同情。事實上我預期你們大家會持續譏笑我。然而我很歡迎你們對我的支持和同理。在我積極復原的這個階段，我所需要你們為我做的只有一件事，我希望你們知道這一切。謝謝你們抽空讀我的信。謝謝。

祝安康

卡羅

〔譯註〕所謂的隱性亂倫（covert incest）係指父母一方缺席的狀況下，兒女之一取而代之，在家庭中扮演缺席者原來的丈夫或妻子的伴侶角色，對家中有情感需求的那位孤獨母親或父親進行撫慰。雖然沒有真正身體和性接觸的形式，但他們關係成分中的男女情愛（也許更接近那種「純純的愛」）超越了親子的感情，成為心理和情感上的愛侶。由於與父母有過不尋常的關係，這些孩子成年後對於承諾、親密關係，和表達健康的性都會有很大的困難。

【第九章】

區隔

每個人都擁有一部分的我，但沒有人擁有全部的我。

——菲利普，一名男性倖存者

綜觀人類的歷史，日常生活是以一種整合性的方式存在。即使會有文化上既定的分工（男性打獵而女性採集食物），群體中的所有成員也都知曉且看得到所有區分出來的部分。生活並不會被分割成工作或玩樂、宗教或世俗、事業或家庭。每個人都知道自己是誰以及自己是處在社會裡的哪個位置，人們相信現在是過去的延續，會以同樣的方式向未來前進，並在其中找到安全感。當人類邁入農業社會時，這樣的整合性仍然持續，家庭單位就是工作的單位。整個大家庭一起耕作、用餐、玩樂、祈禱。四季更迭，但生活的節奏維持不變。鄰居們也都以非常相近的方式生活。每個人都知道自己所屬的社會位置，每個人也都知道彼此的社會位置。

然而當人類演進到工業，甚至是高科技文明時，生活的整合性就被打破了。專業分工的結果，我們不再清楚其他人在做些什麼了。工作把人帶出家庭，即便是同一家人也都過著各別的生活，和不同的人接觸。社會形態的轉換使得男人更加孤立，因為男人是最先離家工作的一群人。這和傳統上作為家庭勞動單位領導者的角色有很大的不同，而這個勞動單位同時也是社會、宗教、教育、休閒、參與慶典的基本單位。在現代社會中，教育由學校負責，祈禱由神職人員負責，男人則將大部分時間投入工作，而遠離了家庭、鄰居和朋友。他被鼓勵要將事業、家庭、友情、休閒活動劃分開來。因為大家都這麼做，使得這看起來再自然不過了。現代男人會發現自己和親近的人疏遠，但卻不知道為什麼。

當一個人感覺強壯且健康時，他會努力求取整合的生活。他會視自己為帶有不同面向的人格、能力和經驗的個體。雖然他對不同人或情境的反應會有些改變，但展現出來的面貌相當一致，無論他的角色是一個工作者、朋友、鄰居或是家庭成員。當然他對待員工和照顧小孩的方式不會一樣，就像他和孩子互動的方式也和另一半不同。但無論這些互動方式如何變化，這個人的基本樣貌仍然可以被清楚看到。因此在生活的不同面向交錯時（像是和老闆共進晚餐或是在宴會上偶遇同事），他都能應對得宜。所謂的成熟包括了學習適應社會環境的各種要求，同時又能**保有真實的自己**。俗話說：「說實話最大的好處，就是你不必記得自己說過什麼。」一個有安全感的人知道自己無須因為和不同的人互動而改變自己，只要對情境的需求有敏感度，並且做自己，這樣就夠了。

然而倖存者很難用這樣的方式來整合自己的生命，其中一個原因是他們成長的過程中缺乏學習的典範。通常虐待他們的成人，在面對他們及面對其它人時是很不一致的。因此受虐的孩童被教成要假裝一切都很好，他們也學會了保密到家。受虐的孩子很早就學會為了生存，一定要成為偽裝大師。接收到的矛盾訊息將不會影響他們。如果一個經驗和另一個相矛盾，他會把訊息分開——每個訊息都獨立成一個區塊——讓它們不會互相干擾。孩子學會去接受無數共存的現實。難怪他無法感覺自己立足於其中任何一個現實，而現實在他看來是流動且沒有實體的。

性虐待讓孩子的人生變得支離破碎。他必須學會把自己不同部分的生活彼此隔開。性虐待這件事必須要被隱藏起來，存在一個同儕、老師、甚至其他家人都看不到的角落。如果孩子要暫時逃避性虐待所帶來的痛苦，他就會移動到其他的區塊。如果發生一件無法被放到現存區塊內的事件，孩子就會為它創造新的區塊。將生活分割的行為會持續到成年，最終倖存者得到的是一個他無力整合的破碎生命。

即使他的記憶被掩蓋，感覺變麻木，倖存者仍然活在一個孤立的世界裡。他覺得沒有人可以了解他，因為他不確定是否能信任自己的記憶和知覺，他甚至懷疑是否能了解自己。由於覺得自己有無可救藥的缺陷，一個整合的人生對他來說似乎是遙不可及的。

每個社交場合、每個新環境對他來說都完全不同。他也很害怕自己還沒準備好面對環境額外的要求。這感覺並不像只是把自己的經驗和才智運用在稍微有所不同的要求上。倖存者害怕每一個新情境，因為他都需要重頭學起，而他也不知道自己是否能勝任這個挑戰。由於害怕新朋友和新環境，倖存者會發現自己變得更加孤立。只面對自己熟悉的人事物並拒絕去冒險，這也使他更加感覺到沒有價值和不被接受。

漸漸地，倖存者會連自己熟悉的事物也都一一區隔，不讓它們彼此影響，這樣他才能感覺生活容易、安全些。如果知道自己要演什麼戲，扮演角色就會比較容易。如果你一次只和一個人互動，那些時刻你就只要扮演一個角色就好了。關係就算變得僵化和沉悶也無妨，至少這樣很安全。這樣比較不會有驚奇，反正驚奇多半都不是好事。你越是把你的生活區隔開來，你也就越不需要和別人分享太多事情。相反地，資訊透露得越多，你就越無法控制資訊會怎樣被使用……或被濫用。重點在於如果可以把受虐經驗鎖在某個隔間，它也就比較不可能擴散到全部的生活，就可以維持在掌控之中。

我有一位案主，學術、專業與社交都十分擅長。他告訴我：「每個人都擁有一部分的我，但沒有人擁有全部的我。」他認為他必須嚴格控制誰看到什麼，並且要展現出錯誤、扭曲、截然不同的面貌以保護自己。當他說：「沒有人擁有全部的我」，而不是「沒有人看見全部的我」，這顯示出他的內在假設是：訊息就是力量，而這份力量是會傷人的。他推斷，如果人們知道我是什麼樣的人，他們就能控制我，我不能冒這個險。我知道別人靠我太近時會發生什麼事。

對這個男人來說，要邁向復原就需要在團體和個別治療中，漸漸地展現更多的自己。當他這麼做時，始終害怕開放可能會引來更多的虐待，但其實他已經開始拓展一個更健康、也更加整合的人生。伴隨著恐懼的是，他認定如果對我或是其他成員展現更多的自己，他就會被拒絕。我們會看到真實的他是多麼不完美、笨拙、邪惡、醜陋（這都是他的用語）。我們會氣他愚弄我們，會討厭他。然而事實上，情況完全相反。從嚴格控制一切的需求中解脫後，他不再需要把大量的精力用在把別人區隔開來，也不用再記得每個人對自己的了解是什麼。他開始可以放鬆自己，無須偽裝，因而變得更有吸引力而不是更沒吸引力。願意展現自己的弱點，讓他變得更真實，更容易接近。頭一次，他可以感受到自己是受歡迎的。我必須強調，康復並非一蹴可幾，每踏出一步總是充滿恐懼與懷疑的。總會有那麼幾次，當害怕淹沒了他，他還是退回舊有小隔間裡。但他不再擠得進這個隔間，裡頭也不像過去經驗到的那麼舒適了，而「撤退」維持的時間也越來越短。雖然復原歷程尚未結束，但他現在已經開始在整合不同向度的生活了。

有一天他告訴我：「你比別人接觸到更多的我。」我知道他送了我一份大禮。我很珍惜他對我的信任。隨著復原歷程的進展，他的表情和身體越來越放鬆，看起來更年輕。他不再需要畏縮或展現令人害怕的姿態。他的聲音聽起來更柔軟，也更能表達情緒了，最重要的是，他開始讓別人了解他，也不再接受使他保持隔離的錯誤訊息。

只要他仍然把自己隱藏起來，他就可以基於「無論別人看到什麼，那都不是他」的理由，把別人表現給他的關懷打折扣。他只不過是又把一個人騙得喜歡上他。如果他騙得了這個人——如果對方看不穿他的演技——那這個人一定不夠聰明，所以也幫不了他什麼忙。他將因此陷入兩難之境。他會認為如果要留住別人，就不能真實地表現自己。他必須偽裝、討好或是利誘以獲取友誼。但如果他對人都是不真誠的，誰會留在他身邊？但現在，當他越來越放掉那些控制行為、面具和隔間，他會發現別人被他所吸引，不是因為他有這些東西，而是因為他們不介意那些東西。人們喜歡他是因為他是一個優秀、聰明、親切和有趣的人，他們被他吸引是因為他很有吸引力。要相信這些對他來說是多大的挑戰！要去檢驗這些信念又是多麼令人害怕！能夠放下防衛和控制會帶來多大的解脫！徹底改變前半生的僵固又會是多麼大的成就！

而你也可以擁有這些改變。只要持續你的復原歷程，你會遇到相似的挑戰、恐懼、解脫和成功。你會經驗到懷疑和不信任，而有時候會發現自己退回舊有的小隔間裡。但退步只是暫時性的。你會發現這些隔間逐漸崩潰，取而代之的是某種更令人滿意也更真實的東西——一個整合的人生。

【第十章】自我形象、自尊及完美主義

「我有兩個隨身團隊：一個是『聯邦調查局』(FBI)，會仔細檢查每一件事；另外一個是電影工作人員，會記錄及確認我做的每件事情是正確的。而它們都是我的一部分。」

——一位男性倖存者

童年時期遭受虐待會損害倖存者的自尊，留下不真實的自我形象。無論他人對其觀點如何，他的自我形象都是負向的。他覺得自己是醜陋且不被人愛的。雖然這些感覺不能反映真實世界的狀況，他仍無法透過理智思考改變這樣的想法。即使所有的證據都與他所認為的相反，倖存者寧願相信自己是醜陋的、沒有用的、沒創意的、軟弱的，甚至是邪惡的；當人們對他持有不同的看法時，他會覺得這正是自己愚弄別人的證明。對倖存者而言，這是很明顯的騙局，而別人如此容易就被愚弄，也因此他便有理由可貶損他們。

倖存者認為，如果他人看見真正醜陋的自己，卻沒表現出厭煩的樣子，有以下幾種可能，這些全都是負面的：他人會在背後取笑自己；那是因為別人可憐、同情他，所以才會對他仁慈；他們是「失敗者」，所以不值得他花時間在他們身上；他們會忍受他的存在是因為想從他這裡獲取一些東西；或者，他們還沒認清他的面貌。任何解釋都只會讓他更確定自己是沒有價值的。凡是聰明、敏銳的人，是不會覺得他是可愛或討人喜歡的。他從不認為別人對他的觀點或許才是正確的。他們會因為他真的是一個有趣的人而喜歡他，或是希望他在身旁。他必須完全仰賴自己對於現實的看法，也就是接受任何其他的看法是非常危險的。終究而言，他對現實的看法，其實與他對當初遭受虐待事件時的解釋有關。

當還是個小孩時，倖存者便了解到自己不太能或沒辦法控制虐待的發生。他覺得自己比成人加害者瘦小、軟弱及沒經驗，他必須屈服於加害人的強大力量。最好的是，他學會操控情境以縮短忍受的時間，或是降低虐待的強度。有位倖存者有以下的敘述：

他一進門我就知道他是不是要性。我學到怎樣讓我母親離開房間，如此一來我們就可以盡早結束；如果我夠快，他也許就不會痛毆我們。我很氣我母親不快點離開房間，這代表著他將會傷害我更多。

這個男人從小就知道他掌控生命的力量非常有限，而且因為他處在較不利的位置，自我保護的最佳選擇就是透過操控來限制虐待的範圍。對於保護自己或改變自身處境之無能為力，讓他覺得自卑與無能。「如果我可以更聰明、強壯、敏捷或更好的話（孩子的想法），事情就不會發生在我身上。」他無法適當地保護自己，所以他是下等的，這樣的想法對他而言再明白不過。一個人若覺得自己是無能、低等的，就難以保有正向的自尊。倖存者帶著這樣的自卑感進入成年，並以各種不同的方式呈現出來。

他也許完全認為自己缺乏正向的特質，覺得自己無可救藥。在這樣的觀點下，連想要為自己的生命負責都顯得很愚蠢。職涯發展、人際關係、學術成就、運動能力和生命的樂趣，都被當成遙不可及。所以有什麼好去試的呢？別人會把他當成失敗者，這正是他認定的自己。他達到的任何成就可能都被他一筆勾銷，把它當成純屬意外，或把它貶抑成不夠完全、不夠好。這不過是個小成就，能怎麼樣？只有完美才能帶來保護，只有最聰明、最強壯、最敏捷和最好看的，他才是安全的。然而這是不可能，所以又何必努力呢？沒什麼可以達成，也沒有什麼可以保護他。沒有什麼比完美更能滿足他。既然沒有人是完美的，而對於完美的需求肯定會摧毀他所僅存的自尊。

在這樣的情況下，倖存者總覺得有缺陷或不完美、相信只有在完全的力量、強壯、聰明和能力之下才能受到保護，於是他變成完美主義者。他的世界是極端的，人際關係及成就被理想化，人必須完美否則一無是處。因為倖存者清楚知道自己不夠完美，他知道別人發現他無足輕重只是早晚的問題。倖存者將世界二分為「完美」（perfection）和「無價值」（worthless），他發現自己陷入一個必輸無疑的情境。完美主義會以「為了要沒事，我必須完美以及做對每件事」呈現。只要有點不完美就會被解釋成「我做什麼都不對」。部分成功就等於沒有成功（但人本來最終就不可能是完美的），所以根本沒有辦法克服自己的缺陷。

焦點 Focus

非黑即白式的思考

只看到問題的兩面會阻礙問題的完全解決，因為永遠都有比這兩面更多的東西。

——伊德里斯・夏（Idries Shah），《省思》（*Reflections*）

虐待限制了孩子對於世界的觀點，他認為一個人不是加害者就是受害者（見第二章），他帶著狹隘的人生觀長大成人。世界被他區分成兩極——非黑即白、不是全有就是全無、不是生就是死，在他的世界觀裡是沒有彈性或細微差異的空間存在——而這標準實在太高了。本章通篇都是在描述這些非黑即白式的思考所出現的極端例子。

倖存者的復原工作可以用一種電子觀念來比喻。他必須移除這種有限回應世界的「開關按鈕」，並且安裝「調節器」。大部分的人既不是超人也不是壞人；大部分的情況都是介於喜劇與悲劇之間。當我們對於任何情境只允許有兩種選擇、任何問題只能有兩種解決方法（對的和錯的），我們會抹殺了自己生命的豐富度。

有一次我曾回應一位個案，我告訴他在黑與白之間有一個更寬廣的範圍，而他回應我：「喔！你是指灰色的陰暗處嗎？」，我回答：「是的，但還有紅的、藍的、綠的、橘的和……」擴展這些可能性，能允許自己得到更豐富多彩的人生，它會為我們單調的調色盤上提供一些變化，就像當倖存者轉移他們的傷痛，他們會發現有其他新的、令人興奮的選擇。復原工作就是要擴展我們的視野。

以下為倖存者在長大後會展現的四種完美主義形式，分別是：「自我放棄型」、「自認平庸型」、「永遠不夠好型」及「自我貶抑型」。

「自我放棄型」的人認為自己是有缺陷的，由於內心的完美主義，因此他感到絕望，以致會完全放棄。他相信自己沒有成功的機會，所以在學校也許根本不會努力。他相信擁有成功的事業不是他的能力所及，因此勉強接受任何只為餬口的工作。他也認為，不會有人希望和這樣一個「失敗」的人做朋友、談戀愛或結婚，所以費心追求友誼或戀情都是很愚蠢的。他應驗他對自己的預言，成為一個失敗的人——就像他所認識的自己一樣。

「自認平庸型」的倖存者，外在的樣子在他人看起來是達到一般標準的，但他對自己的感覺卻是失敗的，而且他會覺得自己就是那麼平庸的人。他過著一個可令人接受的生活，內在卻一直存在著失敗感。他對完美的需求，不允許他對這種「不高」的成就感到高興；他只會更降低自尊。這種類型的完美主義者，我們可以清楚地看到他在外在世界呈現出來的（外在）和其自我形象（內在）之間的差距。外表上，他是讓人感覺舒服的、有責任感和理性的，誰會想到他會認為所有的事情都顯示著他的失敗，因為他知道自己永遠只能當第二名？

「永遠不夠好型」的完美主義者有超乎預期的成就。很多成人倖存者很有天分且善於社交，他們有成功的事業、很好的前途、在團體中受人尊敬、有深刻且持續的友情和人際關係、很照顧家人。從外界的角度來看，他們是成功的，但成功卻無法給他們帶來安慰。如果他們在專業上不是最頂尖的，就代表不夠，就永遠不能夠允許自己放鬆。

我有個個案，一個無依無靠的單身男人，他曾說：「如果我一年賺不到十萬美金，我應該要去自殺。」他認為任何事情不夠好就是代表失敗的證據。然而事實上他賺的錢早遠超過這個數目，他卻不把這當作成功的證據，所以，又再一次，他陷入一個必輸無疑的情況。

另外一個個案是個百萬富翁，有可愛的家庭和眾人讚賞的特質。他會累積很多財產，這樣「大家就會覺得我很富有」。

即使已達到專業上的最高成就，倖存者的完美主義仍會一直驅策自己，免得失去得到的一切，因而應驗內在的「真實本性」——我是失敗的。

如果他已經得到最好的工作、家庭、友誼或榮耀，完美主義者仍會藉由選擇性的比較來對自己的成就打折扣：「我也許是富有的，但我不帥。」他會拿自己跟他想要成為的人比較，他會拿自己的聰明和愛因斯坦（Albert Einstein）相比，也會覺得自己的二頭肌比不上史瓦辛格（Arnold Alois Schwarzenegger），還會拿自己的財富和比爾·蓋茲（Bill Gates）比較。他會拿自己跟全世界的人比，而不是跟自己比。他給自己評價是較低等的，而且持續找證據來支持這個定論。

「自我貶抑型」會變成長期「學習成績不良者」，這類的男性倖存者會將自己放在卑微、沒有地位的處境，然而他們的條件又遠遠超過此處境的標準。我認識許多男性倖存者會選擇當牧師或從事勞動工作，**因為他們覺得自己的能力和資質遠遠不如他人**。我不是要評價不同工作的價值，如果職業可以自由選擇，那當然可以提供滿足感，但是如果一個人在工作中感覺被卡住，而且帶給他們挫折，讓他們更確定自己弱點的話，這種情況就必須再多加思考。

就算成人倖存者是個醫生，還是覺得自己像個冒牌貨；就算他是百萬富翁，仍擔心無法餵飽家人；他是個有才能的音樂家，但仍讓自己躲在幕後；或者他是一個有能力的心理師但卻不斷地換工作。這都是屬於**自尊**的議題。雖然女性倖存者也會受困於工作和成功的議題，但有個文化的偏見是，對於追求專業上的成功，男性應該要比較激進和勇往直前。因為覺得被動和恐懼，所以男性倖存者會對任何工作上的成就打折扣。復原工作最重要的是培養他們較正向的自我形象，這對於建立信任他人的能力是最有效的元素。在治療、復原團體或和朋友在一起時，倖存者逐漸地開始去接受較正確的觀點，了解什麼是對自己較合理且清楚的圖像；再來才有可能享受工作成就所帶來的滿足感與統整良好的生活。

除非倖存者準備好放棄完美主義且接受合理的自我形象，否則他的生活會被焦慮、緊張和自我懷疑的痛苦所折磨，這是非常不健康的。既然只有完美是可行的，完美主義者痛恨他所認為的缺點，他為自己設置一個不可能達成的標準，又認為自己無法達成這些標準。那些不切實際的標準會導致危險的行為。例如，他覺得自己的身體是醜陋和不具吸引力的，他也許會有自我破壞的飲食習慣（包括嚴格地減肥、厭食或暴食）。他也許會嘗試透過強迫性的健身搭配使用類固醇以維持完美體態。如果他過重，他甚至會警惕自己不能攝取卡路里。就算別人不這麼認為、體重計也未顯示他過胖需要瘦身，他依然如此。有個個案，大家都認為他又高又瘦（或許可說是枯瘦了），但他拿多年前的照片給我看，以作為他有多胖的證據。他覺得他必須持續清掉自己吃下去的食物（這是我們所知道的「暴食症」的狀況之一），所以他不會把現在實際的樣貌展現給他人看。

矛盾的是，他也認為過於展現自己具有吸引力的一面是危險的。如果讓別人發現他是有吸引力的，他相信他們會虐待他。強迫性的暴食者也許會覺得自己的過胖是一個緩和器，讓他能遠離危險的世界。食物能提供暴食者多重目的，它提供營養和慰藉，它也能麻痺負向的感覺。過胖的結果讓人們不會對他有「性」趣，而且讓他對內在自我的負向形象更加確定。他覺得自己是醜陋的（總是且將永遠如此）。他利用這個「證據」當作鞭策自己的棍棒，且企圖以「控制體重」來引發自己很大的恐慌。他唯一在意的是以食物來摧毀任何成功的希望，再一次，他確定自己失敗的感覺是真的。

這對於了解為什麼倖存者需要投射另一個與他的自我形象不一致的形象是很重要的。他面臨了兩個衝突的壓力：一、完美才可以掩藏所有他自認的缺點，不會被這個世界看見；二、他必須隱藏任何會使自己變得有吸引力的東西，如此才不致於引發虐待。

如果倖存者以各種方式變得迷人，他必須想辦法保護自己不被虐待。因此，他會鍛鍊身體，試圖維持一個有權力且令人生畏的形象以保護自己。完美主義之倖存者會以極端的方式鍛鍊體能，長跑者會在訓練裡外加馬拉松或是鐵人三項。潛藏在這底下的，常常是他們的潛意識裡覺得這個目標是安全、可接受的或可達成的。不過這是不可能達成的，因為（對完美主義者而言）安全代表的是**完全地安全**，而所謂「可接受的」代表的是**完全且絕對可接受的**。這些都不存在於世界，但完美主義者會持續去挑戰、完全放棄或因自己的平庸而嚴責自己。他對於「完全」的堅持阻礙他建構合理且健康的自尊。健康的自我形象和令人滿意的生活是可達成的，但是並不包括那完美的不切實際的標準。

處在羞愧和絕望的極端裡，倖存者找不到可以克服極端思考的方法，最終，如果自尊低落到一個地步時，也許就會引發自殺念頭或企圖。在這絕望時刻，只有殺掉自己看起來是比較合理的選擇。他覺得不必再努力嘗試了、可以拋開痛苦了，世界不用再忍受他這個人了。他可以為所有的努力、挫折、失敗和自我厭惡劃下句點，反正沒有人會真正關心他，其他人可以繼續過他們的生活且不必浪費時間喜歡他。所以，不切實際的完美主義者會想：「如果我不是完美的，為什麼我還在這裡？」於是他們會嘗試自殺，許多人也因此自殺成功。

自殺的感覺

如果你曾有這樣的經驗，那麼你就知道要靠自己去除這種自殺的感覺幾乎是不可能的。你需要洞察這個痛苦的情緒，而這樣的洞察只能來自於外在。倖存者需要去表達自己的無望感，好理解自己為什麼會有這樣的想法。他們需要向他人分享這些錯誤的見解，像是：「如果我死了，每個人都將變得更好」、「這是唯一讓我不再覺得痛苦的方法」、「我終於可以放鬆，停止奮鬥了」。這是為什麼與其他倖存者、治療和復原團體、工作坊的成員接觸，是如此重要的事。與其他倖存者分享奮鬥的過程，能讓你在自殺想法出現時有個出口，那會讓你了解你是被眾人關心的，你活著或死去是有所差別的。倖存者都需要去談論自己這段無望的時光，以及遠離痛苦的有效方法。他們也許可以設立自己的「自殺熱線」，讓他們在事情無法控制的時候，有人可以說話，有人可以探訪。

如果你覺得想自殺，打給某個人——朋友、鄰居、諮商師、一個危機熱線，可讓自己遠離自殺的孤立感。和你的治療師（或朋友）聯繫，面對面的說話，而不讓自己想要自殺的感覺付諸行動。給自己一個機會去轉變你的人生，你的低自我價值感是因為過去虐待事件而形成的，如果你自殺了，那麼你就讓這個虐待事件贏了，不能允許這樣的事情發生。不管你感覺自己有多糟，你都比虐待事件還有價值！痛苦的感覺和低自尊是有可能克服的，復原是真實的，值得你為此去努力。

你的復原過程將包括逐漸打破錯誤的完美主義，必須承擔、學習建立合理的目標。每個人都必須了解，沒有人是完美的。在自我療癒的過程中，你將發現他人喜歡你，並不是因為你努力表現出完美的樣子，因為那只是外表而已。藉由不同觀點來測試你所抱持的觀點——透過個人或團體治療、朋友以及他人——你會發現你真實的樣子。你將了解孩提時的經驗導致你接受一些錯誤的事實，你將可以從負向、自我毀壞的思考中變得更好，且學習去反駁這些思考。事實上，當你從鏡子看你自己，你看到的將不是可怕的怪物，而是一個有許多優缺點、才能或問題的普通人。你將開始在無價值和完美之間探索到更豐富且更寬廣的空間。

story

史蒂夫的故事

不夠好的恐懼和他對自己的矮化、否認與麻木，史蒂夫，一個三十八歲的倖存者，分享他的重要感覺。

我的名字是史蒂夫，我幾乎無法寫這篇文章。不是因為我不能寫，就像你看到的，我是可以寫的。也不是我不應該寫，我父親在我約九歲的時候對我所做的侵害，隨著我的發現、對這些經驗的洞察以及對這個主題的廣泛研究，讓我夠資格可以寫。不，簡單來說就是我知道，在最深處，我知道我無法寫得夠好，把所有需要說的都說出來，我無法把所有應該要表達的都表達得好。它應該是要完美的，而我知道我距離和其他人一樣完美的程度還很遠。

當寬恕我所有及任何的弱點和怪癖時，對我而言，我知道要求完美正是我所擁有的缺點之一。矮化、否定、缺乏自尊、自我價值和缺乏信任、無法建立親密的人際關係、無法從事性的活動，或甚至允許我自己有性，這些和許多人一樣，都是因亂倫創傷所遺留下來的。

再來，就像許多有亂倫經驗的人一樣，我對於這些不足之處已經適應得很好了，只是當參加其他倖存者的團體，看到因亂倫而被蹂躪的生活時，我可以清楚地看見自己也是這樣，看見自己也如此需要藉由別人來控制自己，我對自己真的是大開眼界。

對於那些倖存者，或是那些想要提供協助的人來說，這些都不應該令人擔憂。創傷如此巨大，以致於使得人的生命受到某種程度的影響，這不需要排除於復原之外。相反地，這特別困難和障礙之處正是踏上復原之路之後會遇到的。希望從不感覺痛苦、生氣和悲傷不是復原合理的目標，如果沒有經歷這些痛苦、生氣和悲傷，反而會阻礙一個人擁有真正的快樂、愛及關懷。

【第四部】

關於復原

about recovery

【第十一章】性、信任及照顧

當理智知曉心靈被折磨
但總想著快樂看起來較好
然後理智還是會讓身體與之相應
所以理智是不理智的

——一位男性倖存者的詩，「有些已老，新意無存」

大家已普遍注意到強姦是暴力犯罪，而非性犯罪行為。然而，因為憤怒、仇恨、恐懼和暴力是以性的形式表現出來，許多人持續將強姦視為因性欲而引起的行為。我們很容易將這兩種不同的現象連結在一起，因為這兩者有一些相近或者共同的面向。

如果有人曾被狗攻擊，之後**所有的**狗——不管多可愛或多友善——都會引起他的害怕。一個小孩若曾在吃飯時間被處罰，長大後可能會在用餐時變得沉默、陰沉，他可能不理解為什麼飯局中的交談會讓他不舒服。這樣的連結是幼稚的，但在他有限的經驗脈絡中卻完全合乎邏輯，他也無意識地將之帶入他的成人生活。同樣地，性侵害事件對孩子傳達了一個訊息，亦即「關心」夾帶著「性」。一個值得信任的大人同時也是性侵害他的人，這個大人從照顧者變成攻擊者，小孩因而對任何照顧保持懷疑，因為他們擔心這些照顧者將變成未來性侵害他們的人。這樣的連結不必然是有意識的——我們不總是能夠注意到我們正在學習的事——但連結還是會形成。孩童期的知覺不管真實與否，都會被併入我們用來看待和回應世界的方式。

任何形式的兒童虐待都會為孩子帶來困惑，且會影響孩子長大後的人際關係。之前我曾說過，孩童是藉由他們的經驗以及接收到的訊息來形成對世界的假設。當孩子接受到正確的資訊，他便能夠得出正確的結論；如果他接收到錯誤的訊息，他便會依據這些錯誤和失真的訊息發展出他的世界觀。

受性侵的孩子會因為侵害的經驗而建立許多連結。當一個保護、照顧的關係演變成含有性的關係時，孩子得到一個結論，亦即任何照顧關愛的表達都將演變成「性」。任何觸碰（或特定型態的接觸，無論是禮貌或暴力的）都被他們理解為與性有關。如果身體的暴力也是侵害的一部分，那麼碰觸、照顧或性都會感覺像是暴力行為。如果接觸等同於性、性等同於侵害，那麼孩子對有任何人想表達接觸行為時都會感到焦慮。這就是將錯誤訊息納進對世界的錯誤理解的例子，孩子變得對任何照顧的行為感到害怕和抗拒。侵害的影響越嚴重，孩子越不信任別人，會拒人於千里之外、懷疑猜忌和與人敵對。相反地，當學習到將照顧與性連結，有些孩子會嘗試性化各種互動，當他的行為被人認為是不恰當時，他會感到很困惑，畢竟在過去他都是這麼被要求的。

由於性侵害倖存者的行為受到內在的邏輯性推論，而此推論又依據孩提時的性侵害經驗，孩子（及至他長大後）從這個世界接收到的都是令他困惑的；而那些未受過性侵害的人的行為表現，往往也令他難以理解。不過孩子會嘗試去學習合宜的行為，盡量讓自己適應環境的要求，雖然他仍會感到困惑，因為他不知道為什麼他這樣做是合宜的。他的經歷讓他學習到去給別人他們想要的東西而不要去問為什麼。

在克勞蒂亞．布萊克（Claudia Black）的工作坊中，她指出酒癮家庭中的孩子如何培養轉換現實的能力。倖存者有時也來自酒癮家庭，他需要培養這種能力，也需要學習如何生存。他能夠了解別人的需要是什麼，進而去滿足對方的需求。如果別人沒有任何需要，或不需要他做任何和性有關的事情，他就會感到困惑。受害者因為確信所有的照顧和關注表現一定會演變成「性」，所以一旦一個人不需要有「性」，就會被他視為是不值得信任的，他心裡會認為：「他（她）一定需要我為他（她）做些**什麼**，如果不是性，那會是什麼？如果就是性，為什麼要假裝不需要呢？」

換言之，缺乏「性」的回應會帶給倖存者被拒絕的感覺，他覺得自己唯一的價值就是成為性的客體，而他的伴侶對他沒有性趣，他就覺得自己一點價值也沒有。即使不真的需要性，倖存者還是會不斷地性化人與人之間的互動。倖存者學習去思考「什麼是他人真正的需求？」如果對方抱怨這樣會帶給他很大的壓力，倖存者反而會更加確定內心的信念——亦即最終所有的親密關係都要有性，而對方對性提議的拒絕代表自己是不正常、被否定、被拒絕的。當別人選擇在互動中不包含性的成分，倖存者會解讀成是因為自己不被需要，倖存者會這麼想：「他（她）當然不會想跟我發生性關係，任何智力正常的人都應該不會被我吸引，我是不是搞砸了？」又一次，他陷入了必輸無疑的情境。

對倖存者而言，不管是否渴望著「性」，他都相信性是必然會發生的；但是，就算真的與性無關，倖存者仍會認為自己是不被渴望的。他覺得自己只是一個性的客體，透過重複、既不滿足也不令人開心的性接觸，來證明自己的價值和吸引力。或者可以說，如果他們不從事性的活動，他會覺得自己根本毫無價值、不具吸引力、且不令人渴望——如此更鞏固了倖存者負向的自我形象。

如果這些對於照顧、吸引和性的負向及錯誤的訊息沒有強力的反證出現，孩子便會帶著這些錯誤訊息進入青少年和成年期。根據研究指出，孩童時期的虐待容易導致青少年亂交、賣淫（男女、青少年及成人皆是），以及成年後演變成有強迫性性行為的人。很多倖存者描述他們不喜歡被碰觸，同時卻又會強迫性地從事性的活動，會出現這樣的矛盾是因為性侵害事件導致他們性化任何照顧的表現；而他們之所以會持續這些強迫性的性活動，顯示了身為一個人對於被照顧及被親近的需求。強迫性的性活動可以讓倖存者的身體與人親近——關愛的表象——卻不用真的與人親密，因為真正的親密包含「信任」，但是信任對他們而言太具威脅性了，他們不能冒險嘗試。

信任是倖存者的重要議題。自從他從外在環境接觸到訊息，與他自己的經驗形成強大的對比時，信任對他而言便是完全陌生的事。為什麼會這樣？他應該要信任嗎？有誰值得他信任呢？他覺得信任帶給他的都是虐待。過去侵害的經驗讓倖存者覺得所有信任都將導致他受虐，因此，他學會要倚賴自己的生存策略——亦即，沒什麼事情比信任別人更危險了。對信任及依靠的缺乏來自於他們帶著過去對於照顧的錯誤訊息，來解讀所有大人的人際關係。我會說「錯誤訊息」是因為他從沒有經驗到真誠的照顧。所謂真誠的照顧是會尊重個人的需求和界線。但施虐者將個人的欲望放在受害者的福利之前，不管用什麼藉口或是他們表現得多有禮貌，都是令人受傷的一件事。

受害者需要花很多時間和努力去分辨真誠的照顧，和他們從施虐者身上學到的、被曲解的照顧是有所不同的。同時，他們要相信自己的感覺是正確的。要做到這一點，就需要慢慢地建立信任感，學習與照顧者建立親密關係，而這個照顧者不會破壞信任且注重親密感。建立信任和親密關係是困難的任務，但也是重要的、必須完成的。

在我與倖存者的實務工作中，遇過五種常見的倖存者人際模式：

一、**孤立**。因為害怕且不信任親密關係，倖存者讓自己遠離任何人際互動，過著寂寞和孤立的生活。他也許不知道為什麼無法和人們連結，但他會將這樣的現象當作自己是無價值的一個證據，而其他人看起來都比他幸福、聰明和適應力良好。他無法想像他這樣無能的人可以擁有理想、完美的人際關係，他是如此的無能，以致於如果要「想出」如何維持關係，只不過更進一步證明了自己的愚蠢。

二、**短暫且易變的人際關係**。有些倖存者會從孤立進入一連串短暫存在、易變的人際關係中。關係裡充滿猜忌和害怕，他們會等待伴侶虐待自己，找機會使對方失去耐心，但他們從不知自己正在挑釁伴侶。關愛的表達被拒絕，因為「信任」在親密關係中是必須存在的。自從他們學習到不信任言語，坦誠溝通就變得是不可能的事。當對方嘗試討論這段關係的問題時，他們會沉默、充滿敵意或退縮。最後，倖存者找到充足的理由可以離開這段關係，常常就會突然離開，不做任何解釋。他覺得受傷和被誤解，但很快地又會投入下一段關係，並循著先前的互動模式直到這段關係結束。如果這段關係持續，倖存者則會無意識地推開伴侶；他們會透過沉默、批評、非理性要求、情緒爆發、亂交或任何手段，來削弱伴侶的耐性。當伴侶因受傷和困惑而離開時，倖存者會覺得「又來了，我又被拋棄了！」於是他得到了更進一步的證據：他是沒人照顧的、人是不可信任的、所有人都是不可依靠的、大家都只想和他發生性、他是不可能有關係的、自己完全是不可愛的人。他們無法從分手中覺察或理解，因為他們既不信任別人也不願意與人溝通。

三、**虐待式的人際互動**。有一種成人倖存者是讓自己陷入虐待式的人際互動中。這類型的人，無論在關係中是扮演被害者或加害人，他們都會追尋和當初被虐待相似的模式，他會選擇和過去加害者相似的人（身材、行為、癖好、職業、年紀、聲音或個性）當他的伴侶，也就是會找一個可以讓他喚起孩童受虐記憶的人。如果他選擇的伴侶以他選擇的角色方式傷害他，那麼這種關係也許會持續一段時間。它創造一個空間讓伴侶雙方都同意這樣做；伴侶也許會反對扮演受害（或加害）的角色，要求改變或終止這段關係。

然而，不管是倖存者或是他的伴侶要結束這段關係——又或者這段關係持續一段時間，這都提供倖存者一個更有力的證據來支持他的信念，亦即關係必須是含有虐待性的。會導致這樣的關係模式，是因為倖存者沒有學習到在照顧與關注關係中，要和信任的人彼此開放溝通。

四、**麵包屑般的人**。在這類型的人際互動模式中，倖存者會把自己放在很低的位置。這類倖存者不相信會有任何好事發生在自己身上，而且感覺自己一無是處，他們也認為自己完全是因為運氣好才能擁有任何關係。這類型的倖存者會讓自己及伴侶處於一個平凡、單調乏味、缺乏挑戰的生活中，而倖存者對此有以下解釋：他也許覺得自己就是一個平凡乏味的人；他認為平凡的生活總好過受虐和充滿暴力的生活；他覺得這樣的生活是正常的；最後，他可能也承認自己的生活確實平淡無味，但也覺得自己無力改變。如果他的伴侶跟他有同樣的感覺，這段關係也許可以就這麼乏味地持續下去。他也許會厭倦這樣的生活，但卻會以此綁住他的伴侶、小孩或他理想的承諾。理想上，如果伴侶中有一個或兩個人同時感到厭煩時，為了改變而去溝通這樣的感覺是必要的，但對於這類型的人是非常困難的，因為他們不會開放地溝通。如果倖存者離開這段關係，他對於無法維持這樣「沒有虐待的關係」會有很大的罪惡感和無能感；但如果是伴侶選擇離開，倖存者便證實了他的感覺沒有錯——關係必須有虐待才能存續。

五、雙方皆為倖存者的關係。

關係中的雙方皆為倖存者的情形很常見，就像許多酗酒者家庭長大的成人最後也會在一起。雖然有關關係雙方皆為性侵害倖存者的討論不多，不過我認為它會跟在酒癮家庭成長的成人相類似（這方面已有許多書籍有精采的討論）。如果你的人際關係中有我以上描述的模式，你也許會和其他的倖存者交往。對雙方皆為倖存者的關係而言，關係想要成功建立，兩方皆必須自我療癒，如果只有一方復原是不夠的，而且你無法幫助伴侶療癒，同樣地，你也不能期待伴侶來療癒你。不過，你可以選擇各種資源幫助及支持彼此的成長與治療。因為你們有相似的過去，可能會比較容易了解彼此的經驗。這將是很不容易的，但值得慶幸的是，你不會獨自面對這個療癒的過程。

焦點 Focus

如果我覺得享受怎麼辦？

對受到性侵害的受害者而言，在受侵害的經驗中激起一些愉悅感並非是不尋常的事。這些愉悅的感覺往往更令倖存者覺得沮喪，這種回應負向經驗的方式，混淆了他們對於享受的意義以及對愉悅的理解。這就好像被設置一個情緒反應的枷鎖，導致你誤解虐待的本質。如果你曾混淆自己在性侵害經驗中感受到的愉悅感受，也許你將會落入以下的幾種思考：

第一個錯誤的想法是，我感覺愉悅表示這不算是侵害。這個錯誤的思考方式是用來扭曲虐待兒童事實的證據。這樣等於准許加害人去混淆受害者，讓孩子覺得是自己決定要在這段侵害關係中的。然而，事實完全相反，沒有「自願受害」的事情——成為受害者是指個人的意志受到傷害。施虐的行為傷害一個人的精神狀況，身體的愉悅無法減低孩子受到性侵的迫害本質。

「你會享受它」是加害者為了自己的利益的說法，他試圖用這種說法掩蓋侵害的事實，而且讓受害者看起來是侵害事件的幫兇。你享受身體的知覺只是代表你對親近的需求反應，但不代表侵害行為本身。所有人都應該在以不違反自主權與自尊的情況下得到愉悅經驗，這應該也是你復原過程中必須達到的目標。

第二個錯誤的連結會引導你相信，愉悅的感覺只能從侵害情境中獲得。因為原始的虐待經驗讓你感受到一些愉快的感覺，你可能會不斷重複這種虐待模式（而且甚至會希望未來再度發生，讓自己可以再次經驗到身體的愉悅，即使只是一點點。）因此，加害者不只是直接侵害你，也建立了一個受害的模式讓你帶入成人期。

當這種思考模式出現，復原之路需要打破這種對於虐待與享受之間的連結。當你發現感受身體愉悅的方式不是只有透過虐待，你會想要遠離受虐經驗。

第三個因混淆而產生的錯誤結論是，侵害事件意味著自己將成為施虐者。這個錯誤的思考邏輯會以下列三個方式形成：

一、如果我享受侵害，那麼（一）我就是加害者；（二）我是一個壞人；（三）這都是我的錯。這又會導致底下的思考：

二、如果我從性上面得到任何愉悅感，那麼我就是糟糕的。性的愉悅已和所有虐待性的行為連結，這個思考最後會延伸為以下的思考：

三、如果我從生活中得到任何享受，那我一定出了什麼問題，任何正向的經驗都值得質疑、自我懷疑、不信任、羞愧或害怕，因為這些正向經驗有可能導致虐待發生。

一個曾獲得愛與保護的孩子，會覺得生命中令人愉悅的享受是安全的，照顧和傷害行為之間的界線和區別是清楚的。然而，一個遭受虐待的小孩對事情有不同的理解。曾有一個成人倖存者告訴我：「你知道我什麼時候才放棄告訴我母親有關虐待的事情嗎？是當我第一次開始享受虐待的時候。」

這是重點所在，一個成人要從孩童性侵害中復原，就不能因為孩童期的虐待經驗有得到愉悅感而來懲罰自己。你並沒有做錯什麼事，你值得更好的對待；錯的是你主觀地陷入這樣危險的情境，也就是將愛與孩提時的虐待混雜在一起。你可以回想孩童期的虐待事件，然後問自己以下的問題：

- 什麼是我真正需要的？
- 什麼是我真正享受的？
- 什麼是我勉強接受的？
- 什麼是孩子從大人那裡所獲得的？

澄清以上這些問題，可以幫助你享受生命，而且這個愉悅的感覺是健康的。

在先前的段落中提到許多成人倖存者的感覺，他們對於「一般的」性關係、友誼、親密和信任，看法與其他人不同。他們不太知道什麼是關愛，或是無法相信真誠的關愛。就算沒有附加關於照顧和信任的議題，「性」本身就是一個令人混淆的主題。倖存者沒有什麼選擇——保持疏離，接受虐待是人際關係的一環，或是在他們認為「一般」的性關係中，接受其中沒有任何關愛、理解、溝通或信任存在。

健康的人際關係對任何人來說都是困難的，需要持續的努力，即使如此，還是有很多成人倖存者學習維持健康、令人滿意的關係，所以你也一定可以。但是這不可能獨自完成，這需要關係中伴侶雙方共同努力。畢竟，你第一次受到傷害及誤解是因為那時的你是孤立的。現在你必須在安全、歡迎且不批判的情況下去驗證你的思考、想法、感受和反應。你需要有人在旁傾聽，當你遇到困惑與害怕時給予支持。

你得開始認可你的正向特質，依據正確的訊息理解這個世界，並學習信任這些訊息。你將遇到信任你的人，而不是把你的經驗當作奇聞異事。你將需要去考驗、試探你對事情的理解，不斷地問自己問題。你將懷疑朋友是否會有耐性和興趣聽你說話，是否要進一步回應所有的問題，事實上，的確有些人不會想聽，但也有些人是能夠堅定地付出他們的關心。一開始，「信任」通常是緩慢且猶疑不定的——同時你可能又會進入舊有的模式，特別當你覺得離別人太遠或別人離你太近時。當舊的模式再次出現時，你可能會希望去除它或抨擊它。這種情況通常會出現在事情開始要好轉的時候，所以原諒自己有這些感覺。要理解，「信任」和「關愛」對你來說本來就是你不熟悉且備感威脅的事，所以你才會有那樣的反應。記得，你正在學習建立健康、信任、關愛的人際關係。

建立信任的速度和強度必須由你決定，你才是掌控復原工作的人，太快地改變容易有反效果，所以要信任自己對時間的掌握。倖存者在這方面有非常棒的敏感度，會知道怎樣是太快，哪裡需要加速、放慢或休息，要相信你自己的復原時刻表。允許朋友傾聽以提供幫助，朋友可以給你不帶評價的回饋及尊重你的身體界線，但也要允許朋友會犯錯以及和你有衝突，一段友誼怎能少了這些呢？要記得，錯誤不總是災難，意見不合也是友誼中很正常的一部分，你必須跟自己一再保證，困難能夠引領你理解與生出力量。

在人際關係中建立信任有不同的形式，就像你必須要調整分享你自己的想法、觀點和感覺的腳步和強度，你也需要全權掌握自己的身體。因為虐待讓你對自己的身體失去掌控，所以現在你必須全權決定自己在何時、如何以及被誰接觸。因為「接觸」在倖存者的孩童時期是被性化的，所以即使是不經意的觸碰，都可能帶給倖存者被威脅的感覺。不管是在怎麼樣無害的互動中，都要給自己自由決定觸碰的空間，如握手、搭肩。在任何情況下，朋友也不能用身體交換的方式來奪走你對自己身體的掌控（像是搔癢、緊緊擁抱、扳倒你或從背後抱住你）。假設你的朋友想盡量幫助你，你需要清楚地表示自己的需求，讓對方知道無論他或她的動機為何，這些行為都可能會勾起你過去那些不好的回憶。健康的規則並不是「不准碰」，而是「沒經過我的允許，你不能碰。」任何觸碰應該是經過雙方同意的，而且任何一方皆有權力決定在任何時間中止。如果碰觸或是有限度地碰觸帶來一些感覺，花一些時間去感受它，試著以不批評的方式去述說這些感覺。你越溝通對你越是有幫助。

當關係中已經有性的成分，清晰的想法與開放溝通自己的感覺以及討論什麼是虐待，就顯得更為重要。每個伴侶都必須決定什麼是自己可接受的範圍，當有疑問的時候寧可謹慎。如果伴侶想要的感覺讓你不舒服，那最好就不要做；如果你和伴侶有被虐待的感覺，那就去談談這些感覺。不需要因為愛而假裝你沒有這些感覺。虐待從來就不是愛的表現。你可以替未來多做些什麼，但是曾經發生的行為已不能改變。一個愛你的伴侶會和你溝通他／她的感覺，也會鼓勵你那麼做，像是會問說：「我可以這樣碰你嗎？」「這樣感覺如何？」「你喜歡如何被觸碰？」這些問題對於溝通、照顧和體貼伴侶的需求是適合且有幫助的。讓你的伴侶知道什麼方式是你覺得享受的，什麼方式是會讓你覺得不舒服的。開放的溝通會讓關係中的性經驗有更高程度的安全感與信任感。

克服恐懼及向他人伸出援手是不容易的，要刪除多年來的錯誤訊息和孤絕是需要時間的，錯誤和挫折也是不可避免的。但是你不需要一次就全部克服，也不需要一個人獨自面對，你需要很多的協助。學習以不傷害的方式表達感受是值得努力的，你的目標在於將親密和虐待的錯誤連結導成較為健康、溫柔的人際互動。建立和維持令人滿意的人際關係，是復原的首要目標。

【第十二章】復原是有可能的嗎？

我的眼睛是睜開的，但我希望我什麼都看不見。

——一個在復原工作坊的男性倖存者

復原是可能的，而且不只理論如此，是對你來說它是可能的。因為我跟成千的倖存者一起工作，並與其他跟倖存者工作過的治療師討論過，我們都見證了復原的真實！我們看到許多倖存者的成長和改變，他們創造出更健康、更滿意的生活。成長和改變是你可預期的，這不是快、慢或簡單的問題，而是真實可見的。

很多人向我尋求專業上的諮詢，因為他們知道我都是跟一些童年時期有過性創傷的成人倖存者（特別是男性）工作。他們來見我都是為了處理與虐待有關的議題，他們總是帶著一種急迫性。我們不難了解為什麼他們會有那樣的感覺。

倖存者多半從童年時期就活在痛苦和困擾當中，為了走出這個經驗，他們已經用了很多方法來幫助自己。有些人用麻痺自己的方式來處理痛苦（透過藥物、酒精、性、食物、上癮或強迫的行為），有些則透過宗教信仰、心理諮商、精神科用藥、通靈巫術、哲學、工作坊和自我成長。有些人透過不斷的工作，並讓自己與非倖存者一起相處，以避免想起痛苦的經驗。他們暴食或過度節食，他們修習瑜伽以尋求寧靜，他們透過跑馬拉松來放鬆，或學習武術來保護自己。當他們覺得無法承受時就企圖逃離，有些人一年要搬好幾次家。有些人改變他們的外表、工作、朋友及生活模式。有些人不斷地透過學位的取得（常出現在心理學或者助人領域）來獲得自我了解。他們逃避（或是追求）男性、女性、孩童、權威者、老人、朋友及情人。有些證明是有用的，帶來一些釋放、學習和舒服感，但還是有一些部分是失落的。他們不斷地嘗試，想找出一個可以擺脫感覺的方法。別懷疑，這些清單中有些對你而言是熟悉的。不論你試著用哪些方法、策略來幫助自己生存、忍受、認同、融入，或讓自己感覺好一些，我們都要為這些策略與努力獻上敬意！你不需要去忽略它們，而是正視它們幫助你活下來的事實。欣賞你過去為自己所做的一切，預備好去接受下一步的復原步驟。

當你在復原過程中，它必須是一個有意識的決定，需要透過很多的靈性探索才可到達。倖存者已經試著用每一個想得到的，如繞過、跨越或避開感覺的方式，但卻不得不承認要處理侵害及其造成的痛苦，唯一的途徑就是直接勇敢地面對，實際去感受那些不舒服的感覺。這並不是容易的事，即使沒有人因為感覺而死，但它確實可以讓人感覺像是要死了一樣。（有些人選擇了死亡，而不是去面對這個他們以為會是一輩子的痛苦。）它需要巨大的勇氣和決心，尤其是當你覺得沒有任何保證能說明這個方式會比你過去嘗試的方法更有效。復原計畫的初始不會讓痛苦立即減輕，事實上，在你覺得自己變好之前，會經常感覺到事情變得更糟了。而它會持續證明你已經走在從**倖存**到能夠**生存**，使生命更加豐富的軌道上了。

對於酗酒者而言，他的復原工作是必須先承認自己對酗酒是無能為力的。他必須走出想像自己可以控制一切的幻覺，如此才能帶來療癒。控制對於倖存者而言也是重要的。就像酗酒一樣，倖存者的復原必須要放棄嚴謹控制自己的感覺和熟悉的逃避方法。他會經驗到自己的保護屏障被恐怖、憤怒、悲傷感所淹沒。他必須冒險依賴他人的經驗、判斷以及關心。當感覺到不可思議的危險時，他可能需要思考、反應和採取行動。當一個倖存者第一次進到我的辦公室，他所感覺到的焦慮、緊張、害怕的程度往往是如此之高，會讓整個會談室充滿著暴烈的氣氛。他克服了想要取消會談或爽約的衝動，他也可能掙扎著要破門而出。我的第一個問題是「你覺得來這裡的感覺如何？」這樣可以讓他感覺被釋放，也更能確定自己所感受到的害怕——「他要強迫我去**感受**」。我會細心地傾聽他的回答，而且我會相信他。他給予我一些他焦慮程度的指標。

面對懼怕和不信任，倖存者決定往前。事實上，他可能感覺到已經嘗遍所有的方法，這是他最後能做的了。他並不想來這裡，是他需要來這裡，因此他必須來，而且知道這個過程是可怕與困難的。他希望能夠盡快地結束會談，回到昨天他習慣的狀態。可以理解地，飛快復原的期望是不切實際的。兒童性侵害的復原是個長期、持續的過程，是需要時間的。我也期待有其他可能發生，但我知道沒有其他的路。（我的辦公室裡有很多「魔法棒」，我希望揮揮棒就能讓人實現願望，解決問題。但這個魔法棒似乎有些缺陷，只偶爾引發了他們的笑意，可能這樣就值得了吧。）雖然我了解個案急迫的感覺，我試著不受他影響。我試著幫助他們了解復原歷程的真實樣貌，如此他們對復原才會有切實的期望，才能忍受復原的陣痛！他們同意會談的架構、規範和再保證。他們對復原不再過度想像（「其他的人已經通過這一切，表示這些對他們非常有效，所以……」），而是放入實際會有的恐懼。這個看法允許他們為自己設定特別的、真實的目標——一些在以前是不可能的東西。

除了沒有耐心之外，倖存者在復原過程中還會經驗許多憤怒和怨恨（「我還要去經歷這麼多的痛苦真不公平！畢竟我已經是個受害者了。加害者都不用花錢、花時間去面對他們傷害他人的痛苦感覺。這都是他／她的錯！」）這些感覺很不幸地反應了事實，如果倖存者等待加害人的道歉、悔改，他可能要等一輩子。事實上就是不公平，他需要知道復原必須靠自己。（這並不是說他必須孤獨地面對這個歷程，而是他的復原並不能依賴任何人採取行動或者不去行動。）

我對於那些勇敢面對復原的人，所能給予最重要的保證就是，這段探索歷程雖然痛苦漫長，但是不會永不停止。有些時間可以休息、釋放及享受快樂，復原是可以在幽默與人性化裡展開的。有些時刻可以加速前進，有些時刻適合停下來回頭看，消化自己的歷程以得到一些觀點。當感覺太過氣餒時，可能就是需要休息或慶祝的時候了。畢竟，復原工作有一個很重要的部分是學會對自己好一點。當你接受這個事實，亦即感覺好是沒關係的，享受生命便不再是遙遠的目標——這只有在「完全復原」之後才可能被理解。你可以先設定小一點的目標，學會放下**不是全有就是全無**的思考。享受生活不表示復原會隨著時間失效，相反地，享受快樂代表參與生活，這是復原正在發生的證明！

一旦復原開始，你接受它是真的，你會開始看到改變的發生。即使只是初步驗收這個改變（「嗯，我並不確定我相信你，但是你還沒有騙過我」），可能代表你跨出了很大的一步。這並不是一個老的、僵化的，想要絕對控制的需求。相反地，這是了解到人有能力做出決定，以及有能力付諸行動。這是一個重要的洞察。改變生活似乎是很難的——似乎只有其他人，健康的人才有可能做到，雖然你可能還沒有完全感受到它，但是你現在已經預備要從原本的孤立狀態走出來了，你已經為你的生活做出決定了。

接受改變是可能的，但是想要馬上改變一切的渴望是很難掌控的。雖然你可能以驚人的速度在改變，但是你的感覺像是事情進展的速度不夠快。當你想要生命中的「每件事情」都變得不同的時候，你怎麼會感覺到「小」改變是舒服的呢？如果這份熱情失控就會帶來失望。不要落入不是全有就是全無的思維。不真實的期望會帶來失敗。要實踐健康的生活，你必須決定那些是真實可行的目標。你需要他人的協助以檢核、設定自己的目標。這會幫助你除去孤獨感，並提供一種對事情合理的觀點。設定合理的目標使得這些目標有可能達成，如此成功便是建立在成功之上，每一次成功地到達目標是未來復原的證據。它可以使復原聚焦在復原的歷程。

焦點 Focus

干擾復原的四個迷思

我認識一個聰明絕頂，具有自我省察能力的男性，他常常說自己是個「笨蛋」，因為他無法用自己的方法來思考受虐的過去。

男性被教導要用邏輯和理性思考來解決任何問題。這是個持續和令人挫折的錯誤訊息，它阻礙了男性的復原。

如果遭受性侵害的兒童能夠清楚獨立的思考，那麼大多數人早就可以從他們的孩童創傷中走出來了。這個方法行不通不是因為智力的問題，而是需要其他的邏輯拼圖。

大多數的男性都會合理化自己否認或弱化侵害的方式。他們「認為」實際狀況不是那麼糟，或者他們所感覺到的痛苦不是那麼恐怖。他們對於要採取下一個「合理的」步驟來理解他們的情境充滿敵意，深怕有什麼東西可能會被挑起。對於男性倖存者而言，極為重要的一步是放下這四個迷思：

迷思一：脆弱易感＝軟弱

迷思二：僵化、固著＝力量

迷思三：安逸＝安全

迷思四：在控制中＝負責

很多男性在談論關於「害怕成為脆弱易感的」時候，聽起來就像它是個可怕的缺陷。男性擔心的是，如果他們允許自己是易感的，會引發出一些事——無法控制的破壞力會被解放，性格裡可怕的一面會顯現出來，開放自己會引來更多的虐待——因此男性倖存者會保持緊繃，以控制自己的情緒和行為。

他可能企圖採用一個僵化、沒有感覺、沉默、自大、大男人的形象，亦即我們文化中對於「力量」常出見的錯誤概念。倖存者知道這個姿態並不是真正的力量，但是那已經深入他的心中。如果他真的這麼強壯，為什麼他感覺到像孩子一樣的害怕呢？

真正的力量是讓自己冒險處於脆弱易感之中，它不是一個弱點，而是人的敞開與打開。脆弱易感是指開放自己去感覺痛苦，以及去看著那個不舒服、不快樂的真相。這是讓自己放手，放下對於情境掌控的需求。這意味著把自己展現在他人面前，而且邀請他人回應，允許自己被感覺——發現自己可以安全地經驗令人不舒服的情緒，比如悲傷、害怕、生氣、羞愧、困窘，甚至是喜樂。

感覺並不是敵人，它是重要的療癒資源。長久以來，你已關掉你的感覺，你一直維持僵化的姿態，所以它需要時間和勇氣去重新打開。解開迷思和走出情緒的疏離，能提供你「徹底全面思考」的真正訊息。

當過去錯誤的訊息相互抵觸時，你將會看到在僵化底下有個微弱的力量，它企圖去描繪你不曾覺得自己擁有的力量。你可以冒險去經歷這份脆弱易感，去了解它呈現出的真實力量。舒適和安全有它們正確的意義——所以你會發現真正的安全不是舒適的幻覺。學習「負責」意味著要對特定情境的需求予以靈活地回應。停止使用「僵化的控制」這個替代品，因為它使你誤以為這會提供力量和安全感。

整體而言，以特別的方法為自己的人生負責，以及透過向外尋求支持，會呈現出有力且深遠的成長。這會使其他的改變成為可能。你可以看到自己的因應方法是如何使你卡在其中，你會知道如何用比較健康、能帶來滿足的行為來取代舊有的方式。當你改變了你對人生的看法，你便會開始質疑你其他的假定。你會接受這個世界不是全然危險的，你可以與他人一起探索，區分真正的危險與非理性的恐懼。你會注意安全的界限，要怎樣設定和保持它們。你也學習「核對」感覺。你發現你可以談論自己的想法，而不再是「心思的解讀」（你假設自己知道別人的想法，而且你從來沒去深究這些假設是否正確）或者「分化」（相信你是世上唯一擁有這些感覺和知覺的人）。你會發現其他人會分享你的感覺、價值觀和觀點。復原帶來更多的包容與參與。慢慢地，有時候只是一小步，你可以完成巨大的成長與改變。雖然不總是那麼戲劇性，但是復原是真實且令人印象深刻的。

story

保羅的故事

六十二歲的保羅，證明了復原是真實且永遠不會太遲的！隨著邁向復原的一大步，他描述了當時的感覺。

就是今天，在聖塔克魯斯（Santa Cruz）的男性倖存者工作坊之後，趁我的反應和感覺還很鮮明時，我想要寫下這些——如果我拖太久，恐怕它們會逐漸消失，所以現在就開始。

我現在正坐在我的花園裡，一個漂亮且寧靜的地方，充滿了花、橡樹，周圍環繞著高大的蒙特雷（Monterey）松樹。我正聽著貝多芬的音樂，享受來自隔壁的兩隻貓的陪伴。這個片刻我非常寧靜，不像今天早晨開車回家時一直哭泣。事實上，工作坊期間我就想要流眼淚了——我還記得自己因為「缺乏控制」而有些羞愧，但是我對於這些眼淚的看法是不斷地改變著。它們是**我的**眼淚，表達出**我的**悲傷，我試著能為自己以及能**和**我的小孩一起哭而心懷感激。我在車裡無法控制地哭了一段時間，然後奇蹟似地，我開始對著當我還是個嬰孩時的**照顧**者憤怒地喊叫。我說「奇蹟似的」，是因為我一直無法表達我的生氣和憤怒；我可以表達痛苦、恐懼、悲傷，但是我對自己和他人的憤怒有強烈的恐懼感。當我在車子裡用盡力氣尖叫發怒之後，我經驗到一小段的釋放，一種被自己充能的感受！我一直流著眼淚，直到回到家才恢復平靜。接著，我打了一通很長的電話給一個女性倖存者的朋友，她耐心地允許我釋放所有因工作坊而釋出的眼淚和感受，她沒有試著要「修正」我，她只是傾聽以及跟我分享她自己生命故事的一些相似經驗。這個工作坊**就是**一個禮物——能傾聽其他男人的痛苦、悲傷、快樂和希望，這些都觸動著我——在很短的時間裡，我走出我的「理性主義」、浮誇，並打開我的心（眼淚又開始了）。其間，其他男人，不管是異性戀或同性戀者，他們的觀點、耐心、開放、合作，真的讓我很感動。我認為，跟這些溫和、受傷、心碎的男人們的分享，肯定有助於我的復原，更不用說工作坊帶領者所用的溫暖、支持的技巧了。在工作坊的課程期間，我感受到被巨大的愛包圍，我已經很久沒有感覺到這些感受了，它被我埋藏已久。我也幾乎放棄去感覺或者表達愛，我對於那個字的意義沒有概念，畢竟經過那麼多年接受著他們（加害者）的「愛」。

我不能了解為什麼在工作坊結束後，我沒有經歷到興奮感。我不知道自己是從哪裡得到這樣的想法，我認為**應該**要感覺興奮！我只是很簡單地接觸自己的**感受**，我更能夠釋懷，我沒有帶著任何的譴責或阻礙去**感覺**。所以現在，我對這個歷程抱持著希望和信念。我祈禱自己有勇氣去面對每個白天（和每個夜晚）可能會經驗到的痛苦、或是由於揭露這些感覺所帶來的不舒服——工作坊的帶領者曾提醒過我們，過去的上癮行為會回頭來引誘我們（我的是酗酒、色情與性），而我記得我搖著頭說這是不可能發生在我身上的（更加地浮誇）。在經歷過去三天（工作坊前一天、工作坊、工作坊後的今天）有如乘坐情緒的雲霄飛車之後，我已經改變了我的想法。我開始禱告說要自己有勇氣走過這個復原歷程，也要去找尋適當的人和資源，就如我所知的，我無法獨自做到。當然，我**想**要獨自去做，畢竟我過去是獨自倖存下來的，但是這個孤獨的感受已經變得不舒服而且令人難以忍受了。

我知道復原永遠不會「太遲」，而且我現在感覺到希望。我的目標是去愛與珍惜「小保羅」，好讓有愛的、能照顧的和有創意的成人保羅出現；最終，從所有那些羞辱我的「照顧者」的過往經驗裡得到釋放。我想要將所有的羞愧歸還給那些**照顧者**——因為他們罪有應得，它從來不屬於**我的**。

我確實希望這些不只是白紙黑字，我祈禱自己對這個是認真的，而且在復原的歷程中堅定不移。PS：一個成年男人抱著泰迪熊的圖像，至今仍然跟著我。

一個充滿愛的倖存者，

保羅

【第十三章】

打破祕密

「家人之間沒有祕密，只有否認。」

——泰瑞・柯勒格（Terry Kellogg），家庭系統專家與作家

虐待不斷發生，是因為我們沒有說出來。即便有家人、朋友、鄰居的關心，還有相關兒童法令的保護，只要有人守口如瓶，兒童還是會成為性侵的受害者。透過公開討論可降低兒童性侵害的高發生率是可確定的。

我在寫這本書之前，先請幾個人看過我的大綱並留下建議。在談到「保密」時，一位倖存者寫下：「為什麼人們對此主題難以啟齒？為何受害者不只在自己受虐的家中，甚至連長大後都無法與朋友討論此事？對受害者而言，被虐待過就好像罹患癌症一樣，不僅受害者不想承認，其他人也不想面對，好像擔心自己也會被『感染』一樣。我想答案顯而易見，將一些細節說出來並不會有傷害。」我不知道答案是否「顯而易見」，但

我知道如果能更公開、頻繁、仔細地討論，勢必能大有進展。

為了建立一個可以虐童的環境，加害者必須確定事跡不會敗露，所以第一步就是確認受虐兒童不會告訴任何人。加害者有許多方法能讓孩子對自己的受虐絕口不提，例如直接威脅孩子說出來後果會不堪設想。加害者可能會告訴孩子，如果把事情說出來，他或她會被關入監獄、被他人施暴甚至是被殺害——乍聽之下這似乎能讓孩子說出實情，但我們必須記得，加害者往往是受虐兒童的重要他人。光是因為害怕失去加害者，就足夠讓孩子願意保持沉默。加害者也可能會威脅或甚至實際傷害孩子或其家人，許多受虐兒童為保護兄弟姊妹或家人，選擇不吭聲地忍受虐待。

如果加害者有能力的話，還會將被害者隔離起來，讓他們無法告狀。加害者會因忌妒，不准被害兒童與玩伴聯繫，之後甚至不准他們約會或參與其他社交活動。在一些極端的案例中，施虐者會將孩子囚禁起來，會對孩子說這是因為要懲罰他不乖、不聽話。身體與精神上的隔離跟暴力一樣，讓遭受性侵害的兒童受到另一層面的傷害。

加害者可能會告訴孩子不會有人相信他說的話。如果他告訴別人，別人會認為他在說謊而懲罰他。很不幸地，這往往是真的。大人通常不願意相信自己認識的人會去傷害孩子，因為他們自己的否認（或是有時候透過困惑、無助或恐懼），認為這個故事是孩子因為害怕、過度活躍的想像而編造出來的。甚至孩子會因為「捏造如此可怕的謊言」

而受罰。這讓孩子更相信自己是壞人，必須將「真實的自我」隱藏起來。即便孩子信任的大人相信孩子所說的話，也可能因為過於害怕、困惑或沒有興趣，而沒有採取適當的行為。孩子很快就理解到，除了接受現況別無他法。他了解到與其試著阻止受虐而不斷失敗，倒不如接受虐待還比較省事。既然沒人願意伸出援手，孩子認為最大的希望就是靠自己的行為讓虐待程度減至最低，也就是使受虐時間減短，暴力強度減緩。

加害者不一定只用威脅或暴力，也會實際賄賂或口頭保證讓受虐兒童守口如瓶。孩子接受禮物或特殊待遇（賄賂不一定都是物質形式），因而不說出自己受虐的事情。這樣的孩子在成長過程中會覺得自己是虐待的共謀者或是娼妓（這似乎已成為自我應驗的預言，因為多數娼妓都有被性侵的歷史）。孩子也不會將收到的禮物單純視為賄賂。一位倖存者表示：「當你一無所有，任何微不足道的事物都讓你覺得快樂。」

另一個可確保受虐孩子保密的方法是扭曲虐待的本質。孩子因為渴望愛與安慰，因此容易聽信大人的保證。施虐者往往會告訴孩子，「這是我們之間特別的祕密」或「這就是父親對兒子的愛」。等到孩子發現被騙了之後，往往因為感到羞愧、害怕、無助，而不會將實情告訴他人。我有一位案主花了多年時間克服自己的憤怒與失落感。當他發現有其他受害者時，深深地覺得自己被背叛了。「他總是說我是獨一無二。現在我終於知道這只是他欺騙我的另一個方法。他從未關心過我。他只是在滿足自己的欲望罷了。」在了解這點之後，這位男士終於可以擺脫受虐所造成的幻覺，而繼續過他的生活。

孩子對「家庭忠誠」的錯誤認知（有時是施虐者所教導），也進一步地讓他守口如瓶。一個家庭當中有虐待情事發生時，往往被當成家庭的祕密。可敬的表象能有效地掩蓋家中的混亂。無意之中，這整個家庭會合作犧牲一或多個受虐成員，一旦亂倫行為被打斷，家中的和諧（基於虐待系統所帶來的和諧）也被破壞了。

為了讓療癒能在家庭的脈絡裡發生，所有家庭成員都需要幫助。這需要時間、資源與承諾。家庭破碎是很常見的，有時候會歸咎於受害者，會將他趕出門。我們的社會很少獎勵「告密者」。發生亂倫的家庭，通常選擇睜一隻眼閉一隻眼，也不會善待堅持要全家接受治療的家庭成員。越多成員不計代價，堅持要揭穿和平假象，就越能得到療癒。然而常見的情況是，每個家庭成員會繼續忍受虐待，直到受不了而想逃出為止。受虐兒童學會保守祕密，連跟自己的兄弟姊妹也不會討論。但其實兄弟姊妹也很有可能是受害者。成人倖存者若選擇打破家中沉默帶來的和平假象，往往會被視為家中的問題。

「你真是個難養的孩子，總是不快樂，沒有什麼能滿足你。」

「你不知道什麼時候該閉嘴。」

「你就不能裝作沒事嗎？」
「原本都沒事，都是你害的」

如果你聽到這些話，千萬不要被騙了。問題很早之前就發生了。這個家庭一直都有問題。你也知道如何閉嘴，因為你已經守口如瓶好幾年了。指控你是難養的小孩，其實就默認了虐待帶來的影響。問題不在你身上，問題在於兒童性侵害及其影響。要處理這問題就必須要先承認、面對這問題。

受虐兒童長大後成為懂得保密的人，他會對一切守口如瓶，就算是無害的小事也不會透露一點訊息。與他人分享令人羞愧的祕密對他來說更是危險。他已學到教訓，認為自己有瑕疵，所以保守祕密，不讓他人知道他有多麼糟糕。保護加害者在被害者心中留下很大的陰影，即使加害者過世或不再是個威脅，他仍會持續保護加害者。他確信「正常」人聽不下去他的故事，因為太過令人震驚、作嘔與害怕，其他人只會嘲笑、排斥甚至是可憐他。所以他認為將事情說出來毫無幫助。

與其他倖存者討論時，他也有保持沉默的理由，像是「我的故事不重要」或「我的故事太可怕，還是不要說好了」。他認為別人對他受虐的詳情沒有興趣，或只會從中得到病態的樂趣。最後，雖然邏輯告訴他已無受虐的危險了，他還是感到非常害怕而不敢冒險。打破祕密是最令人害怕的事，但也是自陰影中復原最重要的第一步。

焦點 Focus

找回自己的聲音

「談論亂倫比亂倫行為更被視為禁忌。」

——蘇利雅（Maria Sauzier）醫生

下列情況並不令人意外：

- 亂倫倖存者的全國性支持機構自稱為「行動的聲音」（VOICES in Action）。
- 倖存者對高分貝的聲音或講話大聲的人會感到擔心與害怕。
- 倖存者往往無法叫喊或大叫。

兒童性侵加害者必須使受害者保密，讓他們無力反抗，使其可以繼續施暴。許多倖存者都記得，如果他們大聲反抗，只會造成不斷被性侵的惡性循環。受害者長大之後，講話大聲點就會覺得自己在辱罵他人；別人講話提高音量，他就覺得整個情況好像失控般危險。

當我跟新的案主談話時，都會特別留意一個常見的情況。這個情形發生的機率目前尚無相關的研究，但其他從事創傷復原的醫生一聽到我的描述，立刻就認出這個狀況。我將其命名為「聲音」（The Voice）。

倖存者講話語調緩慢、慎重、鎮定、平靜。他們講話輕聲細語又好聽，加上用字精確（就連教育程度低的倖存者選字也相當精確），具有使人鎮定、甚至是催眠的效果。

若我覺得與我談話的人正在安慰、傳送「語言訊息」給我，我會懷疑他是否有受虐的紀錄。如果我要費力聽、把椅子拉前靠近，甚至請說話的人再說一次，那麼他很有可能是倖存者。提高音量、表達情緒的互動會讓他們感到不安。「聲音」代表講者試著安定可能具有敵意、危險的情況。「聲音」被用來防止怒氣失控。

男性倖存者害怕不受控制的怒氣會傷害自己或他人。他們擔心一旦將怒氣發洩出來會造成毀滅性的傷害。「我的憤怒一旦引爆可能鬧出人命。」他們擔心即使只宣洩一小部分，也可能一發不可收拾。

在我治療團體裡的男性初次宣洩（表達）怒氣時，不管對象是施虐者、家人、領導者或者是其他團體成員，他們都確信後果會相當嚴重。一個嚴酷的詞語就如同嚴重攻擊一樣。要過一段時間他們才會了解，強烈的字眼與生氣的語調並不等於是辱罵。

一個人的聲音足以代表他這個人，因此聲音在倖存者生命中扮演重要的角色。治療團體內的一位男士表示，感覺似乎「大家都能聽到我心中的對話。我感覺自己好像講個不停。」—（其實他鮮少發言，泰半時間都在仔細觀察並聆聽其他成員發言）」另一位倖存者說，他在害怕時會說不出話來。幾位成員則表示使用自己的聲音來「控制」他人。

在復原過程中，找到你（實際與象徵上）真正完整的聲音是重要的一環。你可能需要花時間重新學會吼叫（如果想到吼叫使你害怕，那麼更勢在必行）。獨自在家時可用完整的聲音講話。洗澡時試著大叫幾次。

自己練習過後再找機會試試。問問朋友你是否能對他們練習大叫；在個人療程或治療團體中，試著提高自己的音量並注意所引發的感覺。練習吼叫時，可以使用枕頭或別人的肩膀悶住聲音。（有些案主建議，在高路公路上開車、或讓海浪、森林蓋住自己的聲音，這樣的吼叫比較舒服。）開始時先練習發出聲音，或喊出單字或句子。

當你更習慣重新拾回的聲音之後，試著在言談中加入感情。過程當中如果你哭泣、發抖或大笑，都不要感到驚訝。別讓這些感覺阻止你，用最大的音量繼續吼叫、發怒、哭泣與大笑。學會這麼做之後，你就能體驗到用完整的音量述說自己故事時的喜悅。當大聲表達出對加害者的憤怒時，你會覺得生氣蓬勃。

更加習慣使用聲音表達之後，你會發現每天講話有力、充滿自信。最後你會找到發揮聲音的機會。你可幫助他人找回他們的聲音，或者在生活各方面中講話都更有力。不論你選擇哪條路，我都要鼓勵並恭賀你能以完整的聲音繼續復原之路。

當（曾經）被虐待的人問該怎麼辦時，最好的答案就是「找人傾訴。」倖存者與其治療師認為這是復原最重要的第一步。要找人傾訴、訴說你的故事並且打破沉默。

這聽似簡單卻難以做到。受害者要打破沉默，必須先違抗多年來被孤立時所受的教導。你可能已經試過卻沒人相信，因而被冷落或懲罰。你不會輕易嘗試說出實情。如果別人仍不相信你、或認為你很怪異或是病了，這該怎麼辦？現在說出來又有什麼幫助？雖然心裡仍想保持沉默，你必須選擇該跟誰傾訴。最簡單的答案做起來往往比聽起來困難。不是每個人都願意或有能力傾聽性侵的故事。有些人的反應沒有幫助，甚至還會傷害到受害者。有意幫忙的人，聽到陳述之後不一定有資源或能力幫助受害者。

所以該告訴誰呢？有時答案顯而易見。遇到有人提到虐待這個主題，或承認自己是倖存者，你就可以直接跟他們分享你的經歷。越來越多的書籍、文章、電影與電視節目討論這個主題。姑且不論節目品質，這些節目提供適合討論此話題的氛圍。你將祕密藏在心中多年，欠缺的就是最後的催化劑。任何在你旁邊的人將可能最先聽到你的故事，有時候甚至是一個陌生人，這並不罕見。你可能對公車上坐在旁邊的乘客，或朋友的朋友說出心裡話。這可能是因為那個人或當時的情況，讓你覺得可以說出來。但誰又知道真正的原因呢？或許正因為不認識、不知道對方，才讓你能夠放心地說出來。

你該告訴誰？答案一定是「某人」、「任何能說的人」。打破沉默時最重要的不是傾訴對象，而是你找人說出來。你必須打破沉默，克服恐懼與害怕。重要的是你開始做，而不是從何開始。你不用等待最佳的傾訴對象或環境。找人說出來，如果他或她不願意聽，再找別人。學會習慣傾訴，盡量與人分享。如果你持續受虐，更要找人傾訴直到有人伸出援手為止。如果性侵害已經結束，但仍影響著你，你也要討論這些影響。你會找到能傾聽的人。世界上仍有許多人願意幫忙，多到讓你驚訝。

不要擔心故事內容，無須說出所有細節，因為你自己可能也不清楚。最重要的是要開始向外求援。只要能跟人談談，就是很好的開始，「我發生了一些事情」，如果你目前只知道這點或只能說出這句話，這也就夠了。如果你知道的不多，你也可以說「感覺我像身處危險之中」。只要說出一次，一旦話傳了出來，很多人開始留意之後，消息會流傳得很快。

打破沉默並不意味著達到終點，更重要的是持續這個動能，要不斷地、重複述說自己的故事：

- 讓故事對你更加真實。
- 強調這故事很重要。
- 改變焦點，以其他角度看待你的經驗。
- 準備好讓其他感覺浮現。
- 以真相提醒自己，認清說出受虐事情會導致嚴重後果其實是謊言。

不論聽眾是否在乎、了解，倖存者每一次說出受虐的故事，都能協助療癒；每重述一次，就能回想起更多細節。童年的記憶被重新憶起不一定令人舒服，但相當有幫助。說故事時若能加入更多感情，就能想起更多。倖存者剛開始述說自己的故事時，音調往往平淡、無生氣，聽起來只是在陳述事實，好像在講課一樣，這顯示他們有多害怕討論虐待這件事。倖存者相當害怕會宣洩出強大、痛苦的情緒，所以嚴格控制自己的聲音（與感情）。講話不帶情緒是因為他試著與自己的情緒保持距離，他會以輕鬆、隨意、甚至是開玩笑的方式講述，並再次向聽眾保證，無需擔心與認真看待故事的內容，他似乎在說：「不用擔心，我不會失控，事情沒那麼嚴重。」但這只會讓聽眾更加困惑：故事的內容令人震驚，但講者卻如此鎮定輕鬆，不帶任何情緒，到底該相信哪個部分？不要因為擔心引起聽眾困惑而停止，故事本身呈現的方式並不重要。如果對方感到困惑，之後可以再為他們解答。眼前最重要的是用任何方式將你的故事告訴他人。

在你較能自在地討論受虐的情事後，你講的故事將帶有更多的感情。一開始可能會流淚、緊張地傻笑、輕輕地聳肩，你逐漸能將情緒與自己的遭遇連結起來。這是一個信任的練習。有些倖存者學得很快，有些可能需要幾年的時間才能建立足夠的安全感。有些人在講自己的故事時會啜泣、發抖甚至是發怒，有些人在講述時會有一種「奇怪的感覺」，然而跟多年毫無感覺的情況比較起來，這已是很大的進展。不論你有什麼情緒，都要鼓勵並為自己打氣。情緒正是幫助你復原的潤滑劑。所有倖存者（包括你）都應一直重複述說自己的故事，盡量說出所有能記得的細節，投入你所有的情感。硬逼自己擠出情感是沒有用的。當你有足夠的安全感，這些情感會自然流露出來。

當你初次講出受虐的事情時，你會感受到強大卻又彼此衝突的情緒。你可能害怕你或你所愛的人受到傷害，你可能認為自己背叛了親近的人，你可能覺得即將崩潰、發狂、陷入憂鬱、恐慌發作。長久以來你一直保守著祕密，現在做出改變勢必會感到困惑、失去方向。說出實話並不容易，但這些影響只是暫時的，療癒會逐漸有所進展。

總結來說，說出祕密有幾個重要的原因：

- 如果你仍持續受虐，講出來能阻止受虐。這也能鞏固家庭，並幫助全家療癒。

- 說出來能讓受害者不再被隔離，並且獲得支持。得到支持之後，你會學到並非所有的信任都會被濫用。你能學會信任他人。
- 打破沉默讓你重拾感覺，幫助你療癒傷口。
- 講述自己的故事能幫助你重新掌控生活。這讓你更有自信，而自信對復原是很重要的。
- 說出來有助於幫助民眾了解兒童性侵及其影響。幫助人們更能回應復原中人的需求。
- 為他人鋪路，幫助他們能說出自己的故事，以再次確認他們不是孤單的。

一旦你打破沉默，就已踏上復原之路。虐待的模式已被破壞，一切都將隨之改變。

story

艾德的故事

在面對家人否認、抗拒真相、粉飾太平時，艾德的故事充滿勇氣與堅持。在二十三歲時，他決心面對性侵，也為他人提供療癒的模範。

我九歲時被我大哥性侵，當時他十五歲。一切如同昨日般歷歷在目，因為初次發生時就被我母親發現。

我的哥哥爬到我床上，開始撫摸我，我不知該如何是好。我既害怕又興奮，有誰九歲就知道「性」？我躺在床上任我哥擺佈。我當時認為，我哥知道自己在做什麼，而且不可能做錯。他是我的大哥，我信任、尊敬並且愛他。我當時不相信他會傷害我。我真是錯得離譜。

我母親來到樓上房間，抓到他在我床上。她立即叫他下床到樓下。我母親沒對我說任何話，但她的眼神足以告訴我大錯已經鑄成。

當天稍晚，我母親把我拉到一旁，跟我說如果大哥再犯，我應該立即跟她說。我向她保證我一定照辦。我真希望我有信守這個承諾。因為如果有，我現在就不需要寫這篇文章。但我大哥繼續他的獸行，而我卻隻字未提。

當大哥又來騷擾我，我將他推開，告訴他母親所說的話。他告訴我他的行為沒有錯，所以我不應該跟母親告狀。這是我們之間的祕密。我不知該如何是好。難道是我母親錯了？大哥說是母親錯了。我尊崇大哥，所以我告訴他我不會告狀。我不想傷害我的母親，我知道一旦她發現這件事，我就傷害了她，因為她會對我生氣。這是我哥跟我說的，而我相信他。

我九歲就學會了性這件事。我十歲就在幫人口交。其他孩子在外面玩玩具槍時，我在學習如何取悅男人。我學會如何當一個「女人」。

我哥喜歡幻想他是男人，而我是女人。我其實無所謂，當我活在這些幻想中，我不是我自己。被性侵的不是我，所以我感受不到痛苦。我心裡築起一道高牆，保護我不受到傷害。每當我立起這道高牆時，我毫無感受。現在我還會使用這道牆。一旦高牆聳立，就沒人能夠進來。

很不幸地這道牆的效果不如我預期，我很快就開始有不好的感覺。罪惡、羞愧、生氣、受傷，我因這件事情痛恨自己。開始怪罪自己讓這一切發生。我恨自己，因為我喜歡這一切。有時候我甚至很享受，但享受的感覺通常只維持短短五分鐘。

但因為我也喜歡，所以我更加痛恨自己。如果是我主動去找大哥，事後我一定會哭泣。我告訴自己絕對不會再發生，但還是發生了。每次我都在欺騙自己。

有天晚上他帶朋友來家裡，告訴他們我很會口交。我必須幫他朋友們口交。當時我才十歲。我開始跟一些表兄弟、姊妹發生性行為。有時我主動，有時則是他們。我對其他家人也有性幻想。當時我不懂，以為跟家人發生性行為很自然。

我十二歲時浮現自殺念頭。我當時已知道這一切是錯的，我已無法承受，我想結束生命。我說服自己死了會比較好。自殺應該很容易，對吧？錯了，我不知道是否是因為求生的本能，每次要下手時我都會退縮。我到十六歲時才真的動手割傷自己，但我又因怕死而退縮。有一次我爬到車子裡，搖起所有車窗並發動引擎，開始沉睡。幸好有些朋友找到我，勸我打消自殺的念頭。但之後我還是常常想要了結自己的生命。我當時決心遲早要結束這一切。

我想辦法讓我哥對我失去興趣。我一直都表現得很憂鬱，但這阻止不了他，所以我轉向食物的慰藉。「吃」在我憂鬱時對我有些幫助，不僅讓我感到稍微快樂一點，也讓我在進入高中時增胖到五十四公斤。

在我念書的十二年間，我哥從未中斷性侵我。高中時期最為嚴重。我覺得我跟其他人非常不同。周遭朋友沒人跟自己的哥哥混在一起，只有我。有誰會了解？我高中時體重將近一百三十六公斤，所以別人取笑我時都說得很難聽。

當然我也因此更恨自己。我有時會哭著回家，或含著眼淚。有時我會跟母親講學校發生的事，她只是叫我不要理那些同學。我想我母親從未真正了解學校的同學傷害我有多深。

我開始去見學校的諮商師。他人很好，但因為他是男人所以我也不信任他。一位男人傷害了我，所以我當然不會相信男人。我從未告訴他我在家裡的遭遇。

當我終於尋求他的幫助，告訴他我想自殺時，他將此事告訴我母親。母親問我原因，但我說不出口。我跟她說是因為學校同學都很壞。她只是要我別理他們。之後她去逛街回來，拿隻白色小海豹的填充玩偶給我，跟我說：「別以為你的問題很大，想想看這隻小動物悲慘的經歷。」

這件事情到這邊告一段落。但我從未停止想過自殺，我哥的亂倫行為也沒有結束。高中四年我都被他利用。不論白天或晚上，家裡有沒有人，他都會侵犯我。

若有其他人在家，我會禱告希望有人發現我們，讓這一切能結束。但我哥知道自己在幹什麼，他確保沒人有機會發現我們。

如果沒人在家，我更確信我哥一定會來找我。有時候我自己也希望這樣，因為有時我也享受這一切。「享受」嗎？其實不是真的享受。當我年紀稍長，這是我唯一的性知識。當我性饑渴時也只會找大哥。當中沒有一點快樂。我會一直做到高潮為止，然後就結束了。在我高潮之後所有情緒都會浮現，罪惡感是最強烈的。就算現在我跟伴侶發生性行為，我也要他先達到高潮，否則我就無法繼續。

我們有許多不同開始的方式。如果我在床上睡覺，我哥會來開始搓我的腿，之後往上摸到我醒來。在我搬出家裡之後，第一次有人這麼對待我時，我當時應該有從床上跳起來並且對那個人尖叫。

如果他回家時我醒著，他會跑來我房間，躺在我床上。我也會假裝回到房間找東西，他會從我背後過來，雙手在我身上游移，開始撫摸我。

有時候他會敲我們兩個房間之間的牆，這就是要我過去他房間的暗號。如果我在洗澡，他會進來浴室拍一下浴簾，叫我擦乾身體然後準備好。所謂準備，就是到我房間去，一絲不掛地躺在我床上，等他進來。

如果我們全家出去渡假，我哥與我會住同一間房。最後我們會睡同一張床。我的二哥則會睡隔壁那張床。當時我不認為他知道發生什麼事，現在我想起來，其實他是知道的。我們之間也發生過一次。他只比我大一歲。當時我們在他臥室，我幫他口交。我不記得是誰主動，但就這麼發生了。

我想要結束這一切卻無能為力。有幾次我跟我大哥說「夠了」，但卻還是繼續發生。有一次他試著跟我肛交，我開始哭了。我真的受夠了。他問我怎麼回事。我不敢相信他會這麼問。我告訴他不能再這樣下去，這是錯的因為我們是兄弟。我將身體掙脫開來。他看著我，跟我說「我們不是兄弟，是戀人。」

我嚇到了。我大哥將我視為戀人。我回答說「絕不可能」。我必須離開或殺了他。我要結束這一切。我必須這麼做。整件事對我的情緒傷害很大，而我想要自殺。

有三個月的時間都沒再發生過。但有天晚上他來我房間，又開始侵犯我。我也沒有反抗。我不知道為什麼無法阻止這一切。為什麼我無法直接跟他說他是個混蛋，然後走開？或許我永遠無法得知答案，但當時我無能為力。

當我哥告訴家裡他要結婚的時候，那天是我人生最快樂的一天。如果他要結婚就代表他必須搬出去。我晚上睡覺時，再也不用一直醒著，擔心他會進來我房間。再也不用找其他去處、擔心我父母出門後要如何反抗他。我終於可以過「正常」的生活。

他單身派對那晚，我們發生性關係。我們必須開車載別人回家。我是為了我母親去的，因為她不希望我哥酒後開車。

回家的路上他拿出一根橡膠陽具。我發出痛苦的聲音，只有痛苦能形容我的感受。我根本不想要跟他做。我受夠了。他將那根放到我嘴邊，叫我吸。我不想照做，但當時我們在空無一人的街上，我很擔心如果我拒絕，他會對我不利。我當時很怕他。我吸那根橡膠陰莖一陣子後，他叫我吸他的。

當我幫他口交時，我想把他的陰莖咬掉。想到他過兩天就要結婚，卻還要我滿足他的獸欲，真讓我做噁。我真的等不及他搬出去了。我只想一個人好好過生活。

他結婚後我只去探望他幾次，而且一定確定大嫂也在家裡。有一次我過去他家時，大嫂不在，我主動找他，因為當時我想要。我們在他床上做愛。那次之後就再也沒有過，直到他結婚一年後，他老婆離開了他，而他也搬回家裡。

我當時已搬到樓下的房間。當我知道大哥要搬回來，我嚇壞了。我父母臥房在樓上，當我哥回家時，他會直接進來我房間。我想要幫房門加鎖，但我媽不准。我不能跟她解釋加鎖的理由。我知道她不會相信我，而且甚至會責備我。當時我十七歲，我不知如何是好。

我想要搬出去，但我只有一份兼職的工作，根本付不起房租。我要怎麼做才能阻止這一切。難道要殺了他？這我也有想過，但我沒這膽子。我訓練自己，在他回家進到他房間之前都不睡著。有時候他半夜一兩點才回來，我會醒著直到他在樓上睡著為止。所以鬧鐘在七點四十五分響起時，我整個人累壞了。

我的成績原本就不好，後來每況愈下。我母親罵我要我好好用功，但當時我比較擔心的是大哥。有幾次他來我房間，我會跟他說我不舒服，或是讓他予取予求，然後叫他離開。

我十七歲時改變了很多。我常常自省。我交了一個女朋友，但很快就分手了。我真的很愛她但我情緒不穩定。有時候我會好幾天不跟她說話，之後又會講個不停。有一天她終於受不了了，我也不怪她。我知道這段感情終究會結束。我們有發生關係，但我總覺得少了點什麼。我認為是當時那段時期，或是我大哥的緣故。或許我只是還沒找到對的女孩，但我知道這不是主因。我跟學校其他男生不同。男性才會吸引我。我想要跟男性上床。我行為比較像是女生，而不像男生。我知道我是同性戀，我知道我也不能告訴我父母這件事。

我的家人認為同性戀是種噁心、不正常的疾病。當時同性戀者是笑話，所以我什麼也不能做，也不能跟任何人講。我變得更內向。我無法忍受看著鏡子中的自己。我痛恨自己的外表。我恨自己，也相信大家都恨我。我是個徹底的失敗者。

在如此低潮時，終於有好事發生在我身上。我申請上一家女子大學，雖然規模不大卻是間好學校。最棒的是這間學校已變成男女合校。我應該會很自在，能融入大家，也的確如此了。雖然每個月只發生一兩次，但我哥與我之間的亂倫仍未結束。除此之外，大學生活真的很棒。我主修人類服務。我想要幫助他人。雖然我無法自助，但我想要能幫助他人。

這段時間我有一位很幫助我的人。透過朋友介紹，我認識了瑪莉。第二次見面我們就一拍即合。雖然她比我大十七歲，但我能自在地跟她講話，她會注意聽也關心我。有一天晚上我們一起出去，她問我要不要搬去她那邊住。我知道她跟另一個女人同住，但這似乎不是問題。我們兩個都非常需要彼此。但除非我付得起房租，不然我無法搬出去。瑪莉告訴我只要我準備好，隨時都可以搬過去。

在我大二時，我基本上已停止了我哥的亂倫行為。如果他進來我房間，我會叫他出去。如果他求我，我會拒絕。在所有人都不知情的情況下，我買了把槍。我向他保證，如果他強迫我，我會對他開槍。如果我在看電視，他回到家時開始撫摸我，我會離開。有時候我會在街上閒晃一兩個小時。他被我拒絕後就會回房間睡覺，我就會回去看電視。我認為再也不會發生了。如果再發生，勢必會鬧出人命，而死的絕對不會是我。

大二時我也認識一個很好的男人，他改變了我的一生。我跟他約會四個月之後才發生關係。他必須常常忍受我的情緒，但對我不離不棄。因為害怕會失去他，我終於同意跟他上床。那天是復活節前一晚，我們去一家汽車旅館。

那天晚上相當美好，我感到相當滿足。這是我一直期盼的。我終於找到一個真正的男人，他跟我大哥完全相反。他身材高挑苗條、個性好、英俊，我很愛他。但隔天發生的事情讓我措手不及。

隔天早上我們互道再見，約好晚上再碰頭。我回到家後打電話給瑪莉。她問我約會如何，我跟她說一切都很好，但我覺得很糟糕。我被大哥侵犯之後的所有情緒現在再次浮現。我對做愛感到相當愧疚。我覺得很羞愧，好像自己傷害了所愛的人一樣。我一整天都這麼想。我想要一個人靜靜。我開車去兜風，回來後待在我房間。我不想見任何人，也不想跟人說話。

我答應要跟他在常去的酒吧碰面。瑪莉跟其他朋友也會到場。我知道我必須去。我將對大哥的恨轉移到這個人身上。我知道這不是他的錯，但我覺得我不能見他。我整天都在考慮要不要去，最後終於決定還是去。或許見到他能讓我了解到錯不在他。

當我抵達酒吧時，他跟我朋友都在樓下的吧台。我下去，看了他一眼，轉頭回去樓上。我無法面對他，實在是受不了了。我找張桌子坐了下來。

瑪莉與我另一位朋友上來找我。他們想知道發生什麼事情。我跟他們說「沒什麼」，但其實我表現得很明顯。我的「愛人」很難過。他不知道自己做錯了什麼。其實他什麼也沒做，是我的問題。

我看著他們兩個，既生氣又擔心，但我不知該說些什麼。我能相信他們嗎？他們會相信我說的嗎？說出來他們還會愛我嗎？許多問題浮現在我腦海中，我不知道該怎麼辦。我只知道我不能再這樣下去。我想要有正常的關係。如果與男人做愛都會這樣，我知道我需要幫助。但我該相信誰？

我將一切告訴瑪莉還有愛麗絲，因為她們是女人，也因為我再也無法忍受。我用盡全身最後一點力氣，深呼吸，然後對她們說「我哥曾性侵了我」。說完後我淚如雨下。我從未哭成那樣。愛麗絲抱著我，讓我在她懷中哭泣。瑪莉說她要去跟我的「愛人」解釋，讓他知道不是他的錯，我只是需要一點時間。知道她們相信我，也不恨我，讓我很高興。愛麗絲問我是否想尋求專家協助，我答應了。我的確需要幫助。我知道我要求助才能過正常的生活。愛麗絲說她認識一位治療師，我同意去見他。

我必須告訴我母親。她必須知道真相。但她會相信我嗎？我朋友相信不代表我母親也會相信我。我只能冒這個險了。

接下來一個禮拜相當不順遂，做什麼事情都無法專心。我在學校的進度嚴重落後。再過一兩個月我就能拿到我的學位，但現在所有成績都走下坡。我一直哭。別人來關心我，我都堅定地說我沒事。但快到週末時，我一直哭個不停。這已超出我的負荷。我必須將事情告訴母親。我很害怕，但還是得採取行動。我決定那天晚上就告訴她。

在回家的路上我改變主意好幾次。我擔心我大哥是對的，我最擔心的事情也會成真。但在崩潰邊緣的我已經不管結果如何，我一定要告訴我母親。

我回到家之後，請母親來我房間。我沒有顧左右而言他，我只是很冷靜地將事情告訴她。我們兩個都落下了眼淚，同時我也向她解釋這一切對我造成什麼影響。我也告訴她大哥可能也曾被性侵。

當我告訴母親這件事情，她說她大概知道是誰下的手，就是她的弟弟，我的舅舅。諷刺的是，我發現自己是同性戀時，第一個就是找他討論。我還跟他討論過性騷擾。我又被自己信任的男人傷害、背叛了。我再也不會重蹈覆轍。從此之後，我決定不信任剛認識的男人。

我母親非常受傷、難過，也很氣我。她生氣不是因為我告訴她、讓這一切發生，而是沒有一開始就說出來。

「你怎麼沒有早點告訴我？」是她唯一的問題。我向她解釋我的難處。大哥說服我相信她會因此恨我、責備我。她抱著我，我們就這樣抱著一起哭。她告訴我她愛我。我真的很需要聽到她告訴我這句話。我也告訴她我是同性戀。我心想，有什麼差別嗎？我乾脆現在一次全部坦白。

我那天就搬出去了。我不想把她一人丟在家裡，但我無法再待在那裡。我開車到瑪莉家，按了門鈴。她開門時帶著微笑，但看到我的表情後笑容就消失了。她問我怎麼了，我告訴她我將我哥的獸行告訴了母親。我們稍微聊了一下，她就睡了。已經凌晨一點，她隔天還要上班。我躺在沙發上但睡不著。我心中有太多問題。如果我父親知道了，他會怎麼處理？他會保護我大哥嗎？當他知道我是同性戀，是否會敵視我？我沒有答案，只覺得害怕。

我母親質問我大哥時，他全盤否認。我母親打簡訊告訴我，她必須相信我，但也必須相信大哥。我感到很生氣。難道她不知道大哥一定會否認嗎？她這麼做，讓我覺得當初我大哥是對的。當時他告訴我母親絕對不會相信我。我受苦，他卻沒受到一點責難。我當時無法跟我母親說話。我將她視為我的朋友，但她現在也背叛了我。我再也不想看到她或跟她說話。

我跟瑪莉同住時，我開始去見一位治療師。他人很好，充滿愛心。但問題就是他也是男人。他向我保證不會侵犯或傷害我。我怎麼可能相信他？我曾被兩位信任的男人深深傷害。我無法相信這位治療師。他必須先贏得我的信任。

我開始考驗他。我會故意坐在他辦公室裡四十五分鐘，不發一語，只是望著窗外。我深信他很快就會叫我不要來了。我試著向自己證明，沒有男人值得信任，我也不值得任何人大費周章地幫助。我很高興我錯了。

我的治療師證明了他值得信賴。當我更了解他，進而相信、敬愛他時，我對他也越來越坦白。後來連四十五分鐘的療程都不夠我說。我們攜手解決我的問題。他也會讓我獨自克服一些問題，但我知道他總是在一旁支持我。他忍受我很多，我一直認為有天他會跟我說再見。但我內心深處知道他不會這麼做，至少我是這麼希望的。

當時我跟瑪莉同住了九個月，但公寓出了些問題，所以我們要搬去別的地方。原本我們要一起找地方，但我決定要先存錢，之後再試看看。我不知該怎麼辦。我不能搬回家，因為我哥還住在家裡。我請母親打電話給一位阿姨，問看看我是否能搬過去住。我媽回答說「沒問題」。

我沒有要搬回家，父親有點難過。母親要我保證決不會將大哥的事情告訴我父親，因為這會要了他的命。我父親的心臟不太好。雖然不太情願，但因為罪惡感的關係，我還是答應了。我父親已能接受我是同性戀的事實，但現在我必須要「保護」我父親。保護父親就等於保護大哥。

我住在那位阿姨家中一陣子，然後搬到一位表親家。但後來在那邊也待不久。現在只剩下家裡可以回去了。我問我母親是否能搬回家去，她答應了。但我先跟她約法三章。我要在房門上加一道鎖。我隨時想走就走。我自己住外面將近一年，已經習慣用自己的方法做事。我已經二十一歲，應該能對自己的生活負責了。我母親仍堅持不讓我父親知道大哥的事情。我對父親守口如瓶，保護了我大哥。

我住在家裡一兩個月後，遇見了一位很好的男人。我應該能夠信任他。在我們開始約會之前，我先跟他解釋我哥的事情，以及我處理的方式。他保證決不會離開我。我搬去跟他同居。有時情況很艱苦，但我們都安然度過。他有次甚至跟我一起參加療程，想要更加了解我。

唯一的問題是，我還是不相信別人。我還是很不信任他，我辦不到，但我愛他。有天晚上他打算自己出門，我要上班但又不想要他走。我們吵了一架，我就告訴他我不信任他。當晚我們沒再說過半句話。

接下來三天我們一句話也沒說，我都快崩潰了。第四晚我要上班，他又出門去。我下班後提早回家，想等他回來。但到半夜我就睡著了。他回來時身上傳來的陣陣酒臭味讓我想吐。

隔天我上班時打電話給他，問他晚上是否能談談。他同意了。我又問他我們兩個是否還能繼續。他說他不知道，但我們晚上可以來談談。

下班時他來接我。我們開到一條死巷，他要我當晚搬出去。我試著讓他改變主意，但我知道他是對的。我打電話給我媽，哭著告訴她事情的經過。她叫我回家。

當晚我搬出他的公寓。我走路回家，發誓不再相信任何人。那些不是真正朋友的人，都被卡車撞死好了。相信人這麼痛苦，根本就不值得。我用公共電話打電話給我母親，她開車來接我。我回到家就在沙發上睡著了。

隔天我坐在野餐桌旁，我父親開著卡車回來。他下了車，我們互相打了聲招呼。他問我是不是要搬回家來，我說沒錯。他就說我們需要談談。

我們走進屋內，我父親叫我跟母親坐下。之後我大哥走進來，我爸也叫他坐下。我馬上就知道會發生什麼事：攤牌。

之前我曾再次與母親一直跟大哥對質，那次他終於承認對我性侵，也說出自己被舅舅性侵的事情。但他拒絕求助。很明顯他沒有任何問題。他有啤酒、可樂跟大麻煙就夠了。他「一點問題」都沒有。

四個人都坐了下來，父親就問我為什麼不跟我哥說話。我從來沒發抖成這樣，連煙都快握不住了。

我看了母親一眼，她看著我，彷彿在說「千萬不要說出來」。我看著她，心想著「管他的，他需要知道，我不要再隱瞞了。」

令人驚訝地，我哥先開口了。他說這是因為很久以前發生的一件事情。我淚流滿面地跟父親解釋事情經過。聽完之後父親目瞪口呆。他非常難過，一陣子說不出話來。然後他心平氣和地問我為什麼之前都不吭聲。

我從未覺得跟父親如此親近過，一方面因為他也是男人（又是一個我不相信的），另一方面是因為我從未覺得他愛我。可能是因為我的緣故，但父親與我常常爭吵。我連最愛的母親都沒有說了，又怎麼可能告訴他？

我向父親解釋，一位表姊跟家人談到自己被性侵的事情之後，就被趕出家門。父親解釋說，他不跟那位表姊講話是她對待自己的父親很糟糕。我不敢相信父親不知道實情。我告訴他，表姊之所以不跟自己的父親說話、不在乎父親的死活，都是因為她的父親曾性侵她。

我父親相當驚訝。他是真的不知道。我們家族中發生這麼多事情，但大人都沒有注意到。注意到的也假裝沒發生。家務事要保密一直是我們家的傳統。但這傳統已被打破，因為越來越多表（堂）兄弟姊妹都站出來說誰性侵了他們。

我跟父親解釋家族中，有誰做了什麼。我跟他提到一些叔叔、阿姨性侵自己的子女。我告訴他有哥哥性侵妹妹，或姊姊性侵弟弟。我說了很多，但尚未全盤托出。我只說出父親能承受的內容，講到我快麻木了。

我說完之後，我父親轉身叫我哥哥去尋求協助。我哥堅持自己不需要協助。我跟我父親解釋，沒有辦法強迫人向他人求助，必須那個人自願才行。不幸的是，我哥哥並不需要幫忙。他仍堅持自己沒有問題。我知道他有問題，但我不能強迫他求助。我學會只關心、擔心我自己。

每天都是攸關生存的戰爭。在療程當中，我學到亂倫倖存者往往認為自己的生命是個敗筆。有些成就超乎潛力，有些潛力則沒有充分發揮。我就是後者。我的努力往往不及能力的一半。不論我做什麼，都會因為我做過的其他事情而搞砸。

現在我努力讓生命重回正軌。有幾位堂兄弟姊妹可以跟我討論。一位住在加州，輔導亂倫倖存者。我希望有一天能跟她一樣。我常打電話問她意見，尋求她的支持。我的治療師對我仍助益良多。因為工作的關係，我去找他的次數減少了。但當我去見他時，四十五分鐘的療程依舊不夠。

我現在好好過著每一天，我可以感受到我每天都變得更堅強，我想將過去的事情拋在身後。我努力阻止亂倫跟性侵，特別是在我的家族中。有時候我非常努力（甚至過於努力）要讓人開口討論自己的經歷。在這方面我可能有點過頭。這兩件事情毀了我的一生，所以我希望在我這一代就能停止。或許有天我們家族都能相親相愛。或許有一天，我們家族都能面對現實。

我父母還是不會討論這些。但我知道若我需要幫助，父親會伸出援手。我母親還是不願面對現實。有一天我們在討論亂倫時，她承認曾經被她一位叔叔性侵。我問她為何沒有說出來，她說她辦不到，而我也相信她。我母親七歲時，根本沒人會討論亂倫跟性侵。如果那時候就有人討論，這亂象可能很久以前就能停止。

每次我一提到這話題我媽就會很害怕。如果我說我要去找人談談，她就會生氣並問我原因。她還是覺得不應該討論。我想她永遠都不會了解，要阻止這一切只能透過討論。她很害怕會聽到其他家族祕密，所以不要我跟她說任何事情。她的座右銘就是「原諒並忘記」。她認為上帝會處理一切問題。我不要等到鬧出人命，才將事情說出來或是才阻止亂倫。我要這些受害者都能繼續活著，這樣他們才能向他人求助，或許也能幫助其他家族成員。幫助他人絕對勝過傷害他人。

【第十四章】

關係與社會支持

在成人關係裡，童年的虐待可能依舊存在。

——處於復原歷程中的三十三歲男性

同盟不是罪犯。

——一位男性倖存者

前一章討論為什麼在治療初始需要先打開祕密。因為當孩子覺得虐待是祕密，必須保持沉默時，實際上他是被加害者困住了。加害者甚至會說服孩子自己才是唯一關心他的人。

當受虐的孩子覺得自己在世上是孤立的，他們對改變感到無助。其他成人不是沒有察覺就是無能力（有時是無意願）去終止虐待。人在孤立狀態下是無法學習信任的。當受虐孩子長大，成為一個只仰賴自己能力與資源的人，對他人的幫助與支持就會帶著懷疑的眼光：「他們將會要什麼做為回報呢？」如果有人太親近，倖存者會情緒性地關閉自己，變得冷酷與疏離，或是結束關係。人們是這樣說的：「你只能靠這麼近⋯，我已經是他多年的朋友了，但我不覺得我真的認識他。」

為了維持關係，朋友需要尊重倖存者的情緒界線，避免讓他們不舒服的話題。這個關係受到的限制無法被攤出來討論，甚至倖存者也不會覺察到。而這方式有效地運作著，如同城堡的護城河一樣，倖存者決定吊橋什麼時候放下以及放下多久，只要他嗅到一點危險，橋會馬上被收回，留下一頭霧水的朋友。如果朋友想親近的企圖被反覆回絕因而感到筋疲力竭時，倖存者會解讀日漸消逝的友誼是無法信賴人們的證據。他會認為這就是關心他人導致遺棄與痛苦的證據。由於缺乏一個信任的模式以及非虐待的關係，他無法了解自己的行為是如何導致與人疏遠。畢竟，他合理化地認為「我的行為和以往並無不同」。

倖存者如同以往一樣被遺留——情感上的孤立、困惑和恐懼。他們再一次依賴自己的資源，透過受虐歷史的有色眼鏡來看世界。他們總是需要親密，但過去的性侵事件阻止他們得到需要的滋養。兒時這些未滿足的需求導致日後的成人關係問題重重。

焦點 Focus

孤立

孤立的主題瀰漫在兒童受害者與成年倖存者的生命故事裡。故事以記憶和詩的形式出現在個別諮商、團體治療、復原工作坊，和本書中倖存者的陳述。對於倖存者來說，復原最重要的是找到什麼對他們是最困難的。最困難的挑戰也許每個人不同，但有一些共同特徵：

一、事情的結果很少符合倖存者一開始的想像。
二、呈現出的可能性帶來了困惑、焦慮或恐懼的感覺。
三、在處理這個議題時感到不安全，甚至會引發回憶。
四、對於這個想法總是感到抗拒。
五、這是兒童早期建立起來的。
六、對倖存者的自我定義來說，核心的感受是，改變似乎是不可能的。
七、成功完成英勇的任務使他的生活產生許多正向改變。

對許多（雖然不是全部）男性倖存者來說，克服孤立是復原的指標。

孤立的來源及其影響是很複雜的。無論是身體或情緒的孤立，會以很多種形式展現在倖存者的生命裡，包括了：

- 虐待的先決條件：忽略與遺棄是兒童性受害者的前驅狀態。缺乏愛、保護和健康的關愛使他們感受到寂寞與不被疼愛，而使他們對於性加害者的關注難以防守。相反地，施虐者會鎖定孤立的兒童，因為他們比較容易獵取。矛盾的是，兒童受害者經驗到性是唯一不感到寂寞的時候，他就會企圖透過尋求施虐者持續的注意來減輕痛苦的孤立感。

- 保守祕密的方法（因此虐待延續）：施虐者企圖讓虐待祕密化，於是鼓勵與強化孤立。有許多的原因讓兒童受害者保守祕密（例如：保護家人或施虐者、對於威脅、高壓或是賄賂的反應、避免羞愧或被責難、感覺處境是無望的、或是過去想告訴別人的嘗試是失敗的）。無論如何，一個兒童的孤立不是他的錯。

  （遺憾的是，孤立是兒童性侵害的促進與結果因子。）

- 生存的策略：當兒童覺得孤立是唯一的安全之道時，會嚴重削弱他們與人互動的能力。藉由不與人來往，來保護自己遠離施虐者，他錯失了正向、健康社交互動的可能性。他們創造一種安全的錯覺，但這是要付出代價的。如同許多生存策略最初的目的是保護，最後卻變成了問題。（再一次，孩子沒有錯。）

- 復原的障礙：在兒童早期建立的模式通常是生存策略，是最難改變的，特別是後來的經驗強化了這模式。一個社會孤立者，如何學會不是所有的親密都是性（更不必說虐待）？他為何要讓自己再次置身於危險中呢？反轉長期的行為模式不容易，但是很重要。
- 降低緊張的方法：當只有在孤立狀態才感覺安全時，社會機構（雖然可能是安全的）會引發困惑、焦慮或恐懼。甚至當互動是愉快或令人興奮時，倖存者可能會經驗到無法忍受的緊張。未知的人或情境會令人害怕，回到熟悉的狀態（既然這樣，回到孤立的生活）是降低張力的方式。
- 從強烈的復原工作中離開：復原是困難的，過程中經常是緊張、挫折和充滿情緒的，常令人身心俱疲。雖然有經驗的諮商師會鼓勵倖存者決定自己的速度與強度，但這樣的建議有時是很難依循的。會有一些時刻復原的工作令人難以承受，回到孤立狀態像是讓自己稍微放個假一樣，這是可以的，只要這樣的退縮不被解釋成失敗。倖存者隨時可以返回復原工作，有能力的治療師將會為當事人留一扇門。

人類生存的基礎是愛與被愛。孩子需要被愛以及容許去愛，當這個需求無法達成時，它並不會消失不見。當父母不愛他們的孩子（或是當愛被扭曲成性侵害時），孩子會持續地找愛。他們會在所有的關係裡尋找慈愛的父母。得到父母的愛的需求被凍結了，這個兒時未被滿足的需求將被帶到成人時期。然而，無論成人倖存者（或是他的伴侶）多麼努力地嘗試，還是無法得到滿足。要接納一個事實——你是無法重拾在三歲時錯失的愛。沒有人可以用對待五歲的你的方式來養育你，因為你已不再是五歲了。這不是說你無法被愛，只是說你無法**像個孩子般**地被愛。要放棄這個兒時的需求是重要的，不只是因為你不可能得到滿足，更是因為它干擾了其他更重要的事物。只要你堅持你的伴侶必須扮演你的父母，你便是阻止他提供真誠的成人愛。就算對方嘗試滿足那些被凍結的需求，還是注定會失敗。你的伴侶不是你小時需要的愛的來源，他們只可能在此時此刻愛當下此時的你。

有時候倖存者害怕親密，但也渴望親近的接觸。人類是社會性的動物，雖然我們偶爾會想要獨處，但孤獨不完全符合人性。在孤單中成長的孩子，沒有機會學習活出健康的社交和情緒技能。因虐待產生的孤單感，剝奪了孩子建立與維持溫暖、滋養和互相滿足的人際經驗。雖然他還沒發展出這樣的能力，但是他知道有這樣的關係存在。他看見其他人似乎很享受著正常的關係，他知道那看起來是令人滿意的。他閱讀、觀察和傾聽，並納悶著自己是否也會經驗到這令他既渴望又恐懼的親密的關係。

親密需要信任。既渴望又恐懼親密是成人倖存者的核心議題。因為他過去與人的互動是混亂與虐待的，他懷疑滋養與非虐待的關係是否是好萊塢式的神話。雖然他接受人類的親密在理論上是可能的（或是其他人可達到的），但他不認為自己能辦到，而這能證明他是多麼的不完美與不吸引人。他不知道要如何形塑關係，這證實了他是愚笨的。當他決定靠近某人時，他不知道如何做，他怎麼可能會呢？完美主義的念頭會成為主導的想法，一旦問題發生他就投降了，任何衝突都是失敗的證據。他習慣性地理想化友誼，沒有機會學到關係是不完美的，是需要經營的，也都是會有問題的。

成人倖存者曾告訴我，他們從未希望維持成功的關係，因為他們的需求太大了：

「當有人注意我時，我只想要緊握不放，絕不放手。」

「我覺得如果他離開，我將支離破碎。」

「我想要時時刻刻和她在一起。當她想要獨處時，我會覺得她不愛我了。」

「我是這麼地害怕，像個孩子。我只想緊緊抓著。」

倖存者如此強烈、執著的需求是可以理解的。在受到長期的剝奪之後，溫暖與充滿情感的關係是多麼珍貴與獨特，這似乎是贏得幸福人生的唯一機會，「如果我失去了這個機會，就再也不會有下一次了。」這個感覺部分是正確的，人們之間的連結是珍貴的，需要被珍視與滋養。每一段關係都是人們互相連結時的呈現，從這個人身上學到的，可以應用到另一個人身上。但是沒有一段關係是什麼都有的，完整的人生是充滿了各式各樣豐富的互動，沒有一個人可以滿足你的每一個需求，對方或許不願意或許沒能力，但那不是不夠愛你的證據。再怎麼深情的伴侶可能無法一起烘焙蛋糕，你的伴侶也可能熱情投入於你覺得無趣的事物。這些並不是不適配的證據。如果你的伴侶選擇與他人一起追求自己的興趣，也不代表他拒絕你。關係是在一種鼓勵的氛圍下開展的。每個伴侶支持對方的興趣，但無需共享所有的喜好。有時分開，獨處，或是與別人相處以豐富不同的經驗，彼此發展自己的長處可以讓關係成長。關係不是兩個被嚇壞的孩子黏在一起互求安慰，而是強壯、獨立的兩個成人彼此靠近與分享各自的生命。停止抱怨伴侶無法成為你想要的樣子，成人間的關愛雖然永遠無法取代兒時的失落，卻是個美好、確切的經驗。你從未以你應得的方式被愛是不公平的，不過，你必須放下要別人愛你這個小孩的堅持。雖然這是不容易的，但是卻能開啟得到接納與支持的大門。

另一個要放下的是，停止責備自己小時候不是個可愛的孩子。許多成人倖存者發現，接納孩童時期的自己是復原歷程中的重要元素。**沒有孩子是理應被虐的**。也許發生在別人身上時你認同這個看法，但是發生在自己身上時你卻不這麼認為。回首兒時，很有可能，你不喜歡你所看見的。也許你已經接受了一個關於自己的謊言，你是醜的、笨的、邪惡的、誘人的……，所以你理應被虐。回想起這個充滿恐懼和困惑的小孩是令人不舒服的，所以你想要和兒時受虐的自己保持距離也是可以理解的。但是你可以用一個新的方式來認識這個孩子，「幫助他，和他交朋友」是對成人的你建立一個支持系統的關鍵元素。你對自己保證，要珍視、尊重與滋養這個內在兒童，告訴他他有權利也值得這樣的對待。你是他倖存的見證，你可以打破他的孤立，和他形成愛與尊敬的關係。了解你的內在小孩值得被愛，可以讓你朝向接納自己是個可愛的成人，值得且有能力擁有健康的成人關係。你奮力求生存的努力，並不保證一切會成功。你能穿越虐待最好的方式就是仰賴你的聰明、創造力和勇氣。你承受了虐待存活至今，就代表你是一個值得敬重、運作良好的成人，是人類靈性復原力的最好見證。

當你照顧了自己過去的需求，才有可能談到對當下的關注。當你開始支持自己時，你才能迎向來自他人真實的支持。但你可能依舊無法得到家庭的支持，他們可能依舊是虐待與混亂的，依舊是否認與矯飾的，或是他們可能在情緒上或現實生活中是你無法觸及的。有些倖存者與家人分享這段辛苦的復原旅程而有很大的進展。其他人可能持續努力要得到自己無法得到的認同與關懷，這個徒勞無益、希望渺茫的任務因此讓他們受困於孤立當中。也有些倖存者決定，既然原生家庭無法提供支持，他們要創造自己的家庭，這可以有很多不同的形式，可能是倖存者的伴侶或孩子，可能是沒有親屬關係但承諾照顧彼此的人，可能是以開放與關懷方式回應的親戚，也可能是由倖存者相互之間的支持所組成。

焦點 Focus

尋找內在小孩

我有個當事人，提著裡面有張兒時相片裱框的公事包來。他相當重視這相片，用軟布包裹著並小心拿著。當他告訴我他還是個男孩的點滴時，有時我們一起看著這張相片。

另一個當事人有時在治療中會拿出一張男孩在沙發上的早年照片，以作為虐待前時光的提醒。

「下一步諮商中心」（the Next Step Counseling）的主任桑姆．哈瑞根（Thom Harrigan），要求每一個男性復原團體的成員帶一張童年照片來。他告訴我多數人展示了自己許多照片，有時也有他們的家庭照片。他們都明白這些連結對他們的重要性。

有部分的復原工作需要聚焦在兒時，畢竟，那是虐待發生的時間。當時那個男孩是現在這個男人的重要來源。你可能以記憶、感受、反應、態度、人格、身體特徵的方式帶著他。有千百個理由值得你認識了解他。

有時你會覺得你是個被嚇壞了、寂寞的、受虐的孩子。你自我概念的一部分凝結在受虐當時。情感上你忘了已經走過那些苦難，仍然感覺世界很危險。當你遇到困難或是可怕情境時，試著問自己「我感覺自己是幾歲？」可能是感覺年輕、渺小與脆弱。重新把注意力放在兒時，可幫助自己得到一個過往自己是誰，以及現在是誰的更好圖像。

一開始時，你可能無法對過去的自己說些正向的話語。許多倖存者帶著兒時負向的自我印象。他們認為並非虐待造成了他們的不快樂、害羞、恐懼、困惑、孤立，而是自己要為這一切的不幸負責。

你活下來，也長大成人了，這證明你是有策略的、有創意的和強壯的。因為小時候你的勇氣和決定，所以你才能走向今天的復原之路。這個小男孩值得你的尊敬和友誼。你是他絕對可以依靠的人，你是他克服兒時種種困難的活生生證據。當你理解到他靠著自己，在有限資源下克服巨大的困難時，你會不禁驚嘆，「這是一個多麼了不起的男孩！」接觸自己兒時的真實，可以幫助你扭轉不正確的成人自我圖像。

有一些和內在兒童再度連結的方式，建議如下：

一、使用照片。如果可以，不只看受虐前的照片，也看看之後的，注意其間的差異。

二、寫一封信給兒時的自己。告訴他，他是多麼的棒，他不應受虐，跟他保證他將生存下來，虐待不會再持續。

三、在朋友或團體、工作坊的協助下，創造一個兒時的戲劇或想像。

● 請另一個人扮演兒時的自己，同時你對他保證，他很好，所有的事情也會很好。

● 你可以以成人自我回到虐待的場景，站在施虐者前保護兒時的自己。如果你願意，和自己同盟或增強自己，成為自己的英雄。

● 你可以創造一個自己的兒時場景。想像一個安全的童年，有著仁慈、關愛、保護你的大人的場景。

四、學習新的玩耍方式。不要擔心看起來很呆或覺得可笑，沒有比玩耍更能帶出內在小孩。

我最近看到一個小徽章寫著「擁有快樂童年永遠不遲」。也許你無法改變過去，但你可以藉著對過去的經驗創造新的觀點，以加強復原。

有一個有趣、意想不到的，關於支持系統如何運作的例子。我第一個有時間限制的男性倖存者復原團體，成員自發性地將之改變為長期團體。在不增加成員的情況下，團體用投票決定延續額外的療程。延續團體發生的事是很有力量的，是在已經建立安全的氛圍底下持續進行團體。成員從敘說自己的歷史到探索特定的生命議題，展現出更多當下生活掙扎的細節，並獲得團體的支持。這樣下來，延續的團體類似一般議題團體，但有些不同。在復原團體中，信任形成安全的根基，這來自於有共同的童年創傷。（類似於越戰軍人團體感受到的高度支持感。）雖然重要的是這樣的信任最後延伸到團體外，但在其他成員積極的協助下，這可以之後再處理。

這些持續團體的成員透過對經驗的理解，將他們的洞察落實在生活中。他們喜歡在團體結束後一起吃飯或喝咖啡；他們邀請彼此參加聚會或是在家用餐；他們會用電子郵件聯絡並交換手機號碼。在一些可怕的人生處境中，成員間互相提供支持，例如：陪伴彼此去看醫生，出席法庭或喪禮，幫忙準備工作面試，並且一起面質加害者。在團體結束上一個療程、下一個療程還沒開始的空檔裡，團體成員會以非正式的方式形成過渡性的支持團體。對我（也對他們）很清楚的是，很特別的事情正在發生。這些成人倖存者開始由衷地為自己的復原負責。他們透過創造一個有健康功能的「家」完成這樣的事蹟。這就是家應該有的樣子。這樣的經驗讓他們可以駁斥親密關係一定會伴隨虐待的想法。

這麼說並不誇大，接受別人的支持讓他們重新發現愛人的能力，重新肯定他們原本就知道的——人與人之間的愛可以與性無關，也可以沒有虐待。對這些男性倖存者而言，這是深刻、令人興奮的發現。他們知道，如果團體成員間的愛與信任是可能的，那麼團體外也有可能發生。倖存者開始變得生氣勃勃，根據切身的經驗，他們說：「改變是可能的，我有能力改變我的生命。」從倖存到生活，從受傷到健康，改變的力量深深影響著他們。這是關於倖存者如何支持彼此，形成新家庭的其中一個（也是公認特別的）例子。這可以是任何社團的基礎，可以是宗教性的、鄰居、學校或是特殊興趣的團體。大多時候，這些新的家庭成員沒有嚴格的定義，只要是能提供安全、關懷的朋友，都可以是成員，而這在任何地方都有可能存在。

復原之路始於為你的孤立劃下句點，而唯一的方式就是與人為伴。社交關係是可能的，技巧是可以學習，但不是一蹴可幾的，需要採取溫和、合理、漸進的步伐。當有一點進展時，值得慢慢去感覺、思量與品味。腳步走穩了，再往下一步前進。不要只看到還沒完成的部分，而是看看自己已有的進展。如果你的注意力只在你還需要做的部分，那就會覺得完成這任務希望渺茫。回頭看看去年或是三個月前的你，會讓你看見你已經完成的進展。

story

亨利的故事

亨利，一個四十歲的倖存者，述說著從受虐的情境靈魂出竅、逃開，到如何停止逃跑，開始進行療癒。

我五歲時，父母剛結束他們充斥著叫罵嘶喊的婚姻。我已經習慣了。當他們打架時，我可以進入一種恍惚的狀態，介於睡著與清醒之間。一個聲音在我心中升起，以規律的節奏砰砰作響，越來越近，現在就在窗邊。

我離開床，移向門邊，我的恐懼越來越大。如果我能及時到爸媽身邊——我跑到門廊、跑、跑、亨利、快跑！

我可以感覺腳下的樓板開始滑動。一個我看不到的傢伙越來越近。我可以看到廚房的燈和我媽媽的頭。我的嘴發出了一個無聲的尖叫。沒能逃脫。至今，當我需要時，恐怖的事物壓制了我求助的可能。

我是一個四十歲的男同志，我是個音樂家。四十歲並不令人愉悅，我仍在逃跑。回首過去，我清楚知道為什麼我的生命會如此。我四歲時，父親離開了。未說明的原因是離婚。除了他離開的事實，我無法理解任何處境。我開始我獨有的分離方式：心理分離。

父親離開了。我在床上小睡時，我看到冬陽透過我手指根部的網狀移開。靈魂離開了我的身體。

一年後，媽媽和我在休士頓和爸爸重聚。再度聚首，但酗酒與打架依舊。第一次爸爸喝得這麼凶，媽媽很害怕。他冷言冷語地挖苦她，聲音越來越大。媽媽和我搬到旅館躲避風暴。一天後我們回家。家具砸毀了，樂器粉碎，衣服散落一地。後來，我們待在家裡學習承擔這一切。我也學習生氣會導致破壞，我拒絕這種情緒表達，而成為真正的南方紳士。我無法了解為了生存產生的憂鬱會讓我寸步難行。

在學校我發生相似的歷程。我有社交適應的困難，並被老師標定為「成績未達應有水準」。我爸爸用紅筆在低於A的成績上圈起來。另一方面，我因為是個書呆子而被其他的孩子打。

我媽有很長酗酒的歷史。當她還是青少年，她繼父把她的生活變成一場災難時，她開始喝酒。也許她是虐待的受害者，她日夜喝酒。我從學校回家時，前門上鎖，電視嘟嘟響，媽在電視前昏倒。我學到讓臥室窗不上鎖，好從那進去。基本上，附近的街道和房後的地區都成為了家。

之前，我提到我分離的技巧。我是這麼地純熟，所以我也可以從學校消失。在我十四歲時，我的輔導諮商師把我分類為在神遊狀態。他時常問我，家裡是不是發生了什麼事。我回答沒有。我把我的功課學得很好。

也在那時，有一天我回到家。媽媽在電視機前鼾聲大作，我感到一陣狂怒。我不需要再想一次我將要做什麼。我從廚房的抽屜拿出一把屠夫刀，慢慢地走向沙發，拿著刀對著她的喉嚨。我猶豫著，把刀轉向我自己。我再度猶豫。我開始分離，我不知道有多久的時間，我的靈魂離開身體，我盯著這把刀。

我在十一歲時加入童子軍，期待稍稍離開家。我努力工作賺錢讓我可以參加我第一次的夏令營。我得到的報償：一個童子軍教練，男性英雄形象，性猥褻我。這發生在戶外，我們完全都沒出聲。我學習到性是骯髒的、祕密的經驗。

我充滿罪惡感、覺得害怕和需要負責。我離開這小隊，並參加另一個，試圖逃離我自己的羞愧，但猛然進入一群年紀較大的男孩團體，他們豎起雷達注意到我。我可以讀到他們的想法：新的肉。

接下來的暑假，我被這較年長團體的五個成員接納成為小隊的一員。我聽到隔壁門的鄰居，在接受一個所謂「正常」的入會儀式。我聽見他的尖叫聲，他雙眼被矇著，遭受一連串的拳腳打踢。

當我鄰居尖叫時，我正在和J口交，J低聲地說，「這是不是比他經歷的要好啊！

孩子，現在放輕鬆。」

放輕鬆。

那人繼續尖叫，我整個放鬆，靈魂離開了我的身體。

高中時期，沒什麼好說的。我試著在新的地方改變我自己，但太難了。我大多時候的表現多是未達到標準，除了音樂和戲劇。

然而，在我青少年後半時期，我接觸到宗教，成為新教聖公會的一員，那裡允許狂熱的信仰。那是家庭系統的延伸，我成為其中的一員，好讓我自己找到安全感。我的分離能力成為靈性經驗，我的分離能力是神聖的。我內在、直接的憤怒和自我憎恨被定義是自我苦行和完美。

分離的經驗導向精神分裂，是磨難最後的避難所，這是有可能的。然而，憂鬱持續加深。自殺變成是很好的選擇。

最後，在三十三歲時，我離開社區生活，決定去找尋我長久壓抑的同性傾向樣貌。許多的一夜情。我的音樂和演戲能力在音樂學校裡發展得很好，並在社區教會服侍裡臻至完美，就如同我在床上的演出。我通常是在三溫暖、休息區、派對裡，但總是跟陌生人一起。

每次當人靠我太近時，我就會離開，並換工作。在過去十年，我在三個國家，換了八個工作，搬過四十七次家。恐慌與憂鬱交替著，絕望伴隨著無望。在群體中我是孤單的，但我依舊在逃。

直到看了一個電視節目，描述兒童虐待對受害者長期的影響，我和一個在當地同性戀報紙上廣告的諮商師談話。我們回顧我的症狀，並和成人亂倫倖存者比較，我進行團體和個人的治療。我開始改變某些不健康的生活環境。

花了我許多時間來進入團體，以及信任我的治療師。但是至少有人可以了解我的恐怖故事，而不會漠視它。慢慢地，我允許一些人進入我的生命，分享他們所經歷的感受。我承諾自己住在波士頓，不再逃走。我有一個新工作（教堂司樂），那讓我感覺到自己有些專才以及被人接納。

我正在與另一個倖存者建立單一伴侶的、互相付出生命的關係。我們知道彼此的優勢與義務，試著開放和誠實地活著。

最近我做了愛滋病病毒（HIV）的檢驗，結果是陽性，但我的身心都感覺相當好。

我決定要擁有感覺的活著，無論感覺到生命中失去什麼，而不是身心分離，並想像已經遠離。我小小的期待著。堅持著！亨利！堅持著！

【第十五章】性的感覺

當你試著要保持控制時，是很難會有熱情的。

——一位男性倖存者

讓倖存者最感到困惑的一個問題，便是「面對性的感覺我該怎麼辦」？儘管他已經用了各種方法去處理性的感覺，像是去忽視、否認、控制、轉移、隱藏、漠視或是自圓其說，但性的感覺總有一套不請自來的現形方式，而且讓你非要注意到它不可。我在之前的章節曾經提到一些會讓倖存者感到驚慌失措的要素：

一、**倖存者會將性的感覺跟性侵害連結**。當性的感覺出現時，他害怕又將被性侵害，或者，如果他去滿足性欲的話，會變成他去性侵害別人。

二、**因情感的表現已經不當的性欲化了**，導致任何的情感表現方式都可能產生性欲。這可能造成倖存者避免任何的情感互動，以免出現性興奮因而導致不當的行為。當他發現自己在一個沒有明顯性刺激的環境中仍有性衝動時，這會讓他感覺自己就像是個對性著迷及失控的變態。

三、犯下性侵害的人，通常是一些不願意或是無法了解及尊重正常界線的人。加害者在滿足自己的性欲之際，讓受害孩童學到的就是人要依性衝動行事，不管這個行為會對他人帶來何種影響。倖存者學習到任何性興奮都將必然導致性的行為。倖存者除了沒有力量讓加害人不性侵害他以外，對於如何不讓自己被性欲的感覺牽著走而發生性行為（不管是否是他想要的），也感到無能為力。

四、那種必須把所有的性衝動付諸行動的想法，讓他模糊掉感覺與行為之間的區別。想要殺掉某個人和真的把人殺了是不同的，想要打人也不是真的毆打。同樣地，性幻想不等於真的性行為。但當倖存者不明白這樣的區別時，便會對自己未曾犯下的罪行而自我懲罰。他的心充滿欲望，覺得自己像是個強暴犯或是變態，性的感覺對他而言更進一步是在證明他的軟弱。

五、倖存者對自身性欲的害怕會導致他過度關注在性事與性興奮上。倖存者雖然希望自己不會對他人表現出性侵害的行為，但對於到底是什麼構成性侵害的，倖存者發現自己也不知道。他過去被欺騙過，如果他現在說出來，那其他人會怎麼看待他？他們會不會懷疑是他現在有那些感覺，而讓他飽受譏笑與處罰。在那樣的情況下，倖存者會變得過度謹慎檢視及控制他的感覺。每一個性衝動都要仔細檢查及判斷，每一個想法都要檢視是否隱含性的內容。預言實現了！為了避免讓自己成為加害者，倖存者變成滿腦子都是性，他好像無法不去想那些主題，這在他看來更是進一步證明他就是有缺陷無法復原。

六、倖存者為了避免出現性欲，可能會傾向讓所有的感覺都變得麻木。他會避免任何會帶來性欲的環境，他也會否認自己有性的感覺，或是當性的感覺出現時，將它們說成是別的東西。基於對性的不信任，他會竭盡所能地保護自己與他人免受自身性欲的影響。

許多倖存者硬把性隔開，也就是把性和生活的其他層面完全切割。他們將性侷限在個人的自慰，以保護他人不成為性的受害者。自慰還有一個強而有力的附加好處，就是它完全是在自己的掌控之下。既然參與自慰的對象不過是出於幻想的人物，當然就不具有實質上的威脅。但諷刺的是，就算是這樣看來無害的抒解性欲行為，也可能會讓他們無法承受。一旦自慰成為一種強迫式的行為跟模式，就變成是他生活中另一個讓他感覺失控的部分。自慰時的性幻想可能會重播最初性侵害的片段，強化了性就是虐待的感覺（即便這是他獨自一人的性）。有許多色情刊物的內容都在描述性侵害及肢體虐待的幻想。在這樣的情形下，「自虐」一詞所描述的不只是行為而已，而是其感覺了。這也將使倖存者更感覺孤獨，更加證明自己是個不被接納、無法擁有正常關係的人。（我不是批評自慰，它不見得是不健康的行為，事實上自慰可能是讓倖存者唯一能夠讓自己安全地享受性感覺的方法。我所關切的是當自慰變成一種強迫行為，會讓倖存者與人疏離並強化負向的自我概念。）

另一種切割的形式，就是把性只當成是性而已。其範圍從經常出入妓院或按摩院，到在如公園，公共廁所或是高速公路休息區等公共場合和陌生人偶遇（有時是鬼鬼祟祟的）。這些行為的共通點，便是它們是跟倖存者其他生活切割、分開的。他們無須與他人建立關係，也不需要有溫柔、人性及自我揭露，只是單純滿足性衝動。真是如此？如果只是單純為了滿足生理的需要，那沒有問題，但事實上不只如此。

將性切割分隔，反映出他們相信性是錯的、骯髒的、邪惡的以及是虐待性的，也因此它才要被藏起來。「好人及正常人」是必須被保護好，免於和性有瓜葛。古老的道德觀說的「好女孩不會……」，也意味著「壞女孩會……」，順著這邏輯，下一步就簡單了。如果只有齷齪的人才會做這種性活動，而倖存者的性生活又只限於此，當然他是連人渣都不如的（他自己的推論）。（倖存者可能未曾意識到自己有這些信念，他反而可能覺得自己是個完全自由的個體，但並沒覺察自己是如此嚴苛地審判自己。）

把這個信念系統再放大來看，就能看見它如何嚴重地影響倖存者的生活。既然他把自己視為是有瑕疵或是變態的人，他就想要去保護那些所謂的「好人」不受到污染。因為他認為自己的性感覺會對自己及他人造成危險，所以他就在開始感覺到性欲的時候，很快地向後退，若想要在關係中加入性的元素，都會對他帶來懷疑跟害怕。控制的假象受到了威脅，必須要重新恢復秩序！他藉由逃離來達成這個目的。倖存者會找理由來唐突地結束一份關係，留下滿頭霧水的另一半——特別是如果對方未曾知悉或是了解他的處境的話。如果他已經和伴侶有了性的互動，他可能就會否定掉這份關係中其他所有的部分，將它重新定義以符合過往的性經驗。他曾受過性侵害的過去，也就破壞了一份極可能會令他滿意的關係，而演變為無意義的性互動。

說出性的感覺

為了能滿足的生活，你必須知道該如何面對自己的性欲。你必須打破過去將性與生活其他層面分開的障礙，這是一個接納與整合的歷程。

就如同你打破沉默說出被性侵害一樣，想要處理性的感覺，你就要開始用說的。只要性的感覺與活動依舊是被隱藏起來的話，它們就會變成羞愧的祕密，很難和人分享，感覺像在認罪。先從向諮商師或是治療師開始分享，這可能會是最容易的。在這種狀況下，你知道有人會為你守密，而且（我們希望）你不會遭受到批判。一個經驗豐富又敏銳的諮商師會在你探索性的感覺時，提供安全感並鼓勵你。當你對自己的性議題越來越能夠接納時，你開始會能和其他的倖存者溝通想法及表達感受。在這個過程中，你會發現別人和你一樣，有相同在意的、害怕的以及有興趣之處。能和其他的倖存者分享你的感覺跟想法會特別有幫助。當你越來越能夠對自己性的感覺感到自在，它們就不再需要被隱藏了，它們也就不會一直干擾你，讓你不能放鬆與享受人生。它們會越來越容易被接納，成為人生經驗中另一個豐足的部分。接納性的想法及感受，會鋪陳出一條道路，將健康的性與你的人生做一整合。

我無意將它說得如此簡單。它不簡單的！性對每個人而言，都是一個高度緊張的主題，我們沒有人能在性的議題上真的表現很酷，雖然我們會希望別人這樣相信。性對我們多數人而言都是尷尬的，而且會常以藉口或是笑話來掩飾它。可能需要花上數年的時間你才能對性的感覺感到自在，但是踏出第一步的好處是很多的，在你尚未完成這個歷程之前，你就開始收穫其益處了。

分享、慶祝你的感覺

想要談論感覺，就要承認感覺的存在。你可能會問自己：「好，現在我承認有它們了，但我要拿這些性的感覺怎麼辦？」這答案在一開始看似是簡單到不行，然而一旦說出口，卻是痛苦不已。關於感覺，不論是性的或是其他的，最佳的做法就是去感覺它們。這個想法可能看來頗具威脅性或是令人感覺恐懼。身為倖存者，你早已經體驗過當感覺不再受到僵化的控制時會是什麼光景。它們就是直接付諸行動，而且這些行動又是虐待性的，所以對於任何要你允許自己去感覺性欲的建議，你絕對有權去懷疑。那會不會也讓你變成性侵害加害人呢？這個答案絕對是——不會。你一直都被告知錯誤的訊息，你被人騙了，感覺與行為是不同的。（性也不等同於性侵害！）你並不是任由感覺來擺佈的，你毋須去將它們付諸行動，除非是你選擇這麼做的——不論那感覺是如何。再學習去承認它們、接納它們、甚至享受它們，會幫助你不再成為自己感覺的受害者。再說一次，感覺就是要被人感受的，沒別的了！在感覺裡沒有傷害的，僅僅感覺本身也不會是行為的最佳基礎，你自己的思考才是行為最有用的指南，將所有可用的資料納入，以及包括（但不限於）你的感覺。當你接納了那些，你就不再對感覺感到害怕，只有那樣，享受自己的性感覺的這種新觀念才會對你有意義。

去和一些能聆聽（與分享）而不會評論與批評你的人分享這些感受。當你允許自己去擁有性的感覺，去分享甚至去慶祝它們——當你接納自己能選擇是否要把某些感覺化為行動時——你會看見自己成為一個有感覺、會關心及有性的人。當你認知到你可以選擇不必將所有的感受化為行動，你就會接納自己是可以只把某些感受付諸行動。你可以主導自己何時性致勃勃、何時不想。性的感覺，甚至性興奮，不一定會導致性行為，除非那對你及你的伴侶是有意義的。這樣的揭露是極度的自由，它能讓你以自己的步調跟方式，去探索各式各樣的感覺及行為。

在對自己的感覺與行動放棄僵化的控制後，你就能自由地為自己的人生負責。你可以體驗到，去觸摸人與被觸摸後卻不盡然會自動地帶到性行為，它會是什麼樣的經驗。你知道了擁抱可以是種享受，它是人性關懷的溫暖表達。你允許自己的身體被抱著、被愛撫以及被安撫，而不再以緊繃僵硬的身體或是退縮來回應他人的碰觸。你在情感的表達與接收上，可以有不同的層次，而且能分辨虐待性的接觸與充滿關懷的接觸之不同。更重要的是，你可以清楚表明你何時（及如何）想要被觸摸，何時不想。在知道了每個人都有權力去完全地控制自己的身體後，你能練習操作這項權力，而不用擔心會傷害到別人的感覺。當不再對自己的感覺感到恐懼時，你也就放掉了受虐童年中另一個被宰制的部分。你知道是可以有感覺的，而知道自己可以決定要如何去處理這些感覺，一個充滿可能性的世界就向你開啟了，你能探索各式各樣不具虐待意味的感覺、行為及情感的選擇（包含「性」在內）。

【第十六章】個別諮商

我想掛上一個牌子，寫著「閉關療傷中」。

——一位男性倖存者

為何需要接受心理治療

接受諮商或心理治療這主意可以是很嚇人的，你心裡也許會浮現不少關於心理治療的想法。舉例來說，也許有著「人們應該要能自己解決問題」的信念，那麼尋求協助就意味著承認挫敗。更有可能是別人告訴過你說「只有瘋子才需要心理醫師」，那麼，如果尋求心理治療，不就意味著你向自己（也向全世界）承認瘋了。最後，你也許會認為心理治療是種終極方案，而現在竟得使出這最後的一招了。

電影與電視對於心理治療和諮商的描繪，更令你無法放心。治療師通常被塑造成嚴肅的、沒什麼反應的、冷冷的模樣，他們安靜地坐在病人的後方——在病人的視線之外

——寫著筆記，偶爾才探問一兩個問題。病人在治療師的躺椅上躺了好幾年，深入地探查他晦暗不明的嬰兒與幼年時期，花費了大筆金錢和無止盡的時間以找出當年嚴格的大便訓練是如何導致他厭惡母親。雖然有些心理治療確然如此，但是是很罕見的。好萊塢塑造出的場景其實是種拙劣的模擬——多數諮商師與治療師所營造的是更人性化、也更隨和的環境。這一章是要討論成年倖存者在尋求個別諮商時，可能遇到的一些特定議題與困難，它會指引你如何找到合適的治療師。不過，很多人都會有些關於諮商與心理治療的迷思，在提供指引之前，談談這些迷思會是有幫助的。

諮商與心理治療有相當多種類。有些是被法律承認的，而其地位因不同國家、不同的州，以及不同的專業團體而有所不同。在這裡我不打算區別諮商（counseling）與心理治療（therapy）——也不想去區別諮商師（counselor）與治療師（therapist），我視這些字眼是可以相互取代的。它們都被用來指涉一種單向的助人關係，其中一方有特定的技巧、訓練及經驗，能處理生活中各種情緒與行為對人所產生的影響。

讓我們檢視人們不願尋求諮商的一些理由：

一、**「我應該要能自己處理。」**認為我應該要能自己處理任何心理困擾，這實在是個很奇怪的想法。人們願意找專家來修復家裡壞掉的暖爐、電視機、保養汽車或者提供購物上的建議，卻不願意請受過專業訓練與有實務經驗的人來協助處理心理問題。而這些心理治療師，不論男女，由於經歷過特別的教育與經驗，對於處理特定的生活問題都擁有特殊的技巧與了解。治療師因為身為局外人，所以能看到身為局內人的你（這裡的你，包括你、你的朋友、你的家人）所看不到的角度。這還不是治療師唯一能做出的貢獻。你找理髮師剪頭髮、請技工保養車子、請水電工修理水槽，為何不把情緒健康交到專家手中？

二、**「如果我接受心理協助，就表示我承認失敗。」**這說法不合邏輯。如果你的腿斷了，你不會覺得腿應該自己康復；你的腿得由醫師來處理並不意味著你這個人有缺陷，反而會被視為正常的。在需要時尋求幫助，這是很合理的。

三、**「事情沒有那麼糟」「我還沒嚴重到得接受治療。」**多嚴重才需要治療？多痛苦才算太過痛苦？要在忍受幾年孤單與不快樂的生活之後，才去尋求幫助？大多數人視心理治療為最後的方案。舉例來說，愛侶通常等到即將要分手或離婚了，才尋求專業諮商。等到那時候，治療起來通常更困難。這些愛侶（諮商師也一樣）在進展到根本的問題之前，得先奮力穿過額外累積的挫折與憤恨。在早期就辨識出問題——在問題還易於處理時——會容易處理得多。如果心理治療被當成「保養維修」而不是醫治，可能更容易為人所接受。你視為重要的東西，就會期待它受到好的照顧。

人們怎麼樣也不會想等車壞了才換油；如果人們會規矩地安排年度健康檢查，那麼就會覺得在情緒健康變得糟糕前即尋求照顧與養護，是合理的做法。

四、**「太貴了，我負擔不起。」**的確，心理治療通常很花錢，又容易拖很久，但它也不是非得這樣不可。有些心理健康專業的收費高昂，但這是例外而非常態，而且，越貴的品質不一定就真的越好。還有很多類型的服務你可以考慮，從私人的心理治療、法人組織類型的、宗教性質，到公益基金會、醫院型計畫的，還有臨床診所的服務等等。可提供協助的有心理健康輔導人員、社工師、心理師、精神科醫師、教會協談員及護理人員。除此之外，還有些未受過傳統訓練（但往往是有能力的）專業與非專業人士。為了讓服務更容易被取得，有些實務工作者會隨個案的財務狀況調整收費計畫。別害怕開口詢問，也別擔心因為付得少你就會被看輕或得到比較差的治療。

五、**「我不希望別人知道我在接受治療，他們會把我當成怪胎。」**沒有人需要知道。心理治療師有保護個案隱私的專業責任，這意味著治療師在透露個案的身分或任何資訊之前，得先取得個案的同意。不論實際情形多麼不合情理，面對現實仍是必要的，其中一件不合情理的事情是，人們對接受心理諮商的人依然存有偏見。鼓勵忽視或隱瞞問題的人，去懲罰面對問題的人，這真是件奇怪的事。但是偏見本來就不是根植於理性。這就是為何酗酒者可以公然繼續喝，而試圖戒酒的人卻得加入「匿名」

計畫。這也是為何試圖克服飲酒問題的職業運動員在加入戒酒計畫時，竟得冒著失去職業生涯的風險。如果一個有工作的人被人知道正在接受治療，他可能失去工作。它所傳達的訊息是：「做你想做的事，只要別強迫我們知情。」這種態度——若人生需要重建，從某方面來說它就是個可恥的人生——明顯是錯的。事情就這麼不公平，但我們得面對現實。當人們終究能夠承認侵害才是可恥的，而不認為復原是可恥的時候，便能鼓勵倖存者去尋求必要的幫助。但目前的情況還不是這樣，所以，有責任感的專業人士對於保護個案隱私的必要性都視為當然。確認你的隱私得到保障是很重要的事。對於誰、在什麼時機、在什麼情況下能聽到你的故事，你應該有絕對的控制權。請你的治療師做出保證。基於專業倫理，她或他得承諾守密。

六、「我不想要治療師告訴我該怎麼做。」「我怕整個人被改變。」這樣的想法通常意味著害怕失去控制權——對倖存者而言，害怕失去控制是種相當熟悉的感受。事實上，你永遠可以對復原的步調、方向和強度擁有決定權。一位有經驗、有能力的諮商師會幫助你保有掌控權。你和治療師共同工作的方向是使你對生活有控制權。在接受治療後，你依舊是你，且會對身為這樣的你更感滿意。

即便在最好的情況下開始諮商或治療計畫，也是會有點嚇人的。在最糟的情況下，則是會令人膽顫心驚。如果你是第一次接觸到治療師，或曾有過負面的治療經驗，那更是如此。你帶著害怕與疑問進到治療的情境裡，自問：「這是個怎樣的人？我能夠信任他嗎？她知道自己在做什麼嗎？他對於我需要幫助的這個領域是有經驗的嗎？我真的能夠放下防衛，向她開放嗎？在這節骨眼，治療對我有用嗎？他會喜歡我嗎？她會不會覺得我很怪？我該說什麼？我該吐露多少？我要怎麼知道治療對我有用？」這些都是合理的問題。把你關切的這些問題對治療師提出，他或她回應的方式會提供你訊息，以便決定這是否是個你想一起合作下去的治療師。如果他不重視你一開始有的恐懼，很難想像這個治療師能夠適切地關照到你更深層的議題，也很難想像你願意在必要時對他和盤托出。之後會提供你尋找治療師的建議，但除非你能夠對治療師表達你的害怕——而他也能夠傾聽並認真看待——否則要形成有益的治療同盟關係將是很難的。

關於治療的幾個重要考量

除了每個人面對諮商時都會有的焦慮之外，倖存者對治療情境還會出現一些特有的感受問題。對治療師和倖存者而言，知道這些感受的存在並且能加以討論是很重要的。如果不這麼做，會嚴重影響到復原的可能性。我將舉出一些應受到關切的感受，以及說明為什麼這是重要的，並且提出如何處置的建議。

治療室

大多數的諮商會在不公開的、只有兩個人的地方進行。門通常關著，為了避免受到干擾甚至會鎖起來。對於治療中發生的事，會有保密的協定。個案甚至還會被要求坐在沙發上。對倖存者而言，這就很容易連結到先前被侵害的場景。大多數的侵害是祕密地發生，多半沒有其他人在場。加害者通常會要求被害者不可以說出去。不難想像倖存者對諮商情境可能會感到很不舒服，可是又說不出怎麼會有這些感覺。要如何才能在一個會讓你聯想到被性侵害的場所中放鬆，而且還能安心地待著？

有處理被侵害議題經驗的諮商師比較會將這些問題提出來討論，她會與你討論可能的因應方式。如果諮商師沒有這麼做，你自己也要提出來。（有時候你得教育你的諮商師，這樣他才知道怎麼做對你最好）。如果治療師對於你有這樣的問題表現出尊重的態度，表現出他有意願與你探索這些議題，那你們就朝正向的同盟關係跨出了第一步。無意討論這些議題的治療師顯示他可能是僵化的，以致於會不利於你的進步。

倖存者對治療室的挑戰該如何因應？更具彈性、對各種可能性抱持開放的做法會比較好。有時候，僅僅是知道這種情況的存在就夠了。認知到問題的存在就是解決的第一步。如果你知道你可以在有任何問題的時候馬上提出來，你就已經朝向解決問題邁出一步了。你可以允許諮商師在你看起來呈現情緒封閉的任何時候（或顯得很緊張時），就問問你現在怎麼了。記住，你自己也許不會覺察到它出現。要求治療師把這樣的事提出來有雙重的好處，這使得問題一出現就得面對，同時也是邀請別人來關切你的情況。

對治療室做些簡單的空間調整也可以帶來很大的安全感。你也許會希望門不要上鎖，也許會覺得想坐椅子而不是坐沙發。在感覺能夠適應之前，一開始先拉開與治療師的距離也會是有幫助的。如果在一天的某個時段接受治療會讓你感覺更安全一些，就約在那些時段。

你也可以和諮商師談談，怎樣能讓你在治療時段覺得更有控制感。也許邊走邊談而不是一直坐著，你會覺得安全些。你可以要求治療師保證（在任何你需要保證的時候，他就能做出保證）他會一直坐在他的椅子上，而且在治療過程中都不觸碰你。你和治療師願意做任何可以使你留在治療中的事，這是重要的。創造出安全感是治療過程中相當關鍵的一步。不必擔心諮商師會因為這些預防措施就覺得被冒犯。你想採取這些預防措施並不是因為你覺得治療師不可信任，這其實正表示你想要建立信任感。

假使在討論過這些議題、也做了空間上的調整之後，一對一的治療情境仍然讓你有威脅感，那麼也許你可以和治療師討論讓另一個人進到治療室來的可行性。也許你可以安排一位信得過的朋友陪你治療一次或幾次，這樣的提議甚至不必真的執行。有時，你發現治療師同意在必要時可以這麼做，就足以安心了。他的同意等於是再度保證，治療過程的保密和被侵害後的要求保密不一樣——這裡不會有任何虐待發生。只要覺得有需要，你有權選擇覺得舒服的做法。如果讓另一個人進治療室的做法不適合你，你可以帶著另一個人一同到治療處所，請他待在等候室，或待在「聽得見喊叫聲的範圍內」的地方。如你所見，有很多種調整可以讓治療環境變得更合於你的需要。無疑地，你和治療師還可以想出更多好辦法。

費用

「諮商師做這些不過是為了錢，他並不是真的在乎這一切」的想法，不是很容易可以被你放到一邊。它觸及倖存者的幾個議題。它喚起了「想得到關心與情感就得付出代價」的議題，雖然現在付出的是金錢而不是身體，感覺仍然是要付出代價才能得到關愛。沒有人愛你是單純愛你這個人。懷疑你的治療師是否真誠地關懷你，會讓你無法決定要不要把她所說的話當真。這個懷疑會變成具體的問題，即「我可以信任我付錢所得到的關懷嗎？」在不能不付費的情況下，對治療師與個案而言這就成了一個兩難的問題。把接受治療想成「付錢請人關心你」，這是對治療的扭曲。你並不是付錢要治療師愛你，你是付錢要治療師為你傷神。治療師投入了大量的時間、心力和費用，接受專門的訓練並發展出專業的技能，對於這樣的專業投入給付酬勞是很合宜的。治療師會選擇這樣一個對情緒有高要求的工作領域，已足可視她為一個有關懷心的人。有能力的治療師是透過以下方式來展現對你的關懷：他盡力去受最好的訓練、隨時汲取專業領域的新知、跟專業同儕交換想法與資訊、保持他個人的身心健康、對個案所提到的任何議題都盡全力處理等等。

個案之所以覺得怎麼想都不對，大概是因為他會這樣想：如果治療師收費，他就不是真的關心我；換個角度說，如果治療師給我折扣或減少我的收費，那他給我的服務就不會跟全額付費的人有相同品質。俗話說一分錢一分貨。倖存者覺得他處在一個必輸的局面。

解決的方式很簡單——溝通。收費的多寡並不是衡量服務品質的好標準。個別心理治療基本上是付費的服務。意思是，你和治療師有個契約，你付費，他提供心理諮商服務。費用的多寡要在治療開始之前展開商議。治療師與個案雙方都必須對計費方式表示認可，在尚未談妥之前，治療不應該展開。如果雙方沒有辦法達成協議，也許你就該去找另一個治療師。如果有一方提議修改計費協議，應有足夠時間討論為什麼要修改，以及其他的可能選擇。一旦費用問題取得共識，最好就能接受它並且負責任地堅定執行。如此你就能全心地投入最重要的事——你的復原。

權力

從定義上來說，治療師與個案間的關係是不平等的。一旦進入治療，你就把自己置於一個不尋常的處境，在此之中你得對一個相較之下陌生的人開放你自己。你被期待要分享你生活、想法和情感，到達很私密、非常細節的程度，但那個人不會和你分享他私人的生活、想法和情感。換言之，你把你的故事託付給一個幾乎不認識的人——一個有權威的人，這對任何人都是不容易的，對受過性侵害的倖存者而言更是困難。你曾有過一個經驗，那個經驗是一個有權力的人，以具傷害性的方式濫用了你對他的信任。一個你認識的人——一個應該愛你、保護你的人——傷害了你。如果一個與你如此親近的人都會背叛，你如何期待一個幾乎陌生的人呢？在你的經驗中，權力、控制與侵害是連結在一起的。你在面對權威時會謹慎地卸除防衛，是很可以理解的。

處理權力這個議題的方式，就是慢慢地、一步一步來，任何時候出現害怕與猶疑，當下就談談它。如果你覺得治療師過於操弄了，告訴他你的感受。如果你覺得她以一種你認為沒道理的方式在推你向前，讓她知道。如果覺得自己在治療師面前就會顯得很脆弱或很孩子氣，去談談這種感覺是很重要的。你的治療師並不會讀心術，你不能期望他會猜到你的感受。你越去談你的感受，就越會學到談談感受是沒問題的。一個好的治療師會對個案如何詮釋治療關係保持開放的心。如果你的諮商師沒有準備好接受她會犯錯的可能性，接受他也許會不知不覺地做出操弄與控制的事，接受她的做法可能不適合某些特定的個案，那麼你也許找錯治療師了。但在你決定這樣的治療不合宜之前，先與治療師談談你的感受。

諮商是種關係，一種兩個人參與的關係。不要一有不合的徵兆，就認定這個關係無法發展下去。兩個人帶著一股信念，可以克服歧異、建立信任，這也是一種很重要的、與復原相關的學習。這是得慢慢來才能學到的一門功課。

一個有責任感的駕駛會小心地開進高速公路，她會先確認沒有明顯的危險，且會先開在慢車道上，等到能掌握路況、能判斷車流情況之後，才會開始加速。他會先打方向燈，然後才變換到快車道。只有最莽撞的駕駛才會一開始就踩足油門，不顧危險地一口氣切換三個車道。同樣的道理，要建立信任也應該採取謹慎、有耐心的方式。以你覺得合理的步調前進，不必過快。如果治療師的方向或步調對你而言不太舒服，慢下來，看看指標，或者問個路。如此一來你會學到一套建立信任的固定途徑，這會變成你的模式。你會了解信任的要素，與建立信任關係的方式。

與其把諮商師視為一個能夠告訴你該如何過生活的人（有點像是一位心理上的「後座駕駛」），不如把他視為諮詢專家：一個也許曾經走過這條路的、知道如何看地圖的、在你迷路時可以依靠的人。無庸置疑，你們兩人都會犯錯，會轉錯彎。不過有個人在旁邊告訴你如何回到原來的路上也很好。

要滿足雙方的話，關係必須是互惠的。雙方都必須覺得從這段關係中有得到些什麼。不過這樣的交換毋須完全公平。如果我們各給對方十元，那就等於什麼事也沒發生，不如各自把錢留在自己身上。但是，假若你給我一個禮物，而我提供你一項服務，我們都得到了一個新的東西，我們也都給了對方東西，這就是互惠。基於同樣的原因，諮商師不應該在治療時談他的個人議題。治療的互惠適用不同的規則。它是一段專業的關係，不是朋友或戀人關係。被負責任地對待，相互尊重治療的本質（包括治療的界線與限制），你與諮商師的關係將會是無比重要且非常有幫助的。

直接經驗

你也許不禁會想，一個沒有被侵害過的人怎能了解你經歷了怎樣的事情。要成為一位有用處的治療師，他或她得是位倖存者嗎？換個角度來說，一位曾被性侵害的人可能對被性侵害這種事保持足夠的客觀，以便對你的問題提供切合實際的協助嗎？這些問題沒有所謂的正確答案。優劣都必須被考量——放在你所處的特別情況下來考量。

我曾經聽過有人堅持，唯有倖存者才能有效地與其他倖存者工作。我認為這樣的說法有誤導之嫌。不過就像所有出於善意的意見，它包含了某一部分的真實性。真實的部分當然就是，要確切了解一件事的最好方法就是要有親身經驗。只有倖存者才能宣稱他知道那種情況是怎麼回事。即便每一位被侵害者的情況都有所不同（情況確實相當不一樣），它對人帶來的影響是十分相似的。與另一位倖存者互動所能帶來的好處絕對是重要的，但那就意味著你的治療師得是一位倖存者嗎？我不認為。的確，沒有得過盲腸炎的人不知道那是什麼感受，但應該沒有人會要求外科醫師在動手術前先露出他的疤痕吧。治療師不必為了能治療某種問題，而得自己先經歷過那種問題。她確實需要對那類問題進行學習（沒有什麼比了解這個更重要了），包括知道這個問題對個人帶來的影響。（被性侵害的兒童比受其他身體攻擊的人所受衝擊更大，治療師處理倖存者時，得要探索倖存者對自己的感覺，並探索在倖存者身上發生過哪些事。）一些有關兒童性侵害的事，可以從課程、工作坊和閱讀中獲得。然而有關兒童性侵害之事中最重要的部分，我們僅能從倖存者身上學習。你（倖存者）是專家，必須傾聽自己的聲音。你必須被鼓勵談——反覆地說你的故事。於此同時，你的治療師必須謹慎地聽——帶著開放的心及完全的尊重。經由這樣的歷程，你的諮商師會學到能幫助你的最好方式。

堅持只有倖存者才能幫助另一位倖存者的說法，其實潛藏著一種無望感。那聽起來很像是「沒有人能真的了解我」。含蓄地說就是「我是有問題的，只有曾被傷害到相同程度的人，才可能了解我的經歷」。這種說法強化了倖存者的孤立感。與不是倖存者的治療師建立治療同盟關係，是對無望感與孤立感進行很有力的駁斥。

諮商師同時也是倖存者是既有好處也有缺點的。從直接經驗所產生的同理與理解是很珍貴的東西。你也許會覺得這是有生以來你第一次為人所理解，沒有什麼比這種感受更有價值了；對你而言有這樣的經驗是很重要的，不管這經驗來自與諮商師的互動，還是與其他倖存者。然而，和一位既是倖存者也是治療師的人一起工作的問題在於界線容易被模糊掉。雖然有類似的經驗、受到類似的影響，還是不應該假設倖存者都一樣。每個人的人生經歷都相當地不一樣。儘管有著相似性，被性侵的兒童所受到的影響與他們的反應也存有很多變異。同為倖存者的治療師可能會認為你的故事和他自己的十分類似，因而假定你的感受也跟他一樣——於是他沒有去跟你核對他的假設是否屬實。這種「讀心」的做法對個案通常不是好事。既是倖存者也是治療師的人，在工作時應該不要被自己的經驗所侷限，除了同理之外，還應該帶著多元角度及客觀的態度。如果你的治療師沒有完全想通他自己被侵害的經驗，他將不可能提供你所需要的幫助。她可能會帶著自己的議題進到治療中（不管那是不是你的議題），因而把你導向不適切的方向。不然，他也可能會過度認同你的議題，造成治療室內出現兩個個案卻沒有治療師。你將發現自己處在一種不是很令人愉悅的情況，就是得對你的治療師提供諮詢服務。雖然這種經驗可能讓人感到有趣，但這畢竟不是你來接受治療的目的。

不論你的治療師是否也同樣是倖存者，她都應該小心，別強制地以不適合你的步調進行治療，或者把治療引導到不適合你的方向。諮商師應該了解你不僅僅是位「受害者」，你是人，有著各種的技能、態度、情感與經驗。沒有從全人的角度來看待你會是種錯誤。你將會走到談及被性侵害以外的議題的那一天。這不僅是適切的，也是非常必要的。被性侵害是一件**曾發生在你身上的事；被性侵不是你的全部**。不要把治療的全部時刻都投注在談論被性侵這件事情上。你的諮商師必須從全人的角度來看你，也要鼓勵你如此看你自己。

每個治療都會有起伏；沒有哪個治療是完美的。與其找個同樣身為倖存者（或不是倖存者）的治療師，不如找一個能提供你最好關照的治療師。

性別

「我應該找一個男性或女性的治療師？」這問題沒有明確的答案。當治療師一開始認識性侵害這個議題時，他們通常假設加害者都是男性而受害者都是女性。因為有這個錯誤假設，很多諮商師也假設受害者跟女性治療師相處會覺得比較安全。當開始有男性倖存者現身尋求協助時，諮商專業很慢地才接受此一現象；而認知到女性加害者的存在則花了更長的時間。

選擇男性或女性治療師要考慮很多因素。對有些人來說，性別並不是問題，你也許並不關心諮商師是男是女，只希望是個好治療師。另一方面，你也許非得要跟男性（或女性）治療師一起工作，才會覺得比較自在。在這件事情上，在乎你的感受沒有什麼不對。在治療中把「你的不舒服感受」當成一個「議題」來處理是可行的方式，但也不是非得這樣不可。進入治療已經引起你很大的焦慮了，如果選擇一位男性（或女性）的治療師可以讓你舒服一點，無論如何，就這麼辦吧。你可以把和男性（或女性）相處的議題，用其他方式處理——或者，你可以在日後找另一種性別的治療師。

不過並非每個人都能享有很多的選擇。你可能身在一個只有少數治療師的地區，其中可能只有一位有與倖存者一起工作的經驗，於是你不得不接受這唯一的選擇。又或者，最好的選擇剛好是「另一種」性別。甚至，你可能發現附近沒有任何一位諮商師有相關的經驗。不必失望，我們的知識正在快速的累積，為你自己找一個聰明的、具關懷力的、且會全心投入專業工作的治療師，鼓勵他學習任何要有效幫助你得具備的知識。

在其他條件都一樣的情況下，你也許會覺得選個不會令你想起加害者的治療師比較安全，這就讓人覺得找個性別和你的加害者不一樣的治療師比較好。但這僅是應該列入考量的條件，並不是什麼法則。性別並不是唯一會讓你憶及加害者的特徵或屬性。其他外在條件，諸如音質、說話的方式、身體姿勢、穿著和年齡，都可能會喚起強烈的記憶。如果你覺得和這個人相處的感覺不錯——如果他是個聰明的、有覺察力的、受過良好訓練的、反應好的，且是能鼓舞人的治療師——別太在意性別，你已經為自己找到很有價值的資源了。

治療的類型

「哪一種個別治療的類型最適合我？」這是一個很複雜的問題。有非常多種諮商與心理治療的模式，各自反映出對人類行為的不同詮釋方向。雖然對諮商理論與方法有些基本知識會有助益，但你不可能把所有心理學觀點的派別都探索一遍的。

就像復原這件事一樣，心理治療如同一間有很多扇門的房屋。從哪一扇門進出比較不重要，真的進去屋子裡比較重要。有的門進出也許比較方便，有的門也許很難打開，有的門也許太小不好出入，有的門也許重得推不動。我的想法是，或許真有某些形式的治療較適於達成你的目的，但選擇哪位治療師才是更關鍵的。如果治療師是位有能力的、有見地的、懂得變通的，且能鼓舞人的，你會發現，無論他選擇採用哪種治療的派別，都能有效地進行治療。如果治療師是僵化的、控制欲強的，且缺乏想像力的，無論他接受的是哪種學派的訓練，都是一位不夠格的治療師。

找個你覺得還不錯的治療師，問問他的治療取向。你自己不必是懂治療的專家。當你和不同取向的諮商師會談時，問問他們實行什麼形式的治療。問問他們覺得治療一位遭性侵害過的倖存者時，哪些議題會是重要的。問問他們如何為諮商研擬計畫。說明一下他將如何和你進行治療？用你自己的話來問問題，如果你聽不懂答案，要求他澄清。治療應該邁向了解，而不是更加困惑。

有問題的治療

有很多不同類型的治療是對人有幫助的，但並不表示所有的治療都是對人有效的。

有些所謂的治療活動，在好一點的情況下，對倖存者只是沒有幫助而已；而在比較糟糕的情況下，則會是對倖存者造成另一次侵害。底下是有問題的治療的例子：

一、**性**。治療師和個案發生性行為這種事，是沒有任何合情理的藉口的。這種事對個案是有害的，是會毀滅治療的。與性侵倖存者發生性行為的治療師，可以說是不可原諒地背棄了他所受到的信任。有些沒有原則的人會企圖合理化治療師與個案有性關係這種事。他們用各種委婉的詞彙來稱呼它，比如「身體工作取向」。他們企圖合理化的說詞包括聲稱這能使個案「得到感覺」、「放得開」，甚至聲稱這樣子是在「教導」個案「如何與人發展親密關係」。那些說法都是不對的，不是謊言就是自欺。和個案發生性行為的治療師是在壓榨個案、是在重演之前的性侵害、是利用個案的脆弱來滿足治療師的私利。對個案而言，想要取悅治療師是很自然的念頭。治療師覺得你具有吸引力，會令你受寵若驚。對你的治療師有性的感覺也不是什麼大不了的事，那是治療過程中的正常現象，被稱之為**移情**。把這樣的情感付諸實際行動則會摧毀治療同盟關係的安全感。如果諮商師暗示你或者縱容自己與你發生任何的性活動，馬上離開。你曾經被侵害過，而這一次，你有機會讓結果有所不同。

二、**重演被侵害的過程**。身為倖存者，你絕不想再次成為受害者。不論是實際地經驗受害或者象徵性地體驗受害，都會是有傷害性的。你已經有太多的時間處於受害者的位置。任何你得在其中擔任受害者角色的角色扮演、心理劇、引導式想像，或者其他要誘發之前被侵害情境的技巧，將會令你受到驚嚇，也將對你的復原有不利影響。這並不是說角色扮演或心理劇是沒有用的技巧，它們是具有療效的工具，但就像任何工具一樣，它們得由一位知道怎樣使用的人，用正確且合宜的方式加以運用才能發揮效益。要合宜地運用這些技巧必須受過訓練，也要對如何達到眼前的目的有清楚的覺察。舉例來說，演練你正面對著加害者而你能掌控那個局面，這種角色扮演會是有助益的。運用心理劇去重塑當你還是孩童時，事情應該是怎樣才對，可以激起強烈地情緒與自我覺察。你也許想排練當面質疑加害者的場景。你可以試著運用幻想與心像體驗如何強而有力地、有自信地面質加害者。這些做法及其他類似的技巧會有效，是因為它們把你放在一個具有主控權的位置。比起那些讓你再次體驗感到無力的情況，這些做法聚焦於你有力量的面向，讓你體驗如何從受害者角色中脫身。

三、不適當的觸碰。在你遭到性侵害時，你對身體的控制權被奪走了，因此復原部分有賴於取回對自己身體的控制權。你有絕對的權力可以決定誰能觸碰你，何時能觸碰以及如何觸碰，你永遠都有權說不。這個權力還可以延伸到擁抱、拍肩，甚至握手等動作。雖然擁抱和其他身體接觸可以是安慰、撫慰及療癒，這些動作也可能令倖存者感到驚愕。沒有人可以未經許可就觸碰你，不論他是出於怎麼的善意。小心任何**要求**你接受觸碰的治療法。碰觸是否適宜的關鍵在於許可。不要被強迫或者被操弄去做任何對你而言並不適當的活動。假如你不想被觸碰，碰你就是不恰當的。假如你不確定是否已經能接受被觸碰，最好的辦法就是緩一下。你永遠可以以後再來嘗試，可是一旦做了就不可能重來。你不應該為取悅別人而默許他們碰你，你甚至不必對於不讓人觸碰給什麼理由。你的身體是你的。這個理由就夠了。假如你的治療師不接受這樣的觀點，他就沒資格與倖存者工作。

四、**專制的做法**。對於別人叫你如何如何的情況，你已經經歷得夠多了。堅持他們知道怎樣才是對你最好的人，已經造成很多傷害了。復原意指為你的生活擁有最終的掌控。一個宣稱知道所有答案的人從外在強加給你方案，也許很有誘惑力，「放棄控制，讓別人來做所有的決定不也很好？」但這是行不通的。要小心那種想要掌控你生活的諮商師。即使他帶著最大的好意，這種做法也是無濟於事的。一位好的治療師會幫助你探索各種選項，她會鼓勵你承擔起做決定的責任。

五、**沒有反應的做法**。有些治療師幾乎不給個案任何回應。他們任由個案去想像治療師在想什麼，任由個案把自己的念頭投射到諮商師身上。直接的問題也會被丟回提問者。縱使這種形式的治療對某些人是有效的，但對倖存者則不然。你生活中的很多時刻都是被孤立的——被推回去依靠自己，自行猜測現實狀況是怎樣。你需要溝通與了解。當倖存者提出問題時，應該要被視為是提出合情合理的詢問，也理當得到回應。回應太少會使倖存者覺得被孤立，同時覺得自己很蠢。治療師不會什麼都知道，但他應該能幫助你發現問題的答案。你需要一個能開放地**和你一起**探索世界的人，能問他問題，能透過他嘗試掌握現實，而不是一個**不照料你**或者放你自己去做的人。當你和治療師面談時，確認他的回應模式像個真實的人。

六、**批評式的做法與評判式的做法**。你是批評自己以及給自己負面評價的專家，你不需要再花錢請人來做這些事。那種只堅信某種觀點的人往往會對任何與自己觀點不同的人表現出批判性。不論他堅信的觀點是屬於宗教、政治、學術方面或者是治療方面，那種人的觀點都會是比較片面的，比較僵化沒彈性的。想要以放鬆的心情、比較開放地和那種會經常批評與批判的人談話，實在是不太可能的事。你要找的治療師應該是不管自己的信念為何，都還是能在一定範圍內對各種可能性保持開放。治療師的這種態度對於幫助你克服自己的偏狹，以及可能會有的那些非黑即白的想法，會有無上的助益。

尋求治療師

一旦決定接受治療，要怎麼才能找到治療師？要怎樣才知道你所遇到的這一位是有能力、具專業，有足夠相關知識的？還有，如何決定這一位諮商師適不適合你？這些都是很重要的問題。你將要與治療師進入一段親近的、信任的關係中，你當然希望找一位適合的人選。下列的建議希望能提供一些助益：

一、**如果你曾經接受過治療，回想一下那個經驗對你而言像什麼。**在你和治療師的關係中遇到過什麼樣的困難？你發現在治療中什麼是有幫助的？又有哪些問題？你的諮商師能表現出耐心、關懷、鼓勵、開放與接納嗎？你願意再回去找她嗎？如果願意，你可以考慮再和同一位諮商師展開治療。這個選擇的好處在於你們已經有過互動經驗，建立過工作關係。假如你不想再找同一位諮商師，澄清理由為何將會有所助益。如果你知道在治療關係中你想要的是什麼，那麼就有機會找到一位符合你需要的人。假使你喜歡也信得過你以前的治療師，但他現在沒辦法排時間繼續治療你，請他建議適合人選。如果你的前任治療師對於治療性侵害所帶來的傷害缺乏經驗，他可能會把你轉介給這方面的專家。這並不是在拒絕，而是種專業的做法。不論一個人多會維修電話，你還是不會把壞掉的冰箱交給他。請確定你的前任諮商師知道你在找怎樣的治療師——還有為什麼你想找那樣的人選——及他推薦該位治療師的理由。

二、**和你信得過的朋友、家人與同事談談。**請教他們接受諮商與治療的經驗。如果你從沒有這方面的經驗，這樣做特別有幫助。如果你有朋友就是治療師，請他們推薦人選——一樣要問他們推薦的理由。即使你收集了一些建議，功課還是沒有做完。每種治療情況不會對任何人都適合。治療師亦如是。一位與你最好的朋友合得來的諮商師，也許就是很不適合你。終究，你得相信自己的判斷。

三、**和專門處理性侵害議題的地區性機構與組織聯絡。**請他們推薦有處理倖存者經驗的諮商師。即便那個單位和你所居住的地方有點距離，他們或許還是知道你所在的區域有哪些資源。

在這些主要的機構與組織中，有很多都是婦女中心及強暴危機處理中心，但是這些單位應該還是會協助男性的。既然在性侵害的議題上，女性是比較早開始面對的，婦女中心應該還是可以引導你找到適合的諮商師。別擔心因為你是男性會被拒絕協助，性侵害才是焦點，性別不是，婦女中心的人很清楚這一點。

除了婦女中心，還有一些地區性的司法單位有受害人協助方案或性侵害處理小組。

這些單位的工作人員可以提供資訊與轉介。地方政府中的類似單位——社會工作部門、兒童保護部門與其他類似單位——也可以提供轉介資源。有些宗教與教育性的組織也有幫助倖存者的資源。

四、和以提供性侵害議題之支持與教育為目的，而建立的全國性、區域性及地方性的組織聯絡。全國性的組織在你所在的地區可能設有分會或聯絡人。他們會有該地區對於性侵害議題有經驗或有興趣的諮商師名單。不過要記得，被列名的並不表示保證所提供的服務名質。

五、想一想你需要怎樣的治療師。哪方面的專業性對你而言是最重要的？哪些人格特質是你最在乎的？找出你各式各樣的期待，同時也把這些期待放在現實中考量。然後把條件寫成一張清單。決定清單中的哪些條件對你而言是最重要的——哪些條件是基本上一定要符合的，哪些是有最好但沒有也可以接受的。如果你知道自己有怎樣的期待和預判，就比較不可能失望。

六、為初次會談擬一份問題清單。把問題寫下來你才不會忘記。你的問題可以包括實務上的細節（收費如何？接受健保嗎？有晚上或週末的時段嗎？取消預約時會怎樣收費？）、有關治療師的資訊（治療理論取向是？執業多久了？受過哪些訓練？有無處理倖存者的經驗？在這個議題上有接受督導嗎？）、治療的細節（預期需要進行多久的治療？治療會以怎樣的方式進行？會給治療情形書面報告嗎？），以及其他重要的議題——能承諾絕對的保密嗎？認為治療師與當事人發生性關係可能會是有益處的嗎？（如果得到了否定以外的答案，他就不是適合你的治療師。）面對哭泣、暴怒等反應時，感受會是如何？

一位負責任的治療師會很樂意回答你所提的任何問題。假如她不想回答某個問題，諮商師應該會不帶防衛地向你說明為何她認為這個問題不恰當。如果治療師不願意提供那些你所需要的資訊，另外找一位吧。

七、**貨比三家**。挑治療師是重大的決定。不要見到第一位就做決定。用電話先和幾位諮商師聊聊，再和其中你覺得不錯的諮商師約時間做初步會談。如果你得和某位或某幾位治療師再約第二次初步會談才能做出決定，那就再約會談。如果你會談的這些人裡沒一個令你感到滿意，繼續找其他人。這麼做可能所費不貲，但對你的復原會是划算的投資。不要讓難為情的心態阻礙了你。一位負責任的治療師也會抱著幫你找到最合適人選的心態與你進行初步會談。

八、**相信自己的印象**。如果你和諮商師之間在某方面就是感覺不夠「合」，這就足以令你仔細再斟酌了。或許你需要知道更多的資訊，或許你覺得在某一方面需要再做考量。你不必說明理由——它不必有合乎理性的原因。如果和這個人在一起令你有種不安全感，那也許是因為她的音質會讓你聯想到你的母親，或是他用了和你父親同一種牌子的刮鬍水。不管原因為何——儘管那個人看起來再和善不過——有這種感覺存在，你就很難對他掏心。把這種感覺拿出來討論。好的治療師不會因為你的吐實而有受到威脅的感覺。雖然這種情形不會是難以克服的障礙（它甚至可能其實是一個機會），但也不必非得在這個階段就承接每一個挑戰。你可以選擇留下來和這位治療師進行治療，一同設法解決那些因他而產生的負向感覺。或者，你可以選擇找另一位治療師——一位令你感覺比較舒服的。無論你做怎樣的選擇，對治療師挑明了說出來才是最正確的。

九、**做出決定。雖然東挑西選是很重要的步驟，但進入復原的實質歷程也一樣重要。**小心別為了執著於找到一位「完美的治療師」，以至於遲遲沒有進入實際的治療歷程。不要讓完美主義阻擋了復原之路。如同得接受自己是個會犯錯的人，你得了解治療師也是人。不用說，你們兩個人都會犯錯。重點不在於能做到無瑕，而在於願意互相指出彼此的不對勁之處，以及能夠尋求解決之道。如果你找到了一位聰明的、細心的、有耐性且懂得接納的、有能力且不僵化的治療師，不用再找下去了。你已經找到一位「理想的」治療師了。

【第十七章】團體及工作坊

「我以前總覺得必須不停地訴說才會被聽見，但是其實我可以安靜地在團體中聆聽其他成員訴說我的故事。」

——一位男性倖存者

「要對**你們**談我的父親是件非常困難的事，我從未在團體裡談他。」對大多數人來說，要對一群陌生人分享自己的私密是很有壓力的，尤其對倖存者而言。如果加入一個倖存者復原團體會讓你覺得恐怖的話，你並不是唯一這樣想的人。長久以來，你活在羞愧、罪惡感及否認的重擔下，使得你對被虐的事實保持沉默，害怕去承認自己受到強暴的事實，恐懼揭露自己的過去會導致羞辱、非難、處罰及更多的孤立。如果處理自己的故事已經這麼困難，你如何站在房間裡聽著滿屋子的人去分享他們的類似遭遇？這實在是太痛苦以及——太真實，而且盡頭在哪裡呢？你懷疑自己是否已經做好準備去承受情緒的衝擊——你甚至認為自己永遠不會準備好。

參加團體並非取代一對一的個別治療，它是復原歷程的另一種層面，配合個別治療，團體可以相當有力地激發你向目標前進。

在本章中，我將討論各種不同類型的團體，以及如何決定那一種團體適合你，如何找到治療團體，還有如何知道你是否準備好。

為什麼要參加團體？

如同第十三章曾討論過的，復原的第一步是告訴他人。將自己的故事告訴一位支持、鼓勵的人，是建立一個信任關係的基礎。投入這樣的互動中，就算是暫時的，也是一種療癒的行動，最好的說法是這創造了一個治療性的關係。當你接受了與一位合格且關懷的專業諮商師建立信任關係時，這將成為與其他人再建立關係的基礎。當你學會你可以信任某人，並且知道你的脆弱不會被濫用時，這將開啟你與其他人建立重要連結的可能性。當你與你的治療師的關係越深入及穩固時，他會鼓勵你去與別人建立信任與親密的關係，去拓展你的人際圈。當你對自己感覺更強壯及正向時，你會更願意向外發展。每一次你對別人訴說過去的受虐事實，每一次都感到自己被尊重，這樣的經驗會讓你更容易感受到你在這世上是受歡迎、是被接納的，而加入一個成年倖存者復原團體是經驗到這種接納的重要管道。

透過對其他倖存者分享你的感覺與經驗，可以獲得許多助益。如果對方符合底下的特質，你就可以向這樣的人訴說你的故事：

- 能夠仔細聆聽你所說的事。
- 能夠相信你。
- 知道你所說的關於虐待及其影響都是事實，因為他們也有**類似的遭遇**。

他們的過去不一定都跟你相同，無論加害者是男性或女性、家人或陌生人、單人或多人，這些並不是真的很重要。倖存者在受到侵害時的年紀、頻率與強度上可能會有所不同，但這些都不是最重要的。我從未找到任何臨床上的證據可以為不同的兒童性侵害類型排定嚴重程度的等級。虐待的特定細節並不重要，類似的影響及感覺才是最重要的。之所以強調這點是因為我發現，倖存者會以任何他們覺得自己不屬於這個團體的感受，來當成封閉自己的藉口。比如他們感到孤立因為他們是最年長的或最年輕的、最成功或最失敗的、最有錢或最窮、教育程度最高或最低、受害時較年長或較年輕、沒有清楚的受害記憶或對受害細節記得十分清楚、被親密的家人或陌生人侵害、受害時伴隨的暴力程度有所不同（未受到暴力、輕度暴力、嚴重暴力）、受害事實是單一事件或是持續的侵害、被一個或好幾個加害者侵害、對侵害是感到愉悅或是痛恨，這些全都是很細微的區分，重要的是不要讓這些不同讓你忽略了之間極大的相似之處。

當你訴說自己的故事並且傾聽他人的分享時，你會了解到自己並不孤單。你背負了多年的情感重擔——麻木、孤立及失敗的感覺，並不代表你是有病或邪惡的。這些是你曾經歷了可怕的創傷經驗而帶來的結果，任何正常人都會被這樣的經驗所深深影響。如果一位船難倖存者唯一能做的是緊抓著浮板，有誰會責怪他沒有奮力游向岸邊呢？與其他有價值、值得愛的人相會，而這些人也像你一樣，花了很長的時間緊緊抓著微弱的生機，與這樣的人建立支持關係會讓你對自己的處境產生有意義的觀點，同時也會讓你看見希望之光：「如果這些人能夠為他們的生活做改變，並且更能掌握自己的人生，也許我也能夠做到。」這也是在團體中成員會主動支持其他人的理由。某一成員能夠成功達到目標，對其他成員而言是重要的，因為這為其他成員強調了復原的事實。

團體同時也可做為一個安全的避風港，你不需要多說什麼或解釋什麼，團體是用來讓你得以感受與人連結而不會讓自己暴露在被虐待的危險中。你與陪伴的人用相同方式來探索自己的感覺，在不會被評價的環境裡，你看到自己與伙伴相似或不同之處。參與團體有個重要的意義是發現真實的自己，以及自己可以成為怎樣的人。

即使團體是個安全的地方，參與其中也不全然是舒服的。你花了許多時間及精力試圖避免想起過去，你已習慣避免讓任何事來引發關於虐待的記憶，因為一旦回想將會導致痛苦。你可能會懷疑：「我需要自找苦吃嗎？我是傻瓜才會參加倖存者團體。我不光會感受到自己的痛苦，還被迫要聽其他人的故事。」對，沒有一個神智清楚的人會花時間與滿屋子人一起挖掘過去痛苦的記憶——除非有個強而有力的理由。團體中有許多東西更甚於痛苦的情緒，帶出這些感覺的目的不是去學著與它們共存，而是要**克服它們**，任何迴避或忽視這些感覺的做法都是無益的，你很清楚，因為你過去一直這麼做。

團體並不是要引發悲慘的感覺，而是創造一個安全的環境來允許過去的經歷被感受。一旦受創的痛苦在一個非虐待的氣氛下被感受，這痛苦將可被檢視、被了解、加入洞察的觀點、並得以被消除。持續參加團體課程時，有許多時刻你會感到焦慮、害怕、混亂及憤怒，也會有平靜、開心、興奮甚至愉悅的時刻。雖然任何一種情況都對我們是有助益的，但都不是團體的最終目的。團體會利用這些正向跟負向的感覺來幫助成員得到更深的覺察，這些覺察能夠帶領成員改變想法、反應以及行為，最終的目標是生活得更滿足。

成為倖存者復原團體中的一員有著難以估量的價值，成員們所建立的連結經常證明是在他們的生活中最有意義的事。他們可能也會處在很熱切的、情緒快要爆炸的以及混亂的狀態中，這有時是很令人困惑的。有時你會希望參與更多，但有時也會希望從來沒參加過。團體成員會說：「我必須強迫自己每週都來。」「我有時會想從門口跑掉然後再也不回來，但我一週又一週地回來，因為我知道我需要這裡。」參加團體非常重要，但很少是舒服的，這也是為什麼我們要去區分「舒服」跟「安全」的差別，這一點也是你要不斷提醒自己的。團體中不舒服但真實的安全感提供了你復原工作的所需。「不舒服」是暫時的，就像「倖存」也只是一個持續過程中的某一階段而已。最終，復原使得你能夠得到安全及舒服的關係。

團體種類

團體形式有許多種，從很鬆散的、非正式的、開放給任何人的「閒逛團體」（drop-in），到高度結構並要求長期承諾的治療團體都有。團體可以由合格的心理師、或未受專業訓練的倖存者來帶領，甚至也有「無領導者」的團體。團體的目的可能有治療、教育、支持或同時具有以上多種目的。團體可能有次數限制或是持續性的長期團體。參加人數可能會限制或不限，組成成員可能是固定的或是每週不同，可能只著重在性侵害議題或可能包含更廣泛的生活議題。換言之，團體有無窮的可能性，選擇什麼樣的團體端視你的需要、喜好，以及所在地區能夠提供的服務而定。如果在你居住的地區並未有這類的服務，也不要放棄參加團體的想法，你仍可以從參加一般性議題的團體的過程中滿足你的需要，或是由你自己來發起一個倖存者團體。在你嘗試這麼做之前，你可以先參加為倖存者而開辦的工作坊和研討會。

但是在你開始自己的團體前，需要認真思考的是，許多倖存者是天生的照顧者，他們將每個人的需要置於自己的需要之前，結果他們唯一會滿足的需要就是他們需要去照顧別人。如果你是這樣的人，那開始你自己的團體就有個潛在陷阱。你將發現你在給別人你所希望得到的、去滿足每個人，除了你自己。請確保你不會犧牲自己去成為一個照顧者。我的建議是：首先與一位個別治療師建立穩固的關係，再經由他的協助來找你所在地區擁有的資源。如果有這樣的團體存在，在加入團體前先確保團體帶領者能夠花足夠的時間來回答你所有的問題。此外，確定你的個別治療師已經與團體帶領者談過，這樣的溝通越開放，對你的復原越有助益。

無論是個別或是團體治療都有其益處及問題，接下來我會討論一些團體的形式以及需注意的事項。

同儕或自助式支持性團體

這種團體是由成人倖存者為自己設立的，團體領導者固定一位，可能是由團體成員輪流擔任，也許是每次輪替或是一段時間之後換替，團體甚至會認定自己是「無領導者的」。聚會時間可能是每週、隔週、每月或偶爾一次。像這樣的團體其目標包括對成員的個人支持、教育自己及所處的社區、以及促進社會或政治上對於倖存者的需要的承認。聚會的形式會視團體希望達成的目標而變化，聚會可能包含特定議題的討論（關係、性欲、暴力、對成功的恐懼、揭露、面質），邀請其他講者來團體演講，或是團體成員有機會分享自己的故事。聚會可以有特定的大綱或是很鬆散，甚至無限制。一些支持性團體可能是某康復計畫中的一部分，像是「亂倫倖存者匿名會」。許多地方的倖存者同儕支持團體的形成，是出於「行動之聲」（VOICE in Action）所推薦的模式。一些支持性團體會將活動限制於團體聚會的時間之內；而其他團體會贊助社交的聚會、教育性的及募款的活動，以及鼓勵團體成員能夠形成在團體聚會之外的友誼。

參加這類團體的費用常是相當低廉的，許多甚至是免費。不同的團體對成員的規範也有很大的差異，所以在你參加團體前獲得這些資訊是很重要的。最基本的是，確認你的保密性及個人界線（身體或情緒）會受到團體其他成員的尊重。

同儕支持團體對倖存者常帶來極大的幫助，除了讓倖存者不再感受到孤立外，同時也打破了倖存者常有的自我意象：即倖存者是犯錯的、無助到沒有辦法為自己負責的。因此，自助式團體提供了成員為自己的復原負責的意涵，可以為你的個別治療（或是團體治療）給予相當價值的補強，這強大的益處源自於藉由形成自助團體，你加入其他倖存者的行列，來跨越原本根深蒂固地認為倖存者是無力且不適應的感受。

雖然自助式團體有許多好處，但也有些要注意及避免的問題。我認為團體中有個指派的帶領者、召集人或協調者是很重要的，他負責以整個團體運作來考量，應該要能清楚掌握團體動向：像成員是否得到足夠的關注（讓團體不致於被某些強勢的成員霸佔而使得少數較內向的成員流失）、是否有成員處於危機中、團體規則是否被遵守、團體開始及結束時間是否符合共識，同時也要有人思考每次團體間的連貫工作。這些工作可由一個人來負責一段時間，或者輪流由所有成員分擔。不管怎麼做，有人思考關於團體整體的福祉會是團體成功的關鍵。

另一個同儕自助團體可能有的危險是，團體的當下對所有成員造成傷害。當在團體中經驗到強烈的情緒時——而這總是會發生——很重要的是要有人能夠穩定不為所動。如果每個團體成員都被絕望情緒給淹沒，房間裡所有人都變成受害者而非倖存者。不同生活經驗的人也許能夠更快辨識快被情緒淹沒的信號，並提供有用的洞察讓團體避免停留在這些感覺上。如果缺乏這樣的洞察，則成員需要體認到團體有可能會「停工」，並且找出處理這些問題的策略。如果做不到這點，這團體或許無法持續。成功處理這個議題能夠讓成員建立真正堅固及有效的支持性團體。

篩選新的成員也是自助團體的挑戰之一，並非每個人都能夠或準備好負起身為團體成員的責任。對某些倖存者而言，其受虐的影響之一是他的反社會行為，他們可能出現暴力、言語虐待、嚴苛批評、或其他易導致其產生偏差行為的傾向。個人的匱乏情況可能強烈到他或她需要獨佔整個聚會。不趕走任何團體成員的做法是值得肯定的，因為倖存者知道獨自處在痛苦中而無法得到援手的滋味，他們不想讓任何人陷在這樣的處境當中。然而，接受有嚴重困擾的成員可能會毀了整個團體，他本身如無底洞般永不滿足的匱乏會吞噬其他成員的資源，直到他們無法再從團體中獲益為止。這類成員的預備狀態還不足以讓團體能夠真正幫助他，他還未準備好發揮團體成員的功能，他終究會離開，然後感覺這是另一個別人無法滿足他的需要的例證。像這樣的人在參加團體前需要密集的個別治療，先得到足夠的關注，才能負起回應他人需要的責任。

因為很少同儕支持團體有足夠的資源來篩選成員，所以必須要對團體可能面臨前述的狀況保持警覺。雖然在其他更有結構的治療團體也有這樣的狀況，但一位經驗豐富的治療師一般已發展出一套過程來降低不適合的新成員機率，也通常有處理成員在團體中不適當行為的經驗。

最後，我們也要討論關於控制的議題。我們知道控制對倖存者來說是很重要的主題，一個無領導者的、非結構的情境可能會令人相當害怕，有些人會用封閉、麻木或離開的方式，其他人則試圖藉由控制團體來消除焦慮，這種方式雖然能降低焦慮，但同時也使得他們無法從團體中獲益，因為這會將其他成員排斥在外。藉由掌控團體，這位倖存者不用被迫去面對原本讓他來參加團體的重大議題及感覺。這樣的行為可能會在團體中導致權力相爭及怨恨，因而毀了這個團體。

完善的計畫可以解決一些上述提到的問題，其他議題則僅是自助式團體本就會有的風險。了解這些潛在的問題可以幫助你在問題產生時能更有效的回應。沒有什麼情況是無風險的，而我所提的問題並不足以讓你做為不參加這類團體的理由。相反地，我鼓勵你把這些提醒放在心上，並試著探索同儕支持團體能為你在復原路上提供的資源。

泛議題團體

這類團體通常是長期且持續的，成員性別可能全是男性、女性或者兩性皆有。成員在參加時通常被要求承諾長期的關係，願意花一段時間待在團體。泛議題團體會關注任何團體成員有興趣的主題，包括團體內人際互動的動力關係。隨團體領導者的風格不同，有些人可能會著重在讓所有成員將焦點放在相關的議題上，且所有人都得到他同樣的關注；但有些人則不會干預團體，允許成員建立自己的規則及問題解決策略。

泛議題團體的另一個好處是，你可以不用強迫自己只談受虐的主題，以免你覺得自己只是個受害者，而是去拓展對生活的視野，也給自己更寬廣的脈絡來探索受虐。這類團體的缺點是可能無法談到受虐主題，你也許發現自己不願與那些不曾受害的人談論這個議題。如果真想逃避，人總是可以找到理由來為自己開脫。你可能會花數個月的時間來等待「正確的時機」，但是，不同於倖存者團體，你會發現除非自己提起，否則這個主題將不會被談到，你會覺得其他成員有比你更迫切的議題。而當你提起性侵害的主題時，你也可能發現其他成員（或甚至是治療師）並不願意談這個主題，你可能會感覺團體在你的復原工作上並未提供你需要的鼓勵、安全感以及理解，此時你也許會在團體中感受到在外面世界所感受到的孤立。這可以是個有用的情境，讓你去處理那些孤立感，但只有這些問題能夠被直接指認及挑戰時才有可能處理。

基本上，在你參加泛議題團體前要先與團體領導者討論受虐復原的問題，確保他知道這是你參加團體的重要原因，並確認他的回應是有道理的。要求領導者協助你能在團體中談論受虐的過去，讓他了解做什麼對你最有幫助。這只是你所有復原工作中的一小部分，所以不急，等到你確定你在團體中得到接納而無須有任何隱瞞的時候再開始。

理想上，你應先參加特別為倖存者所開設的團體，之後再加入泛議題團體。你可以帶著曾在倖存者團體所達到的成就進入泛議題團體，並在那裡測試自己的進步程度，就如同你漸漸朝更大的外界邁進一樣。

雖然泛議題團體並非處理兒童性侵害的理想狀況，但它仍可以是你目前能夠取得的最好的團體資源。如果無法有完美的解藥（事實上也不太可能有），並不表示你就什麼事都不做。就算並不是很對症下藥，參加泛議題團體還是相當有幫助的。

特定議題團體（非性侵害議題）

如果居住地沒有特別為性侵害倖存者開設的團體，你可以加入其他已存在的復原主題的團體。即使你並沒有酗酒、成癮或家暴問題，你還是跟有這些問題的人有許多相同之處。許多持久性的傷害是很類似的，你仍可以因看見童年創傷所造成的孤立及低自尊感受並非你個人所獨有而受到鼓舞。

最廣為人知的，同時也是組織得最好的是遍布美國全國的「十二步驟團體」（Twelve-Step），包括了治療酒癮的戒酒無名會（Alcoholics Anonymous，簡稱AA）等等。所有這類團體都承認，他們的成員過去都生活在一個無能克服的傷害性的家庭中。透過承認過去的傷害，加入有類似遭遇的伙伴中，並做一些過去有人走過並證實有用的事，來讓自己往前走，重掌自己的生活。

你不需要完全投入這些復原計畫，你無需成為一個「信徒」或讓自己的生活被團體聚會給霸佔。按照自己的步調，而且無疑地你也會有些保留。你會發現團體某些層面對你可能不是那麼有用，但不要就此認定團體完全無效。團體並非完美，讓自己多停留一會兒，並好好利用此刻是很有益處的。修正這些經驗來滿足自己的需求，利用這些來為你的治療提供後援。許多倖存者是從參與或透過十二步驟團體來展開復原之路的。

特定議題團體（性侵害議題）

性侵害倖存者團體會因所關注的需要不同而有許多差異，許多專為女性開設，但也有兩性混合、或是只專為男性而開的團體。他們可能特別設計為強暴受害者、童年曾被性侵害的成人、或將主題限制在其他特定方面的團體。而設計理念、焦點、進行方式、規則及品質也有很大不同。團體領導者會因各種不同的動機而開辦團體，團體成員也自有其參加的理由。最糟的情況是，團體領導者可能曾受虐，而他尚未處理好自己受到性侵的過去，卻想要利用團體來達到這個目的。不要認為他是團體領導者就一定有足夠的能力來做這件事，仔細調查，問所有你需要問的問題，如果你不滿意他的回覆，就不要參加這個團體。你可把接收到的反應向信任的專業人員諮詢，特別是那些會被小心翼翼隱藏起來的議題。例如，有些組織的理念是「無論如何家人都要在一起」，但並非所有家庭都該生活在一起，原諒及和解在你復原的此刻甚至未來，都不一定是合適的目標。不要被迫進入任何你認為不合理的復原計畫中。

「短期」或「持久」的團體

要參加有時間限制（八次、十次、十二次、十六次）的團體或是長期性的團體，取決於你可以獲得的服務及個人的需要及意願。兩者各有其優點及困難，對許多倖存者而言，即使是承諾短短幾個禮拜就是件恐怖的事，如果你是如此，可考慮先從參加單一個工作坊開始（請參閱本章末段關於工作坊的資訊），或是一個開放式團體——成員無需承諾每次都要參加團體聚會。這樣安排的缺點是這類團體的組成分子通常不穩定，聚會成員會一直更動，這會增加你在建立安全及親密上的困難。但無論如何，開放式團體提供一個合適的自由度，允許你為將來的長期團體做承諾而預備。

長期或持續性團體需要參與的成員承諾一段長期的關係，而這常會是經年累月的。這種團體的好處是成員有時間建立深度的信任及親密感，除了探索性侵害相關的議題外，團體也有時間處理團體動力的問題。成員間的互動變成相互了解的基礎，並由此改善自己在外界的人際關係。若處理得宜，持續性團體提供成員洞察過去、對現在採取行動的堅實基礎。新成員加入時，可以從舊成員所累積的經驗中獲益，而舊成員也可看到新加入者的嶄新觀點，像是看到他們自己加入團體以來一路上的進展。

焦點 Focus

團體成員的規則及協議

在我的復原團體中規定不多，但非常重要，以下簡要列出。

在參加團體之前，所有參加成員被期望要：

一、已經與個別治療師建立良好（非虐待）的關係，至少已維持六個月以上，並且已在性侵害主題上積極工作過。他們簽下聲明允許我與他們的治療師交換資訊，讓我們得以一起為復原工作努力。這項要求是因為團體經驗是很強烈及緊張的，而六到八位成員每週卻只有一個半小時的時間是不夠的，所以之前的個別治療是需要的。

二、**能有效處理物質濫用的問題**。意思是，如果他們有酒癮或其他成癮問題，那他們必須已保持六個月到一年沒喝醉或沒嗑藥，並能積極參加復原計畫。這麼做的理由是不讓強烈的團體經驗危及他們清醒的理智。

三、**參加團體前一年未曾因嚴重的精神病而住院治療過**。在經驗強烈的團體之前，先重建規律的日常生活作息。個人生活穩定後，會有許多時間可以參加團體的。

四、**並非正在經歷重大的生活危機事件**。團體經驗會成為他們生活中主要的壓力事件，再有任何危機事件都會讓人超載。

五、**目前沒有生活在虐待的環境中或正對他人虐待**。（我在此對施虐者做個區分：**感覺**像是或**實際上**是。）當你正被虐待或在施暴時，復原是不可能的。

身為團體成員、參與者需同意下列規則，以建立一個安全的復原環境：

一、**完全保密**。團體成員可以與任何他們所選擇的人分享自己的經驗，但此舉完全是為了保護所有參加成員的身分，這不同於祕密，這是為了尊重團體成員的隱私。參加成員可以自由談論任何我的所做所為，但他們得為其他人保密。

二、**未得允許不得觸碰他人**。即使是握手都需要雙方同意，兒童性侵害是用最傷害的方式來破壞個人的界線，倖存者控制自己身體的權力必須受到絕對的尊重。

三、不得與團體成員有性關係。

四、不可有肢體暴力。

五、任何與團體成員在團體外的接觸，即使只是打電話，也必須在團體中交待。在這些規則底下，我鼓勵團體成員彼此來往和支持，並去發展非虐待的友誼，但這必須要在完全尊重他人的界線及步調下進行，每一個人都有權拒絕團體以外的聚會。

六、參加團體需準時、不喝酒及嗑藥。請假得要有充分的理由，突發狀況需電話通知。

並非每個人都準備好或願意做長期的承諾來參加團體，對那些願意這麼做的人，團體可能成為他們復原歷程的支柱，對一些人來說，團體代表他們所遇到過的第一個正常穩定的「家庭」。

大多數倖存者的團體會有時間限制的規定，這意味著團體成員同意參加固定一段時間內次數限定的團體。團體的長度有所不同，平均是十到十六次。除非有急事，成員需參加每次聚會，而參加的成員從一開始到最後都是固定的。短期團體通常比持續性團體有較高的結構，有時會聚焦在特定的主題或目標。因為他們有時間的限制，也很少有機會能夠去探索團體動力。持續性團體可以讓成員因著自己的興趣及步調來逐步發展，在短期團體則會覺得有一股「要趕快做正事」的催促感。無論是否達到所設定的目標，短期團體仍會在預定的時間結束，而這會讓人產生動力去想得到進展。有時間限制的團體比較會是緊張及強力的，經常做為閒逛團體與長期性團體之間的橋樑。去看這為期十二週、每週一次、每次一個半小時，由八個人分享的團體，達到的成果常是令人驚奇的。短期性團體以其強度來彌補時間的短暫，對某些人來說，十二週的承諾就像一輩子，但其他人可能會覺得「十二週連我的油皮都抓不破半點」。

「全男性」或混合性別團體

這同樣也是取決於你能夠獲得的資源而定。我知道有些倖存者在康復歷程中是復原團體裡唯一的男性，對一些人來說，這會讓他們覺得很安全，另一些人則會感到被孤立而不舒服。很少有為男性而開設的團體，團體通常專為女性而開辦，就算有團體對男性開放，你可能會發現男性在其中是非常弱勢的，但即使是這樣，至少比沒有要好。理想上，在混合性別的團體中，男性成員至少要有兩個以上，而團體領導者要照顧這些男性成員，不要讓他們成為別人對男性加害者的出氣筒。無論你覺得自己有多像個加害者，重要的是在你的團體中你不該被如此對待。

另一方面，一個全男性的環境（特別是你的加害人為男性）可能也不是你現在願意或能夠承受的。最終，你必須審度自己可能得到的好處是否足以對抗恐懼，並且決定什麼樣的團體適合現在的你。一個全男性的團體雖然想來可怕，但可以帶給我們一種一體感及了解。除了對照成員間的經驗，也可以探索自己對性欲及女性的感受，而毋須擔心會被壓迫或剝削。團體的規則及相互支持的發展，成為你與其他男性形成非虐待性的關係的基礎，而這是你復原的重要步驟。

性取向

對於要把異性戀或男同志的倖存者，分開或整合在同一個復原團體中的問題，我可以分享自己的經驗以及我的想法是如何成形的。我原本沒有打算用性取向來區分團體，在我第一次的團體中，我對這些未來將參加團體的成員，篩選出恐同性戀者或恐異性戀者，然後讓這個團體包含同性戀及異性戀者。結果我有了相同數量的自我認定為同志及非同志的兩群人，他們想要進入團體——這些人數足夠形成兩個團體，我決定將這兩群人分開。我這麼做的理由是，性欲跟性取向對大多數的男性而言是高度敏感的話題，這是需要在安全、支持的環境下探索。我覺得異性戀的男性需要能夠安全地探索自己可能成為或被標籤為同志的害怕，另外還包括是否能表達反同志的感受而不用擔心被其他成員攻擊。但對男同志而言，傾聽這些恐同症的表達對他們是沒有幫助的。我也認為男同志需要去談關於他們的性欲時（包括性行為），不用擔心別人的評價或批評。我那時好奇這兩個團體間是否會有很大的不同。

當時我想，即使這兩個團體相似性遠大於相異，而且沒有理由堅持異性戀者跟同志要分開，但分成兩個團體還是有好處。這兩個團體處理的議題在本質上、成員間彼此支持的方式（包括性混淆的問題），都相當相似。

第一次團體之後，我有機會提供的團體未因性取向而有所區分，我的想法因為我自己的經驗以及工作伙伴而有所改變。我現在堅信，異性戀者與同性戀者能在復原過程中一起工作並相互滋養，期間所能得到的好處遠甚於困難。男性倖存者一次又一次地展現出我們處理的是童年的性侵害，而不是性取向。我一直被團體成員及工作坊參與者所感動，在他們的復原過程中，相異的人能夠彼此了解與支持。

如果你想要一個全異性戀或全男同志的團體卻找不到，我建議你參加混合的團體，也許會有令你驚訝的收穫。雖然只有一個男同志參加全是異性戀者的團體，或是一位異性戀者參加全男同志團體的情形不是很理想，但就算是這種情形也可使你得到有價值的團體經驗。在參加團體前先誠實地與團體領導者討論你的考量，並要求得到你所需要的資訊，這會讓你在開始任何團體前能有最好的基礎。

年齡層

通常男性受害者會在三十、四十或五十歲時，來處理受虐的相關議題。對青少年或才二十出頭的倖存者而言，因為離受性侵害的時間點相當接近，他們仍懷疑自己是否真的能存活下來，所以參加以成年男性為主的團體是相當有威脅性的。因此，青少年最好是參加同年齡層的團體，無論是全男性或是兩性混合的團體皆然。青少年在同儕的陪伴下著手自己的復原，其成果常是令人印象深刻的。二十歲階段的倖存者亦是如此。雖然我們曾經見過在成年男性團體中，年輕的成員有大幅進步的例子，但這畢竟要比他們在同儕團體中更加困難，因為其中權力的差別感受相當大。

對三十、四十或五十歲的男性而言，年紀就不會是重要的原因，因為他們要不就一直覺得自己是個受到驚嚇的孩童，要不就是他們從小就在扮演大人的角色。

對於要參加同齡團體與否，你可能沒有太多的選擇，但不要讓年齡阻礙了你的需求。加入一個合適的團體並讓它產生效果，這麼做會讓你感到自己有極大的掌控權能。

尋找團體

尋找團體，就如同尋找個別治療師或像是要做重大投資之前，你需要先詢問朋友或同事，詢問治療師及其他心理衛生專業人員，向倖存者團體、性侵害防治中心、婦女團體、求助專線、社福單位及其他社區資源諮詢，與全國性或地區性各種不同的推廣組織聯絡。

最後，若你發現沒有這樣的團體存在，考慮與其他有需要的倖存者聯絡，自己成為發動團體的聯絡人，以及，也讓自己成為這類團體的資深帶領者。如果需求夠多，就可以用這種方式來做。

你準備好進入團體了嗎？

這是個難題，答案在於你如何定義「準備好」。如果你疑惑自己是否能夠應付團體成員的需要，還是你只需要專注在自己身上就好，與你的治療師討論這個問題，共同探討並做出對你而言最好的決定，而不是遵從一些「絕對的」標準。我建議你先在個別治療中處理性侵害議題一段時間後（至少六個月至一年）再加入團體，但這只是建議而非規則。讓自己好好想想，在充分獲得資訊，以及得到你的個別治療師的建議後，決定你的行動方案。（如果團體帶領者認為你還沒準備好，不要認為這是對你個人的拒絕，問他為什麼這麼想，試著不帶防衛地聆聽他的理由。你毋須同意帶領者的決定，但你可以從他的考慮中獲益，你可以決定要再等一等，或是再找另一個團體。）

另一方面，你也許「準備了」，但並未「準備好」加入一個團體。如果你認為準備加入團體意味著可以不帶有任何感覺而一切一帆風順，那是辦不到的。團體會對成員產生極大的情緒張力，在每次團體聚會中麻木呆坐對你不會有幫助。如果你對其他成員反覆有著愛恨交織的感受，如果你在團體中感到全然的困惑且失控，如果你某幾次聚會後帶著混亂焦躁離開，這就代表治療團體正在發揮功用。像我們前面提到的，參加團體的目標是復原，而非讓自己好受。

我的意見是，參加團體對男性倖存者的復原是有很重要的意義，復原團體提供了一個試驗場，做為回到外面世界並改變生活的測試之地。如果你曾經參加過團體，就很難再願意回到之前曾經有過的孤立感及混亂感。你已經要往前方行進了，而團體可為你充電。記得你做這些是為了自己，而且每個人也都因你的進步獲益。

工作坊

復原主題的工作坊是一種非常獨特的團體經驗，這些強烈的體驗不同於每週固定集會的團體。

工作坊是一次性的經驗，在一段特定的時間內開始及結束，主題範圍及關注焦點很廣。復原工作坊可能會限制或不限制參加者的性別，可能會允許參與者在當下所想到的主題來工作，或是聚焦在特定的主題或經驗上（例如關係、虐待、憤怒、性欲）。某些工作坊很短，只有一、兩個小時，也可能是某個大型會議或活動的一部分。大多數工作坊時間比較長，持續一整天、整個週末或更久。

復原工作坊有以下的好處：

- 它提供一個機會，更聚焦及更加強地在處理問題而不受到日常生活的干擾。工作坊若舉辦在離倖存者的住處有一段距離的地方，會比在家附近的團體感到安全及隱匿。
- 由於它對如何開始及結束有明確說明，對許多倖存而言，比起參加持續的團體，他們更容易下決心參加工作坊。

- 一個**男性**倖存者工作坊將男性集合在一個安全的、相互滋養且支持的環境中，這對許多人而言是前所未有的經驗，因為這與傳統的男子氣概的印象是相衝突的。
- 工作坊所包含的特質中（特別是離開居住地），讓倖存者可以放心處理強烈情緒的事件而不需要立刻「振作起來」。
- 工作坊允許倖存者看見自己的感覺及經驗，被許多不同背景、居住地、年齡、種族、信仰、階層、性傾向、教育程度、專業背景的人所接納。
- 他們讓許多不同的人知道倖存者的故事，使得他的支持網絡擴大。
- 他們提供進一步的療癒資訊，參與成員得以從他人有益的經驗中學習如何幫助自己。
- 在個別治療或團體中，復原進展被卡住的倖存者，工作坊能給予其「向前進」的動能。不論是否困住，一些男性參加工作坊後常在復原工作上有很大的進展。
- 得到其他成員的尊敬與讚美（是的，你將會遇到）會挑戰自己舊有的負向訊息，改而對現實有更清楚的圖像。
- 見識到許多倖存者不同階段的復原歷程，可以了解到復原是一個動態持續的歷程，而非一個事件。
- 參與者經常帶著滿滿的能量、希望及理想離開工作坊，並期盼開始在自己的生活中改變。

● 最重要的是，許多倖存者提到，在工作坊的過程中他們發現，只要度過眼前的困難之後，未來將有所不同。曾經有倖存者經驗到這種「復原的一瞬」，世界變得再也不一樣了，即使夜幕依然低垂，他仍可能保有見過光亮的一刻印象，懷抱希望，繼續復原的工作。

你必須要決定是否（或何時）參加你第一次的工作坊。一開始可能會害怕，就像決定要走高空繩索卻沒有安全網，但實際的經驗會是相當不一樣的。在克服害怕之後進入工作坊，忍受與滿屋子陌生人（特別是男性陌生人）坐在一起的恐懼後，大部分的倖存者在結束時驚訝地發現，為何讓自己過這麼久才得到這麼好的禮物。

就像是團體或其他的治療經驗，不是所有工作坊都是相同的，工作坊帶領者在品質上、經驗上及技巧上有很大的不同。如果你考慮參加工作坊，你可以同樣問那些之前要開始個別或團體治療的問題，與你的治療師及其他倖存者討論，特別是已經參加過的人。但是也要了解，沒有人能夠預知你在工作坊中的經驗會如何，你必須對意外的驚奇保持開放的態度，而意外的驚奇不是總是負面的。

【第十八章】

面質

我必須去愛我的爸媽……我無法承擔直接向他們質疑他們對我們犯下的重罪，我無法要求他們負責。

——派特．康洛伊，《潮浪王子》

面質加害者是一個困難且複雜的議題。你必須思考清楚：為何想這樣做以及這樣做是否對你最好。如果選擇這樣做，何時採取行動（及在怎樣的情況下行動）是相當重要的。面質沒有通用的原則，它是個高度個別、私人的決定。對某些人來說，是復原過程中理所當然的下一個步驟，但對另外一些人則可能是危險且自毀的行動。為了對自己有幫助，面質必須來自於自身的勇氣。當療癒持續進行，你將會明白自己有很大的力量，絕對比那個加害者更有力量——他不過是個虐待小孩的功能失調成人。當準備好要去面質加害者時，你將感覺你這一方有強大的力量；你將感受到確定感、準備好了的狀態，去堅持加害者應為他的行為負起責任。讓自己達到這樣的自信有數種方法，如果花時間預備好，面質無論用怎樣的形式都將是有力量且有療效的過程。

倖存者與那曾經虐待過自己的人，有許多不同類型的關係連結。有些是出於自己的決定或外在環境的緣故，彼此許久毫無聯繫。另外有些則在經濟上、身體上或情感上仍依賴加害者。而對施虐者的感覺有無限可能，愛、恨、憤怒、恐懼、疑惑、羞愧、罪惡、困窘、親切、保護，都可能糾結在一起而形成複雜的情感。由於這種複雜性，面質絕不能草率的行動。雖然我無法告訴你面質是不是你該採取的行動（那要由你自己去決定），但這個章節旨在提供一些協助你做決定的相關資訊。

面質的意義

當我提到面質時，並不是說一定得去直接面對施虐者。面質，實際的意義在於，要去面對虐待這件事情本身。你在宣告著你再也不屈服於任何形式的虐待，這是一份自尊與自決的宣言。以這種意義來說，面質是復原過程中重要的部分。面質表示你體認到：

- 發生在你身上的事是虐待
- 對孩童施以性虐待是錯的

- 你不應該被虐待
- 你不必為虐待負責任
- 人們必須為他們的所作所為負責

因此，面質是站在一個了解所有人都應被尊重，並滋生出勇氣的位置而進行的。無論採取何種形式，或帶來怎樣的後果，健康的面質是自我尊重的行動。當你以堅定自信的方式（而非被動或攻擊性的方式）執行後，你會對自己有比較好的感受，較有能力繼續自己的人生。

有時候，當倖存者首次回想起虐待的經歷，或首次想對虐待經歷做些什麼時，頭一個衝動是跑去質問施虐者，當然，倖存者有千百種理由，但這實在不是個好主意。就像復原一樣，面質是需要時間的，是需要仔細且詳加思索的準備。沒有經過足夠計畫就猛然匆促去面質，是有勇無謀的做法，當下雖然會感到滿足痛快，但那只是強化了攻擊跟暴力可解決問題的刻板觀念，而孩童的性虐待就是在這種刻板觀念下滋生的。根據加害者的邏輯來面質加害者，可能會使面質過於艱難且可怕。如果你能以最適合的方式設定面質的情境，確認已經準備好、有自信且感覺強壯，這樣對你絕對有益得多。

籌劃面質

在適切的準備、計畫下，面質可以是健康且重要的復原步驟。把面質持續當作遠期目標是有意義的，但在這之前有許多事情得做。

事前準備

最重要的準備是整理自己的受虐經驗。其中包含前面章節所提到的，例如：向某人說出你的故事、盡可能重複並詳述所能想起的所有細節、添加不斷出現的細節、重視自己所有的感覺、找到願意傾聽並相信你的人、與其他倖存者分享感受及過往經驗、建立一段適當的治療關係、加入倖存者團體、建立穩固的支持系統。這些會耗費時間，但如果你要對面質做出清楚的決定，就有必要做這些準備。

在採取面質行動之前，你要盡可能坦誠面對本身對於受虐、施虐者及自己的所有感受。面質並非一把神奇魔杖，會讓所有事情回歸正軌。即使你已經從更可怕更困難的挑戰中倖存過來，但面質對你來說可能還是個精疲力竭、情緒高漲的經驗，且會帶出很多未來需要處理的議題。加害者不會變成你的治療師，她或他不可能突然之間變成你渴望的那個富有愛心、提供保護的父母。如果你期望面質會神奇地解決所有問題，那你鐵定會失望。你應該負起自己準備周全的責任，必須明白自己的動機與期望。要達到這一點，你必須盡可能清楚去了解一般的性虐待及自己被虐的歷史。你對自己越有自信、越堅信自己是不需為虐待負責的人，便越不會落入防衛、恐懼及懷疑的狀態。持續了解自己的狀態，直到你認為面質的時機已經來到。不要去依賴其他任何人的時間表，自己才是那個知道怎樣決定對本身最好的專家，但這不表示你得孤單地一個人為面質做準備，你可以尋求許多資訊、支持及鼓勵。

許多倖存者曾去面質施虐者，當然後果不一，雖然他們的情況與你不盡相同，但聽取別人的經驗是有助益的。也有倖存者選擇不去面質，你也可能想聽聽看他們的理由。

除了其他倖存者的面質經驗，你也可以和朋友、可同理的家人或治療師談談自己對面質的想法及感受。而這些討論，並不僅侷限於現實是否可行的基礎之下。（記住，你還沒決定要不要做這件事。）允許你自己表達最荒誕、最不理性的面質想像，包括正面和負面。這麼做並不是要決定投身於任何事，耽溺於想像可以揭開潛意識裡的各種預期。無論最後是否決定往實際的面質前進，這些預備的過程是很有啟發性的，有時候做這些就足夠了。

面質並非復原的目標，然而它可以是個復原的工具。就像其他工具，價值主要在於如何使用它。你有資格花足夠的時間去做出對自己最好的決定，這過程中任何時間點都可改變心意。你可以因為尚未準備好而決定暫緩，或比計畫中提前實現，也可以因為這麼做對你而言完全沒道理而決心不做。每一分鐘你都可改變心意，決定在你，不用擔心會讓任何失人望，這是為你自己而做。

演練

預演面質有許多的方法，就像面質加害者也有許多的方式一樣。

一、書信寫作：你可能想寫下對於虐待的想法及對加害者的感受。這有許多種形式，例如寫信給他或她、給朋友、給家人、或主管當局，甚或報紙。你可以寫下許多不同版本的書信，一面探索自己的感受，一面修改潤飾，可以寄出也可以不寄，當下寫出這些的重點在於多了解自己。你可以整理自己的想法及意見，並寫出可以參照的具體文件。書信寫作提供一個有用的透視角度。如果你決定進行面對面的面質，你的書信可以幫助你不要偏離主軸。當你寫好書信之後，找機會念給一些朋友聽，詢問他們的看法，接受那些對你有用的意見。即使你沒有要使用這些書信，不妨留著，偶爾拿出來重讀，看看自己的想法及感受如何變化，可能會對你有幫助。

二、**引導式想像**：你的治療師也許能夠協助你對面質的場景做些想像。理想上，這可以象徵式地去創造一個自己完全掌控全局的場景。它不需要去反映現實，就只是單純地想像就好。你可以想像自己有十二呎高，擁有超人的力量，你可以比加害者更高大、更年長、更聰明且更強壯。你可以帶真實或虛構的幫手同去。（通常孩子會採用虛構的保護者，例如太空飛鼠、神力女超人等等；也可能選擇寵物狗、家人、運動員或電影明星。你可以從中挑選，或者挑個你自己心目中的英雄，這個英雄甚至可以是成年後的自己，回到過去和幼年的自己做朋友並保護他。）無論你的想像是何種形式，都不應重新上演原本的受害經驗。如果你的想像中包括了加害者企圖虐待你，要想像自己清楚且強力地阻止了對方。這景象必須讓自己從受虐兒的無助狀態移開，重回你成人強壯的力量。事後你要花點時間探討在這樣的引導式想像裡自己的感覺，哪些部分有幫助，哪些部分覺得要改變。如果你希望，可以一再地重覆做這些想像，直到感覺正確。你可能會驚訝於這樣的練習所帶來的轉變。對某些人來說，這樣的練習就是足夠的面質了。對另一些人來說，則是做為直接面質前，用來建立信心的步驟。

三、**角色扮演**：你可以無限次地預演面質的場景，利用朋友、團體的其他成員，甚或娃娃、陶土泥偶，用來重現施虐者及你童年時期的其他相關人等。透過角色扮演（又稱心理劇，psychodrama）的方式，你可以嘗試多種不同的面質方式，體驗自己的各種反應。你可以檢視最理想的面質狀況以及結果不如預期的場面。

獲得支持

實際準備面質工作中最重要的一個部分是，確定過程中各階段都能獲得支持。你需要知道在面質前、進行中和面質後，有誰可以給你陪伴、了解、回饋、現實測試甚或實際保護，無論面質中是否會面臨身體傷害的危險。要預期那時候你可能會感覺自己弱小或脆弱，好的伙伴可以把較強有力的現實反映給你，推翻那些令你畏懼的感受。

計畫後勤支援跟情緒支持是一樣重要的，你可能需要有人送你過去或接你回來。即使你選擇隻身前往去面質加害者，最好在視線內或可聽到的範圍內有個人在。如果你可能受到加害者的人身攻擊，這個做法是必要的，即使沒有這種危險，這麼做也可能很受用。如果進行面質的地點與你的支持系統有點距離，也要安排有個人可以隨時接你電話，或在你返回之後馬上碰面。

即使你有能力單獨進行面質，仍要考慮一下他人的協助。這對你來說可能是個全新且具挑戰性的經歷，因為你有能力做一件事並不代表你有必要或應該這樣做。（倖存者常背負許多的「應該」，接受支持及協助可幫助擺脫這些「應該」。）給自己一個挑戰，讓自己利用這種支持。最後，確認在面質之後盡速安排一次與你的治療師、諮商師或最親密的支持伙伴會談。你可能也會希望安排一些後續的治療時段去處理面質的後果。

規劃面對面的面質

當你決定進行與施虐者的面質行動之後，就必須開始以對自己最有用的方式規劃面質。（我盡量避免使用「你的」施虐者這一個詞，而只是使用「施虐者」。用所有格代名詞會在施虐者及受害者間創造出一種結盟感，會阻礙你試圖斬斷與虐待事件之間關係的努力。文字很重要，可以有連結或釋放的作用。盡量練習使用能增進你感覺自己是強大、精明或有能力的文字。）

安排會面

要考量一下，讓加害者事先知道即將進行面質的好處和壞處。如果你選擇預先告知，也要思索你要提供多少會面主題的資訊。記住，面質只是為你個人好，不必去保護曾經虐待你的人，他或她也未曾保護你。當然，如果你沒有其他辦法可確定對方是否會出現，或你需要遠行到會面的地點，事先告知對方是有必要的。事先告知也可增加加害者的焦慮不安，使他在面質時更為脆弱。但另一方面，這也讓加害者有時間去準備掩飾、否認甚或反擊。（不管有沒有事前告知，對方都有可能做這些事，所以你要有所準備。）。約定可透過信件、電子郵件或電話，思考一下各項方法的優點。要把安排會面的過程變成增加勇氣與自信的一個步驟。

地點選擇

無論在哪裡面質，你都不可能感到舒適自在，但場地可以且必須要保障人身安全。即使不用擔心會遭受身體傷害甚或進一步的性虐待，光是心情緊張，就已經很難有清楚的思緒了。我強烈建議避開虐待發生的地點，或任何會讓你想起那個地方的場所。單單跟加害者相處就將喚回當初的恐懼感，而如果約在當初虐待發生的地點，恐懼會更加高漲，你將會更強烈地被拉回那個年少、無助的狀態，而喪失在這過程中所需的力量。選擇一個你感覺相對舒適、熟悉、感到自己是個大人的地方，那可以是你家、可信任的第三地。你可以選擇一個公眾場所，這能讓你對面質的反應激烈程度控制在可掌握的範圍之內。

在公眾場所你就不用單獨與加害者相處，且可以隨時如你所願離開現場，但相對地，這樣的場合可能讓你感到太過於公開。如果這會面在私下進行，你可以選個親友在場當作見證，這個人在事後消化這次經驗的過程也可以有重要幫助，可以證實你的觀感，並對面質中發生的事提供另一種觀點。如果你比較希望跟加害者單獨碰面，盡可能有支持你的人在你可輕易聯絡到的附近地點等著。當你評估在面質中施虐者可能對你有人身攻擊時，是必須採取預防措施來保護自身的安全。

你的陳述

提醒你自己，這是為自己而做。你希望這是場什麼樣的面質？這並不是一場爭論或審問，沒有必要去爭論。你不用去呈現兩面觀點，或保護加害者避免有痛苦的感受。你已經為這時刻做了最周全的準備，也想清楚自己想說什麼及想完成什麼期待。你已經決定了是要去表達憤怒、做出指控，或為和解做準備。你已經預想過最理想及最糟糕的狀況，考慮過可能的回應和會嚇著你的回應。現在，是你要去說出你想說的話的時刻了。

去說出你所知道的事實（或者，那些你覺得發生過以及不很清楚的部分），你可以告訴加害者這些虐待如何影響你。你沒有必要在過程中一定得是心情平靜或麻木的，如果有感覺浮現，允許自己去感覺它們。你有權利感到難過、害怕或生氣。哭泣並不會使你說的話減損力量或站不住腳，反而可能幫助自己釐清思緒，並能更完整地說出想法。如果你想要或需要聽聽加害者有什麼話要說，可以在這時候問看看。

如果你發現自己越來越焦慮或恐慌，要放慢腳步——深呼吸一下，哭個幾分鐘，顫抖或傻笑一下，想像一些冷靜或美麗的畫面，想一想某個關心你的人，也可以想像一個朋友、英雄或團體中的伙伴站在你身邊。你需要多少時間就花多少時間。你已經等待這一刻很久了，要等到你覺得可以了才繼續說下去，而且要說到你覺得說完了才結束。不要讓對方打斷或干擾你，他稍後會有機會回應。你說完後，給自己一些時間整理情緒。別急著為自己剛才說的話緩頰，如果你想緩解自己的話對加害人的衝擊，抵擋這種誘惑。要清楚自己何時（或是否）有意願聽聽對方的回應。你要主導整個情況。

可能的回應

加害者對面質會有千百種回應。不管你對一個人的認識有多深，你不可能完全預測對方會如何回應，因此你必須對面質可能將不如預期而有所準備。無論對可能發生的狀況做了多少預想，無論做足了多少計畫、想像或角色扮演，你都要對意料之外的狀況有所預備。如果過程沒有依照劇本進行，並非表示一切全毀了。只要你做好所有應做的準備，就盡量放輕鬆，對可能發生的狀況保持開放的心態。這樣或許會使你感覺害怕或失控，但這樣的做法你會學到更多。你將會發現根據情況所需而調整自己的彈性，比起努力保持掌控的固執企圖，感覺會更有力量。盡可能記住，在這件事情上，加害者在心理上將處於不利地位，而你則是相對在一個有力的位置。在大多數的情況下，當你對面質有足夠的準備，你真的不需要害怕。這裡列舉一些當加害者被面質時，可能出現的回應：

一、否認：倖存者所報告的加害者反應中，最常見的就是加害者否認曾經發生過這些虐待。可能是全盤否認（「根本沒那回事」）、或是把那段記憶搪塞過去（「你記得的應該是個惡夢吧」、「你的想像力總是很豐富」）、反駁（「你五歲的時候我們不是住那棟房子」、「閣樓沒有沙發」），或轉移話題（「那時有個鄰居總是在公園附近閒逛，我老覺得他怪怪的」）。其他形式的否認包括大發雷霆、氣勢洶洶、挑起你的罪惡感（「你怎麼可以說我做過那種豬狗不如的事？」、「你有毛病！你總是對我心懷怨恨！」、「我為你付出了這麼多，你居然這樣對我！」）等等。除了否認，對方可能還會提議倖存者為這些妄想而去「尋求治療」。有個男性倖存者說，當面質時他舅舅說：「這根本沒發生，而且你也沒辦法證明。」要準備好面對否認，不要讓情況淪為爭執或辯論，也不要被加害者說動而懷疑自己的記憶。加害者曾騙過你，你要堅持立場，不要被挫折困住了。你不必去說服加害者曾發生過一些事情，他／她知道的。聲稱事情不曾發生並無法抹殺事實。對許多倖存者來說，面質的目的在於清楚地告訴加害者：「我知道發生什麼，而且我要告訴你我知道。」如果你覺得加害者正在（或未來會）傷害其他人，這就格外重要。你不需要加害者承認虐待，也不需要他的許可，你的復原還是可以進行。你的記憶不會因否認而無效，你面質了加害者，你勇敢地面對了虐待。

二、**模稜兩可的反應**：這可能是最難面對的反應，使你感覺好像什麼都沒發生過。花了這麼多時間、精力及情感在面質這件事上面，結果好像並不比開始前好到哪裡去。模稜兩可的反應是否認的一種型態，只是沒有實際上說出那些都沒發生過。這種反應包括「我不記得了」的多種變化。有位男性提到加害者做這樣的回應：「我記不得了，但我無法想像我會做出那樣的事情來。」這一類型的回應中，還有一種是企圖迴避問題、改變話題或轉移你對面質的注意力。加害者可是非常善於使用這些伎倆，不要被他們所愚弄。當你事後回顧面質過程，遠離當下的感受時，你將發現這些閃爍逃避、困惑、讓你分心的企圖或聲稱不記得，都不過是一種幽微形式的承認。看穿這些表面的假象，你就可以發現模稜兩可的東西傳達的訊息反而更清楚。

三、承認：承認虐待也可以有很多種方式，從安慰到威脅、從支持到虐待都有。我會提出一些比較常見的反應，讓你可以思索如何去處理。

有一種狀況很棘手，也就是對方承認了虐待，但並不對此負責或表達懊悔。這太常發生了，加害者的拿手好戲就是對自己的所作所為逃避責任。除非被迫，一般他們很少尋求協助。即使是最公然最嚴厲的攻擊，有些加害者也無動於衷。這樣的反應是「對，我做過，那又怎樣？」的變體，其中可能含有一點挑釁的態度（或帶有毫不掩飾的威脅），類似「那你想怎樣？」的調調。對於你決定接下來要採取什麼行動，也要考量這些有社會病態人格的人是不會感到懊悔的。即便你可能想尋求一些司法上的補償，但你可能永遠無法從這樣的人身上獲得由衷的歉意。如果你期待這會發生，那你將會失望。想想這些回應的緣由，然後逕自在復原過程繼續往前。

一個加害者可能會承認虐待曾發生過，但企圖去淡化它：

- 「那麼久以前的事情了！」
- 「只發生過一次或幾次而已。」
- 「沒有人真的因此受了什麼傷。」
- 「沒有糟到那種程度吧？」
- 「對，是發生過，那現在我們何不忘掉就好？」
- 「我們把這件事忘掉吧。」
- 「我並沒有要傷害你的意思，我以為你喜歡那樣。」

這些淡化的反應，也是為了逃避虐待行為的責任。你知道那件事造成了什麼影響，不要讓你的記憶及感覺輕易被打發。你值得受到更好的對待，當初是，現在也是。在這個時間點，你未必準備好要面對原不原諒的問題。如果你還沒準備好，就不要逼自己去面對。

焦點
Focus

我把全家搞瘋了嗎？

我知道說出這件事的部分目的是為了想去治好這個家。

——一個男性亂倫倖存者

如果失火了，而我叫了消防隊，我背叛了誰？火嗎？

——裘蒂．荷樂黛（Judy Holliday），電影「絳帳海棠春」（Born Yesterday）

不久之前，在一個電視節目錄影時，我接到一位年輕倖存者的來電，她說她害怕談到虐待這件事情，因為會讓家裡每個人陷入瘋狂。她可能是對的，公開處理虐待這件事情是會讓家人陷入騷動。但如果以為除了把注意焦點集中在一個嚴重的問題上，她還須為其他的什麼事負責，這想法是錯的。這個家早就已經瘋了。

對孩童性虐待就是件荒誕的事情，讓大家注意到這件事是明智的行動。失功能家庭的成員都在合作維持這個失功能的狀態。這種否認的系統如此根深蒂固，甚至犧牲一個孩子來維持平靜，這樣的系統是有必要打破的。

導正錯誤比維持體面的表象更重要，揭發虐待事件的人往往不會得到感激，然而他採取了一個勇敢的行動，讓家庭可以開始復原。復原的過程並不瘋狂，虐待才是瘋狂的。

不要讓破壞家庭穩定的擔憂阻礙你，穩定絕對比不上健康來得重要，虛假的體面表象也一樣。別讓其他人的恐懼及病態阻礙你的復原，也不要被人挑起罪惡感，或被威嚇到噤若寒蟬。你已經知道他們的手段了。繼續說吧，你有讓別人聽見的權利——復原的權利。

承認虐待也可能會轉為一種指控，而加害者企圖將虐待怪罪於你。加害者此時承認自己的行為，但卻試圖轉移責任，因為「你喜歡啊」、「是你想要的」、「是你自找的」。陷入這樣扭曲的事實是很難避免的事，尤其若你在虐待過程中獲得一些歡愉感時更是如此。但這種回應只是另一種否認的型態——怪罪受害者。而無論你多具吸引力、誘惑力或有多性感，這個大人都應該有保護及養育你的責任，其他任何的解釋都是自私自利的扭曲事實。

另一類的回應包括承認虐待，然後企圖以某種方法再度虐待。最明顯的形式包括誘惑、調戲甚或強暴。如果有再次受害的可能，保護你自己是非常必要的。當然，也可能有其他與性無關的暴力危險。如果這位加害者有暴力傾向（或可能使用暴力），如果面質會有遭受身體攻擊的可能，要考慮放棄當面進行面質。如果你還是決定這樣做，要確認你有足夠的保護措施。加害者也可能訴諸威脅恫嚇，特別當他們害怕事情曝光時。威脅可能只是讓你閉嘴的虛張聲勢，也可能是實際上的危險。為避免這樣的脅迫，事前要花點時間想想是否可能有實際的危險，並思考要如何回應這些對你或其他人的威脅。

暴力可能是雙方的。如果你發覺在面質中，自己有失控的危險或可能對加害者做出身體攻擊時，要停下來想想，毆打、傷害或殺掉對方的快感，就能抹去他所造成的痛苦或折磨嗎？你想冒險失去你努力至今的成就嗎？為這短暫的滿足而付出坐牢的代價值得嗎？你事後會有罪惡感嗎？你真的想使這個以攻擊形式對待他人的模式永遠繼續下去嗎？你知道以前虐待對你造成了何種影響，你想變成製造他人痛苦的那種人嗎？我強烈建議你仔細去想想這些問題，並將力量放在你自己的復原之路，而非消磨在復仇的片刻快感之中。

其他讓虐待持續的幽微方式是，加害者企圖拉攏你成為同一陣線，理由可能是希望你為了保護其他人而不要再提起這些：

- 「如果事情爆開會讓你媽媽很傷心。」
- 「你爸有心臟的問題，知道這件事可能會讓他一命嗚呼。」

也可能是懇求你的忠誠或訴諸於感情：

- 「我們不能把這個當成我們的祕密嗎？」
- 「你知道我們之間總是有這樣特別的感情。」
- 「即使我犯過這些錯，我仍舊是你的舅舅。」
- 「我愛你，而且我也知道你愛我。」

另一種方式是懇求你「體諒」他或保護他。要認清這些只是加害者保護自己免於虐待行為惡果，情急之下的手段而已。當你站在與加害者同一邊，你也就冒了必須為虐待承擔部分責任的風險。犯下這樣的錯誤會成為你復原的阻礙。別把接受虐待行為和原諒混淆，真正的原諒並非建立在否認之上。原諒只有當完全承認時才會發生，包括承認這些事情邪惡的本質及承擔責任。對加害者來說，沒有承擔責任及感到懊悔，就沒有所謂的改過向善。直到你自己完全接受了對自己的責任，你的復原才算完成。

最後，當面質時，加害者可能承認施虐，並為虐待道歉。表面上來說，這似乎是最理想的回應，雖然你已經等待這一刻許久了，但是，這個道歉代表什麼？可以相信嗎？你以前曾經被騙過，無論你多麼渴望相信，這次你真的有辦法相信嗎？很遺憾，這些問題都沒有簡單的答案。根據你對這人以及你對自己所知的一切來思考這個回應，如果道歉是真心的，對你的意義是什麼？如果是虛情假意，那又代表什麼？你需要慢慢去思索自己的感受。

無論對方的道歉真心與否，你都沒有義務去對道歉做出回應。沒有一種道歉可以要求你忘記這些虐待。只有當你願意時，它才算是通往原諒的一步。別倉促下決定，虛偽矯情從不是復原過程中有效的成分。如果在詳加考慮及探索你所有感受後，你決定接受道歉，你還是有權決定未來與加害者要維持怎樣的互動型態。你可能決定從此不相往來，那是你的權利。你想要怎樣，怎樣的期待才實際，決定權在你手上。如果你選擇兩人維持關係，那也必須是在有意識的覺知下緩慢建立的嶄新關係，道歉無法立即建立起信任。

後續行動

面質之後，不要直接回到原本的生活，你需要一段時間來回應、放鬆且反思這過程中發生的種種。如果可以，休幾天假，拜訪朋友，無論談不談最近的經歷都無所謂；跟你的治療師約個額外的治療時段，或與其他的倖存者碰碰面；也花點時間到鄉間走走、騎騎腳踏車。把自己放入一種情境，讓情境提醒你，在虐待之外還有另一個世界，你也在其中佔有一席之地。你要過一段時間才會完全明白面質的所有意涵，善待自己可以使自己記起為何要經歷這一切。

進行其他形式的面質

並非所有的面質都可以或必須包括面對面的互動，加害者可能已不在世上或無法直接面質。即使可以實際接觸，無論現在或以後，你都可以選擇不直接面對曾經虐待你的人。要考量所有的選項，並且記住選擇權永遠在自己身上。下列是其他可能的方式：

一、**象徵式**：如本章前述，我提到象徵式的面質加害者，包括寫信、引導式想像或角色扮演的方式。有些倖存者光利用這樣的方式去面對虐待這件事情，就已經足夠了。倖存者經由這樣做而得到了足夠的釋放與展望，不再感到需要和加害者直接面質，生活能夠往前進展。在這樣象徵式的面質之後，審視一下自己的想法及感受，然後再決定對面質的需求是否已經滿足，還是需要採取進一步的行動。

二、**寄信**：如果決定採取不與加害者見面的方式，你可以寄一封信。寫信具有多項優點，可以慢慢來，想擬多少草稿就擬多少草稿，慢慢潤飾或編輯內容，隨時停下來去探索感覺或休息，和伙伴討論後再決定最後版本。你隨時都可以改變心意，也不用擔心會被打斷或威脅，使你無法把話說完。這種方式的面質和施虐者保持一段距離，不需面對他立即的反應，也就不用和顧慮對方感受的念頭對抗。要保留你信件的副本，當對方企圖扭曲你的內容時可以將副本拿出來。並且，無論對方如何回應，你要不要用任何方式對這封信採取後續行動是由你決定。用郵件來進行面質可以是個「卸除胸中塊壘」的好方法，也可藉此向加害者宣告你將不再支持他對你或其他任何人的虐待。

三、司法行動：某些倖存者可能透過提起刑事或民事訴訟來獲得傷害補償，以面質加害者。最近一些歐美國家有不少由遭受神職人員性侵的倖存者提出法律訴訟。訴訟是很難處理的，別以為可以輕鬆面對。對某些倖存者來說，司法訴訟是要求施虐者對自己所作所為賠罪的公開行動，但對另外一些倖存者來說，它可能變成是另一種形式的虐待。要仔細想清楚，並蒐集你所需的一切資訊，要認清這是個很花錢、曠日廢時又公開的程序，且沒有勝算的保證。要知道，法律審判是以「合不合法」為基準，而非「公不公平」。對方律師會企圖去拆解你的故事，有時會企圖指控你說謊、淫亂或是個瘋子，法官及陪審團不一定具有同情心。進入訴訟程序，你就必須在有壓力的情境下公開面對虐待你的人。雖然有這些侷限，有些倖存者還是會採取法律行動。在你決定這樣做之前，與你的治療師討論這個經歷會怎樣影響你，你可能需要除了治療師之外的其他建議。去跟一個或多個有性虐待事件訴訟經驗的律師請益，也要弄清楚相關法條。請律師針對即將經歷的過程給你清晰寫實的說明，並請他預估成功的機率。衡量一下可能的獲益，相對於可能的壓力與犧牲是否值得，也要想想將會影響哪些人、自己可能獲得什麼及失去什麼。

四、**如果施虐者已過世**：假使施虐者已經不在世上，你仍可能有面質的需要，還是可能透過一些方式來進行。即便你已經無法實現直接、面對面的互動，還是有其他方法可以達到這個目的。許多倖存者會去拜訪加害者長眠的地方，在墓地對他說話。這可以是個充滿力量及情緒的行動，跟直接面質不相上下，所以也要準備好面對一次情緒的爆發。你可以先準備好要說的話，或者相信到時候合適的話語跟情緒會自己浮現。你可以直接跟加害者說話，也可以對上天，或對自己說。如果覺得在其他人面前對一個死去的人說話很尷尬，自己一個人做這件事就好，否則，你也可以選擇找個人陪著一起去墓地。面質過後，你可能會希望有個擁抱與或安慰，也可能會需要獨自靜一靜。視你自己的需要來做安排。

這樣形式的面質是有許多益處的，如果覺得該這麼做（且時機也對），那就去做吧。我有個個案說，去過在中西部他舅舅的墳墓後，他對家鄉的一切都有了新的觀感。他原本因緊接著要到父母家參加家庭聚會而感到不安。在過去，這樣的聚會場景對他來說非常不舒服。他擔心自己會過於心煩意亂或情緒枯竭，無法和家人互動，但他無法躲開這場聚會，只好硬著頭皮去了。但出乎他的意料，他發現在去過舅舅墓地，哭著對他訴說那件事使他多麼痛苦之後，他就能放開過去阻隔在他與家人之間的事了。他明白自己曾經因為父母沒有保護自己而怨恨他們，而現在，他已經從虐待事件中解放了，他已經將虐待的責任回歸到他舅舅身上了。肩上的重擔卸除後，他立即在生活裡做出了重大的改變。

如果你不知道墓地在哪或不想在墓地旁面質，你可以使用其他一些代表加害者的象徵。可能的方法包括對著老照片說話，看著他的影像可以引動你的情緒，幫助你繼續這個過程。你也可以利用先前提過的角色扮演的技巧，來想像對著已故的加害者說話，或替加害者寫一份訃文或悼詞，把你需要說的話納入其中。勾起施虐者的形象有很多方法，你可以請你的治療師、其他倖存者或朋友來協助你找出對你最好的方式。跟其他的面質方式一樣，花足夠的時間去進行，並感激你為自己做了這些。

五、面質「非加害者」：面質並不侷限於面質直接虐待你的人，面質原本就是起身面對虐待這件事，而不只是面對施虐者而已。這樣做是為了挺身捍衛自己。你也可能有需要去面質那些沒有提供保護的其他家庭成員。他們知道發生了什麼事嗎？如果他們知道，為什麼沒有阻止？如果他們不知道，為什麼他們不知道？這個人或這些人默許（或助長）了虐待，也同時強化了你的孤立。你當然會有權利感覺自己受了背叛。不用擔心有誰會被你或他們自己的感覺傷害。說你需要說的話，不要繼續為沉默及偽裝的痛苦犧牲自己。當你起身面對虐待，所有人都獲益。關心你的人們都會希望幫助你治癒傷痛。

焦點 Focus

為什麼他們不做點什麼？

倖存者心頭揮之不去的一個問題是：「這些人為什麼不做點什麼好制止虐待？」當成人倖存者回頭檢視他的孩童時期，都會質疑當時自己生活裡那些虐待者之外的大人所扮演的角色。他們知道正在發生什麼事嗎？如果他們知道，為什麼不做些什麼？如果他們不知道，怎麼會不知道？

這些疑問，展現的就是否認的力量。人們常會忽略他們不想面對的事情。未保護子女的家長通常知道有些事情不太對勁，但不一定知道實際狀況是怎樣。

人們沒採取行動來阻止兒虐事件有很多原因。通常，失功能的家庭會塑造一種「人人為己」的氛圍。家庭裡的成員都太關注於自己的生存，而忽略了其他人。每個人都感到自己應該獨自逃生，避免被拖累。他們為不足的情感資源而競爭，且不希望破壞平衡狀態而導致情勢對自己不利。其他家庭成員甚至可能因為受虐孩童獲得特別的關注而心生嫉妒。他們也可能為了自身的安全而感到害怕、對於該做什麼感到困惑，或單純只是不想管。

雖然可以用無知、恐懼、困惑及冷漠來解釋他們的毫無作為，但這些理由並不能作為不採取行動的藉口。成人有保護兒童不受傷害的責任。

成年倖存者對未提供保護的家長感受到的背叛，可能比對實際加害者更為強烈。他對這種形式的拋棄感到憤怒。他沒有錯。縱容虐待行為是另一種形式的兒童虐待。

如果未提供保護的家長可以認清自己在虐待裡的角色，就是對倖存者復原的最大幫助。企圖找理由、把憤怒導向其他地方或淡化問題，都只是引發更多罪惡感跟羞愧，也是虐待的延續。承認倖存者有資格憤怒，這麼做可能比較痛苦，且會加深倖存者與未提供保護的家長間的裂痕，但這總比建立在否認與矯情之上的虛偽親密來得好，何況這麼做最終也能促進療癒。過去的事無法抹殺，但現在可以做的就是提供真心的協助。

story

伊凡的故事

除了面對面，還有其他不同方法可以面質施虐者。在這封寫給他母親的信裡（為保護隱私，這封信經過改寫），伊凡清楚且有力地面質了施虐者。他邀請母親參與療癒的過程，但無論她是否有意願，他仍將在復原路上繼續前進。注意當他所愛的人卻虐待他所產生出來的困惑，以及這男孩如何運用把母親想像成兩個不同的人來面對這個問題。

親愛的媽媽，

我確信妳有注意到我已經好一段時間沒有跟妳聯絡，老實說，是因為我已經逃避妳許久了。我需要一些空間，並享受這樣的狀態。我希望有段時間不跟妳接觸，也許是一段很長的時間，但我不希望感覺自己是在躲避妳。所以我想要告訴妳我為什麼這樣做。

我終於在生活中有了勇氣和安全感去面對有妳陪我成長的經過。這過程中，有些是美好的。是的，我們的確常度假，吉姆跟我也從妳那邊得到許多鼓勵，而且我也知道這過程並不完全都是糟糕的。但是該死，**那不是全部**。這過程並非全部都是美好的，有些是黑暗醜陋、可怕得令人不敢回顧的，但我必須去回顧。這些醜惡的事情對我現今的感覺、行為及信任別人的能力，有長遠、強力的影響。我正在努力讓自己成長、發展信任的能力、從我生命中無謂的驚恐中爬出來。這都起因於妳。於是我在這寫信給妳。

這個人在說什麼？我可以聽見妳這樣問。我說的是兒童虐待，這不是個小問題。我明白妳可能不大記得起來了，因為這樣的事情發生時，妳通常是在酒醉的狀態。通常妳都是在對父親、我或其他人盛怒的情況之下。這些事情太恐怖，我發現這幾十年來，把這些事情「忘掉」比較容易，所以妳可能也忘記了。這些事情真的發生過，而且是發生在我身上。所以，如果妳想不起來，試著回到過去看看那些事情。

讓我們進入更特定的細節，大多數這些最糟糕的事情發生在我們搬到南部之前，在我出生到四歲半之間。之後這些事情持續著，但嚴重程度有降低，當時我已經發展出一些生存策略，何況吉姆出生後，我跟妳單獨相處的時間不再那麼多了。

在我幼年的這段時光，我覺得妳是兩個不同的人：「媽咪」以及「嚇人的阿姨」。「媽咪」人很好，會餵我、擁抱我、哄我睡覺且愛我。「嚇人阿姨」則很暴力，喜怒無常，會在性方面及身體上攻擊我，而我是如此害怕她，甚至會在恐懼中完全呆住。

我將向妳描述一個在我記憶中格外清晰的事件，也是我最難以接受的事，那個理應愛我的媽媽竟然會對我做出如此醜惡的事。

一九六六年的某一天，我看到妳對爸爸大喊大叫，因為某些事，妳對他非常生氣。妳將他推出家門、打他，他流連了一會兒，但終究還是離開了。在一團混亂及憤怒之中，妳走向我，把我拎起來。我相信那應該是樓上的一個房間，是面向湖的，我還記得早晨的陽光透過窗戶照進來，很溫暖。妳的右手拿了一把小刀還是刮鬍刀片，妳很生氣，大嚷大叫，不斷搖晃著頭。妳的頭髮散亂，雙眼圓睜，但眼光奇異地到處亂瞟。這就是「嚇人阿姨」。在一個猛力快速的動作下，妳用小刀割了我左手拇指及食指之間的那個地方。那不是小傷，傷口很大，流了很多血，很痛。妳很驚訝，也嚇到了，就把我丟在硬木地板上。血濺滿妳白色還是玫瑰色的上衣，妳也滿手是血。妳彎腰迎向我，我不知道為什麼，但我只看見妳沾血的雙手再次伸向我。我大聲尖叫且蜷縮起身軀來，妳衝出房間，關上身後的門。

我非常非常地孤單，看見木質地板上一窪我的血，就在我躺著的旁邊。我看見血從手裡流出來，溫熱且可怕，似乎永不停止。我不知道怎樣去按壓，我只有四歲而已，傷口好痛，我不想去碰它。我瘋狂揮舞手臂，不斷喊叫，這段時間漫長得像永恆。慢慢地，我感覺力氣耗盡。我昏了過去，躺在血泊裡，血依然在流。妳早已離我遠去。

在妳來清理這些妳造成的混亂前，我不知道自己昏過去多久。感受更深的是我的運氣真好。妳在盛怒與混亂中隨意割傷我身上妳能割傷的任一部位。假使妳的手往下一英吋，劃破我手腕上的靜脈，可能妳回來時會發現我已經死了。我很確定，當妳回到這地獄似的房間時，妳的第一個想法就是這個。妳真的差一點殺了我。

妳記得這些嗎？我過去常以為我常常昏倒——尤其是在看到血時——而且害怕刀子，只不過是巧合。但不是，那個事件才是真正的原因。且可恨的是，這並非我所記得的所有妳對我做過的事。我所記得的比這個多得多，而且還有許多記憶尚未完全揭開，因為我還不敢去面對。

再者，這種在早年就奪去我的自尊及力量的經歷，造成我在童年時期被其他四個人性虐待，其中最嚴重的一次讓我因尿道或膀胱感染而住院，並導致我在學校嚴重受挫，還接受某某醫生治療數年。這四個人必須為他們所做的事情負責任，但在他們侵害我之前，如果妳沒虐待過我，我不會變得那樣脆弱。妳把我塑造成這樣，害我落入他們手中，我因為這個緣故而恨妳，也因為妳做過的事而恨妳。

我不知妳讀這封信時感受如何，但我現在真的不在乎。我一直不願說出來，逼自己心虛地說「我愛妳」，去做任何事來保護妳使妳不用負責。我真的希望妳有明智的判斷力，能去尋求治療，去跟一個朋友說說這些事。但無論妳是否尋求治療，遲早都必須去面對曾暴力對待我的事實。

我想從妳那得到什麼？我主要是希望妳明白我知道這些發生過，且我對這些不再保持沉默。我要妳明白我不想見到妳是因為我很氣妳，我要妳明白這些不只是過去的事情而已。我長期面對日復一日的掙扎，這掙扎使我的人生痛苦、艱難、孤單且貧窮，如果沒有妳的虐待，生活不會這麼糟。我要妳知道心理治療拯救了我的生命，但那很昂貴，是我除了房租之外最大的經濟支出。但我值得接受治療，即使付錢的人是我自己。

我可能想要得到妳的承認，甚至是道歉。理想上，我希望妳幫我支付復原療程，不幸地，我對此並不抱任何期待。我預期除了淡化事情及否認之外，妳什麼也不會給我。我強烈建議妳，去為過去的所作所為負起一些責任。如果妳可以做到這樣，寫信給我，否則，我不希望從妳那邊聽到任何消息。也不要期待我會再跟妳有任何聯繫，至少現在不會。我喜歡這樣的空間距離，且希望保持這樣下去。

這也是為什麼我不和妳聯絡的原因。我知道在妳的心底深處，妳明白我在說什麼。

用心活著的

伊凡

副本寄予

牧師　兄弟　父親

舅舅　我的治療師　幾位朋友

【第十九章】關於寬恕

童年沒有定論，只有後果和鮮明的記憶。

——派特·康洛伊，《潮浪王子》

當不幸的事情發生時，感覺、表達痛苦是恰當的反應，是療癒的重要部分。然而由於這些情緒是創傷的反應，我們就把情緒和創傷本身搞混了。我們誤以為不去**述說**這些疼痛就能夠不去**感覺**，傷痛就會遠離。然而不是這樣的，流淚不是悲傷，而是遠離悲傷的路徑。但是我們的文化讓我們對情緒感到不安，這些不安反映在我們的行為上。

無論是一個成年人失去了摯愛，或是一個孩子在遊樂園玩耍跌倒膝蓋受傷，他最常碰到的反應是企圖轉移或安慰——關閉他的情緒表達。受傷的孩子在哭泣、顫抖並訴說受傷造成的感覺時，需要愛的關注，一旦他接受到愛的關注，復原就會十分迅速。情緒獲得釋放且事件經過處理後，他便清楚一切然後快樂地繼續玩耍。但是大多數的成人會因為孩子哭泣而感到不安，會用賄賂或安撫的方法試圖阻止他們（「吃冰淇淋好嗎？」、「不哭，我帶你去買玩具」）。這些技巧不僅告知孩子有感覺是件不好的事，同時也讓孩子認知到，成年人對眼淚深感不安，因此他們可以用哭泣來擺佈大人。大人可能會嘗試用其他方法來使孩子分心（「讓我親親你就沒事了」或「好了，不哭不哭……你看那邊那隻大狗狗」），或企圖讓孩子感到羞愧、嘲笑或批評（「大男孩不哭的」、「沒有那麼痛啦」、「你把人行道摔出一個大裂縫了」）。最後，成人可能會以威脅處罰的方式來關掉孩子不舒服的情緒表達（「再哭的話我就讓你哭個夠」）或採取暴力。這些所有反應都會增加傷痛。被賄賂、轉移注意力、嘲笑或懲罰的孩子將持續暴躁易怒，他感覺不被了解、被拒絕和被孤立，覺得自己求助無門。長大以後，他會相信自己沒有權利去感覺，並且逃避尋求協助，轉而退縮成「自給自足」的孤立狀態。或者他會變得越來越匱乏，採不當的途徑來尋找安慰和被了解。兩種狀況都增強了他不足與羞愧的感覺，使他難以相信自己能夠掌握人生。

我們都經歷過這類對童年創傷的反應。成年後再度遇到這種情形時，我們可能不去思考自己的需要，而直接用童年習得的方法做出反應。儘管對傷痛沒有太多幫助，這些退化的行為都是自我保護的反應。我們遇到不愉快的經歷時，極少能夠說：「我只需要你在這裡並且允許我哭泣就好了」或「抱抱我」。我們被教導成為「好士兵」而不顯露感覺。我們知道如何守口如瓶，保護他人不受情緒煩擾。倖存者在保持他人心情平靜方面受過格外精良的訓練，男性倖存者又背負了男兒有淚不輕彈的額外包袱，更不可能在人前表達情緒。

許多人無法適當地回應倖存者的需求，反而是提供一些建議，而這些勸告讓倖存者更感覺孤立。大多常見的勸告不外乎有「你需要學習去原諒」或「這件事已經過了這麼久，為什麼你不能把它拋在腦後？」他人堅信自己是在為倖存者最大的利益著想，但這就好像是對一名遭到狂犬病狗咬傷的人說：「假使你不理會牠，牠就會走掉。」這樣的反應不僅是對性虐待持續的影響缺乏了解，同時也會讓倖存者察覺出傾聽者的不舒服，於是更確信他的遭遇是恐怖且令人作嘔的，必須閉嘴不提。孩提時代他就學會假裝及保護自己的感覺，長大後他很確定必須繼續偽裝下去。他覺得沒有人可以忍受真正的他，傾聽者無法忍受他的故事和感覺，更加證明了**他**是個令人無法忍受的人。

倖存者也察覺了「你必須學習原諒」這句話隱藏的批評意味。他推論，倘若他是個「較好」的人（較強壯、較包容、較仁慈、較成熟、心靈發展較完善），就能把一切拋諸腦後並擁抱加害者，無法做到這一點使他再度證實自己是失敗者。這個勸告是有害的，會強化倖存者原本就有的羞恥、自責，以及將虐待歸咎於自己的感受，讓他更加緘默和固守祕密。

幫助他人度過艱難時刻有一些方法，其中包括只要傾聽就好了。雖然我們習慣的模式是：「不要只坐在那兒，做點事！」但相反的做法可能有用得多。與其輕率做出不合適的勸告或行動，還不如什麼事也別做！陪伴與傾聽倖存者就是在「做點事」了，而且是重要的事。展現出你的關心——讓他知道他說的話值得被傾聽，他有權對虐待有情緒——這可以對他內化的負向訊息提出重要反證。我們曾有多少次，有人傾聽著我們但沒有絲毫批判、指責或勸告的美好經驗？你是否曾有過在敘述自己經歷的感受時，得到滿懷的愛與認可？是否曾有過在顫抖時有人給予擁抱，在哭泣時有人緊握住我們的手，而不嘗試圍堵我們裡面滔滔奔流的情緒？有過這樣經驗的人，就會知道這種方式多麼具有療癒力。成人倖存者需要的是得到關注與愛。光是傾聽並不是「什麼都沒做」，積極的覺察關注是特殊技巧，培養這種技巧並提供給他人是非常有價值的事。

身為男性成人倖存者，你需要讓他人知道如何在復原過程中成為較有幫助的盟友。你需要教他們傾聽，當他們的做法毫無幫助時要讓他們知道，對於有助益的行為則要給予嘉許和鼓勵。光是批評他們沒做到什麼並不足夠，如果只是批評，他們終將因為挫折而放棄。不要期待他們猜得出你要什麼（「假使你真的關心我，你就應該知道我的感覺」）。他們是朋友，不是讀心術專家。和他們說話，表現給他們看，和他們交換意見。假如你不知道什麼對你最好，承認自己很困惑，多嘗試幾種可能性。關懷是最重要的，如何進行需要一起來研商細節。

原諒

我在前面說到，寬恕的概念是無助益、逃避和有懲罰意涵的。現在我們來檢視一下，除此之外還有什麼。寬恕有沒有可能是合適的？若有，是在哪種情況下？是不是真的有必要「學習原諒」加害者？我要清楚且堅決地告訴你，**不是非要原諒虐待你的人不可！**你覺得怎麼做對你而言有道理，就那麼做。寬恕可能永遠不是適合你走的路。原諒與不原諒的選擇完全取決於你。

寬恕——就和復原的其他面向一樣——沒有固定的答案適用於所有的倖存者，這議題相當複雜。寬恕的概念是否適合你，你必須花時間思考才能判定。有些倖存者認為，原諒加害者是允許他們放下過去並往前邁進的復原力量。對於其他人，寬恕感覺像是接受了虐待行為。許多倖存者就連思考這種可能性都不能接受。什麼東西適合你、什麼事情對你而言有可能，只有你能決定，你不需要依循別人的價值觀和意見。寬恕可以有多種詮釋，在決定該怎麼做之前，先在你的道德、倫理、信仰和文化價值的脈絡中檢視這個概念。同時，即使你接受寬恕的概念，時機合適與否也要由你自己決定。如果希望這麼做有用，就必須是真誠的。以下幾個建議可以幫助肯定自己的決定：

一、**給自己時間：**不要急著原諒。無論原諒是不是合適的方法，在復原的初期都不合適。初期階段有太多工作要做，其中包括辨識你對受虐這件事以及施虐者的感覺，並且允許自己感覺傷痛、害怕和羞辱。當你在重新尋回力量的過程中體認到童年時期的不公平現象，你可能會有必要表達對發生在你身上的事以及導致這些事的人的憤怒。這些步驟無法在寬恕的氛圍中進行。假使要寬恕，也是之後的事。

二、**保護你自己：**當心陷入同情的陷阱。小心別向保護或照顧加害者的想法屈服。即使你非常在意他，他也不需要你的保護——需要保護的人是你！過早的寬恕縮減了虐待的嚴重性，且分擔了施虐的責任，因此使倖存者再度受害。切記，一旦虐待終止，人人都會受益（包括加害者——虐待的行動從不是一個健康的人類行為。）你的復原對每個人都好。

三、**探索你真實的感覺：**仔細考慮寬恕。當你這麼做時出現哪些感覺？你或許會意外地發現你在這方面早已有了些感覺。注意這些感覺，它們來自某個地方。沒有人比你更了解自己的狀況。與其預作原諒的計畫，還不如去弄清楚對原諒的真實感覺為何。檢視你的心，你將會知道現在是否準備好或何時真的準備好。

四、**你可以改變心意：**復原是動態的過程。在某個階段合適的事，在另一個階段可能造成反效果或完全不符需要。此刻你可能覺得永遠不可能原諒加害者，過一陣子，你的感覺可能又截然不同。或者你也可能打算要寬恕對方，卻發現你做不到。改變主意沒有關係，你本來就是在摸索什麼對自己最有幫助。嘗試不同的方案，從中挑選最適合的一種。

五、**寬恕可採取不同的方式：**假使你選擇原諒加害者，也是有一些方法可以依循。你可以直接說，這樣將獲得立即的回應。就和面質一樣，你要知道實際上得到的反應可能與你預期的大相逕庭。伴隨著音樂與花的好萊塢式大和解不會出現。宣告寬恕可能是建立可行關係的起步，但也有可能你的寬恕會被拒絕或造成誤解。

假使你不想要直接的接觸，可以透過電話或書信宣告。運用書信可以讓你暢所欲言而不用被打斷。你也可以不直接告訴某人你原諒了他，而是透過行為的改變來表現。最後，你也可能只在心中寬恕，但什麼事也不做。這是你的決定，願不願意和人分享，以及願意和哪些人分享，都來自於你的選擇。

六、**不是「全有或全無」：**原諒不見得要是全面性的，一個小小的部分都可以花很長的時間慢慢處理。你可以試驗原諒一小部分，來試試看這樣做感覺合不合適。你可以依循自己的需要逐漸向前或忽前忽後。

七、**思考你所謂的寬恕是什麼意思：**原諒一個人時，很重要的是不要原諒虐待這件事。你所遭受的事是不對的。虐待兒童永遠是不好的。如果你原諒了加害者，你必須了解你是決定對一個嚴重傷害你的人不抱惡意。這個行為是原諒，不是宣告無罪。

報復

身為成年倖存者，報復的畫面可能使你害怕。你可能感覺這些幻想是錯的——你應該超越這種卑劣的渴望。但想為自己受到的傷害討回公道的感覺並沒有錯。對令人髮指的行為憤怒是對的，而且你需要有自由來表達懲罰施虐於你的人的渴望。倖存者復原團體或工作坊是格外適合這麼做的場域。團體經驗中最精采的時候就發生在參與者第一次分享他渴望報復加害者的想法。報復的想法可以是從折磨和身體暴力等可怕幻想，到經過縝密計畫的對質，到公開揭露和（或）採取法律行動。無論什麼形式，報復的主題明顯顯示倖存者已經停止為受虐而自責，轉而向加害者追究責任。這是個力量強大的階段——你的憤怒是正當的。當男性倖存者在團體中說出報復的幻想，他會驚訝其他成員的支持、鼓勵或針對他的想法加以發揮的力量有多強大。當團體成員互相鼓勵採取更有力量的行為時，他們就建立了真誠的情感。你會發現自己也在鼓勵其他成員的報復幻想。

但把這些報復幻想付諸實行則是另一回事。雖然俗話說「報復是甜美的」，卻也有可能轉為苦澀。有些形式的報復會帶來嚴重的不利後果。你受的傷已經夠多了，要小心那些會導致進一步受傷的事。如果採取的形式有助而不是有害於復原，報復不見得不好。雖然殺害、傷害或甚至虐待加害者是甜美的盼望，根據這些感覺來行事毫無疑問會對你造成危害。你被懲罰的已經夠多了，不要為了復仇的一時快感而冒承受更多痛苦的險。關於報復還有其他諺語，其中一句是：「復仇這道菜，越冷越夠味。」〔譯註〕假使你選擇報復，較能夠達到滿意效果的，終究還是透過公開揭露或訴訟等間接方式。這樣絕對比較安全。最腳踏實地的說法可能是：「好好的活著就是最好的報復。」創造滿意的生活絕對是克服受虐經驗最美好的一面。享受你擁有的復原力，幫助其他人發揮他們的復原力，然後同心協力制止性虐待的發生。這麼做雖然較不直接也不戲劇性，但換得的報償將是深刻且持久的。

自我寬恕

毫無疑問，這是所有需求中最重要的一個。只要你依然為自己的遭遇受到責備——只要你相信他們告訴你的謊言——虐待就會持續。儘管受虐不需要請求其他人的寬恕，但「原諒自己」是非做不可的事。

自我寬恕是微妙且令人困惑的，因為你沒做錯任何事。因此「寬恕」這個詞並不適切。我使用這個字的意涵在於「讓自己脫離枷鎖」——脫離這從不該折磨你的枷鎖。假使你不曾指責自己，那就不需要原諒自己。但如果你（一如多數男性倖存者）擔起了不屬於你的責任，你就有工作要做了。你要原諒自己浪費了時間，原諒自己退縮、憂鬱且人生失敗。你要原諒自己的舉止曾經造成他人的痛苦。你要原諒自己曾經給自己加諸痛苦。

在其他倖存者的陪伴下做這些事通常會有助益。他們能幫忙你注意別把這個過程轉為自我懲罰。自我寬恕絕不可變成進一步的歸咎，反而是要承認你的基本良善並慶賀你倖存下來。當你停止責備自己，就是挺身面對了受虐的過去。自我寬恕讓你重新找回自尊。當你尊重你擁有的感知、判斷力、價值觀和節奏安排，為自己感到快樂時，你就已經朝復原的方向邁進。

〔譯註〕義大利西西里的諺語，類似中國俗話的「君子報仇三年不晚」。

【附錄二】我國性侵害防治網絡資源

性侵害求助相關諮詢單位	電話
內政部全國保護專線	113
內政部家庭暴力及性侵害防治委員會	(02)8912-7331
台北市家庭暴力暨性侵害防治中心	(02)2396-1996
台北縣家庭暴力及性侵害防治中心	(02)8965-3359
基隆市家庭暴力暨性侵害防治中心	(02)2420-1122#2205
桃園縣家庭暴力暨性侵害防治中心	(03)3322-111
宜蘭縣家庭暴力暨性侵害防治中心	(03)9328-822
苗栗縣家庭暴力暨性侵害防治中心	(037)320-135
新竹市家庭暴力暨性侵害防治中心	(03)5216-121#406
新竹縣家庭暴力暨性侵害防治中心	(03)5518-101#3146
台中市家庭暴力暨性侵害防治中心	(04)2227-2139
台中縣家庭暴力及性侵害防治中心	(04)2529-3453

彰化縣家庭暴力暨性侵害防治中心　(04)7252-566#11

南投縣家庭暴力暨性侵害防治中心　(04)9-2247-970

雲林縣家庭暴力暨性侵害防治中心　(05)5340-466

嘉義市家庭暴力暨性侵害防治中心　(05)2254-321#155、121

嘉義縣家庭暴力及性侵害防治中心　(05)3620-900#219

台南市家庭暴力暨性侵害防治中心　(06)299-1111#8(04)0

台南縣家庭暴力暨性侵害防治中心　(06)6370-074

高雄市政府社會局家庭暴力及性侵害防治中心　(07)5355-920

高雄縣家庭暴力暨性侵害防治中心　(07)7198-322

屏東縣家庭暴力暨性侵害防治中心　(08)735-1560

台東縣家庭暴力及性侵害防治中心　(089)320-172

花蓮縣家庭暴力及性侵害防治中心　(03)8224-523

澎湖縣家庭暴力及性侵害防治中心　(06)9274-400#533

金門縣家庭暴力暨性侵害防治中心　(082)322-897

連江縣家庭暴力暨性侵害防治中心　(0836)22381#23-28

勵馨基金會台北蒲公英諮詢專線　(02)2362-2400

勵馨基金會台中蒲公英諮詢專線	（04）2223-8585
勵馨基金會高雄服務中心服務專線	（07）223-7995
台北市現代婦女基金會保護您專線	（02）2391-7133
性騷擾防治相關諮詢單位	**電話**
性騷擾防治諮詢專線	113
內政部家庭暴力及性侵害防治委員會	（02）8912-7331
行政院勞工委員會兩性工作平等諮詢服務專線	0800-380-038
教育部訓育委員會	（02）3343-7823
台北市政府社會局（台北市性騷擾防治委員會）	（02）2757-4553 （02）2720-8889#3365
台北縣政府社會局社區發展課	（02）2960-3456#3698
基隆市政府婦女兒少福利課	（02）2420-1122#2205
宜蘭縣政府社會局福利課	（03）9328-822#443
新竹市政府社會局婦女兒童少年福利課	（03）5216-121#406、426
新竹縣政府社會局婦幼保護課	（03）5518-101#3146

嘉義縣政府社會局婦幼福利課	(05)3620-900#219
高雄縣政府社會局社工課	(07)7198-322
連江縣政府民政局	0836-25022
婦女新知基金會	(02)2502-8715
高雄市婦女新知協會	(07)5500-522

心理協助機構	電話
勵馨基金會台北蒲公英諮詢專線	(02)2362-2400
勵馨基金會台中蒲公英諮詢專線	(04)2223-8585
勵馨基金會高雄服務中心服務專線	(07)223-7995
衛生署24小時安心專線	0800-788-995
全國生命線	1995
全國張老師	1980
台灣心理諮商資訊網 http://community.ncue.edu.tw/	

【附錄二】延伸閱讀：中文書目

- 《為什麼會是我：一個受害者想要勇敢告訴你的真相》（2010），小林美佳，三采。
- 《記憶vs.創憶：尋找迷失的真相》（2010），Elizabeth Loftus、Katherine Ketcham，遠流。
- 《性侵害兒童的處遇策略：從受害者轉化成倖存者》（2009），Chery L. Karp、Traci L. Butler，心理。
- 《拯救莎曼珊：逃離童年創傷的復原旅程》（2009），莎曼珊・薇佛（Samantha C. Weaver），心靈工坊。
- 《台灣性侵害受害者之創傷：理論、內涵與服務》（2006），王燦槐，學富文化。
- 《地獄童年：瑪德蓮修道院的真實故事》（2006），凱西・歐拜恩（Kathy O'Beirne），台灣商務。
- 《指認兒童性侵害者：藉由辨認罪犯之犯罪型式以保護兒童免於性侵害》（2005），Carla van Dam，學富文化。

- 《獵食者：戀童癖、強暴犯及其他性犯罪者》（2005），安娜・莎特（Anna C.Salte），張老師文化。
- 《孩子，別怕：關心目睹家暴兒童》（2004），貝慈・葛羅思(Betsy McAlister Groves)，心靈工坊。
- 《抓住彩虹：性虐待倖存者的進階治療》（2003），琳恩（Lynne D Finney），桂冠。
- 《和好再相愛：破裂關係的修復與重建》（2003），蘿拉・戴維絲（Laura Davis），張老師文化。
- 《兒童青少年性虐待：防治與輔導手冊》（2003），陳若璋，張老師文化。
- 《不再害怕：性受虐者心靈療癒的動人故事》（2002），妮妮・賀曼（Nini Herman），張老師文化。
- 《治療亂倫之痛：成年倖存者的治療》（2002），Christine A. Courtois，五南。
- 《性侵害再犯之防治》（2001），D. Richard Laws，五南。
- 《教孩子遠離性侵害》（2001），凱若・蘇瑞特・克普（Carol Soret Cope），新苗。
- 《預知暴力：如何讓您的孩子免受侵害》（2000），蓋文・德・貝克（Gavin de Becker），台灣商務。

【附錄三】延伸閱讀：英文書目

Adams, Kenneth M. *Silently Seduced: When Parents Make Their Children Partners—Understanding Covert Incest.* Deerfield Beach, FL: Health Communications, 1991.

Bass, Ellen, and Laura Davis. *The Courage to Heal.* New York: HarperCollins Publishers, 1988. The original "bible" for women survivors; it also provided help and guidance to many men.

Bear, Euan, with Peter T. Dimock. *Adults Molested as Children.* Orwell, VT: Safer Society, 1988. A simple, straightforward manual written by a female survivor to help other survivors understand "what they are going through now as a result of what they went through then."

Berry, Jason. *Lead Us Not into Temptation: Catholic Priests and the Sexual Abuse of Children.* New York: Doubleday, 1992.

Cassese, James (ed.). *Gay Men and Childhood Sexual Trauma: Integrating the Shattered Self.* Binghamton, NY: Harrington Park Press, 2000.

Creswell, Mark. *Male Survivors: A Self-Help Pack.* Sheffield, U.K.: Survivors Sheffield, 1996. Revised June 2000 by Ian Warwick and Andy Bateman. Available from PO Box 142, Sheffield, S1 3HG, United Kingdom.

Davis, Laura. *Allies in Healing.* New York: HarperCollins Publishers, 1991. Very helpful to caring partners, family, and friends of survivors.

———. *The Courage to Heal Workbook.* New York: HarperCollins, 1990. Combining checklists and open-ended questions, this innovative and in-depth workbook is designed for use by women and men, individually or as a basis for work in therapy or groups.

Fredrickson, Renee. *Repressed Memories: A Journey to Recovery from Sexual Abuse.* New York: Simon & Schuster, 1992. An influential work that continues to be attacked by many who deny the validity of survivors' memories.

Gil, Eliana. *United We Stand: A Book for People with Multiple Personalities.* Walnut Creek, CA: Launch, 1990.

———. *Outgrowing the Pain.* Walnut Creek, CA: Launch, 1983. A simple, easy-to-read book about recovering from all types of abuse.

Graber, Ken. *Ghosts in the Bedroom: A Guide for Partners of Incest Survivors.* Deerfield Beach, FL: Health Communications, 1991. Many survivors and their partners find this book a great help to their relationship.

Henton, Darcy, with David McCann. *Boys Don't Cry.* Toronto: McClelland & Stewart, 1995.

Herman, Judith Lewis. *Trauma and Recovery.* New York: Basic Books, 1992. Required reading for professionals who work with survivors.

Hunter, Mic. *Abused Boys.* Lexington, MA: Lexington Books, 1989. In this and other books, Mic Hunter educates professionals about male victimization.

Investigative Staff of *The Boston Globe. Betrayal: The Crisis in the Catholic Church.* Boston: Little, Brown, 2002. "... a terrible, horrible, awful book. Thank God for it." —Fr. Andrew M. Greeley.

Love, Patricia, with J. Robinson. *The Emotional Incest Syndrome.* New York: Bantam, 1990.

Lew, Mike. *Leaping upon the Mountains: Men Proclaiming Victory over Sexual Child Abuse.* Boston: Small Wonder Books, and Berkeley, CA: North Atlantic Books, 1999. Male survivors themselves identify what was most important during various stages of their recovery. Contains contributions from hundreds of men of all ages and backgrounds throughout the United States and forty-five other countries.

Maltz, Wendy. *The Sexual Healing Journey.* New York: HarperCollins Publishers, 1991. A very accessible, nuts-and-bolts book about repairing sexuality damaged by sexual abuse.

Mathews, Frederick. *The Invisible Boy: Revisioning the Victimization of Male Children & Teens.* Online book, 1996: www.aest.org.uk/survivors/male/ibc.html

Merseyside Survivors. *2000 Fire in Ice: A Self-Help Pack.* A clear, intelligent, and beautifully designed booklet written by male survivors for male survivors. For more information, see Fire in Ice listing in Organizations section.

Miletski, Hani. *Mother-Son Incest: The Unthinkable Broken Taboo.* Brandon, VT: Safer Society Press, 1995.

Miller, Alice. **Note:** Dr. Miller has long been one of the original and finest champions of survivors. *Breaking Down the Walls of Silence: To Join the Waiting Child.* London: Virago Press, 1991.

———. *Banished Knowledge: Facing Childhood Injuries.* New York: Anchor, 1991.

———. *Thou Shalt Not Be Aware.* New York: New American Library, 1984. Reassessment of Freud's Oedipal Theory emphasizing the reality of sexual child abuse.

———. *For Your Own Good.* New York: Farrar, Straus, 1983.

———. *The Drama of the Gifted Child.* New York: Basic Books, 1981. Originally published as *Prisoners of Childhood.*

Mura, David. *A Male Grief: Notes on Pornography and Addiction.* Minneapolis: Milkweed Editions (PO Box 3226, Minneapolis, MN 55403), 1987. An important, insightful, and moving essay connecting sexual child abuse with adult addiction to pornography. Currently out of print, but worth the effort to locate an old copy.

Sanders, Timothy. *Male Survivors: 12-Step Recovery Program for the Survivors of Childhood Sexual Abuse.* Watsonville, CA: The Crossing Press, 1991. Personal experience integrating twelve-step principles and practice with recovery from sexual child abuse.

Spiegel, Josef. *Sexual Abuse of Males.* New York: Taylor & Francis Books, 2003. This highly technical book was written for professionals, but it is so well researched that I had to include it on this list.

Thomas, T. *Closer to Free.* Tucson, AZ: Timothy Fleming, 1996.

———. *Surviving with Serenity.* Deerfield Beach, FL: Health Communications, 1990.

———. *Men Surviving Incest.* Walnut Creek, CA: Launch, 1989.

Vachss, Andrew. *Another Chance to Get It Right: A Children's Book for Adults.* Milwaukie, OR: Dark Horse Publishing, 1993. This book may be the easiest introduction to the extraordinary, often painful works of Andrew Vachss. I advise you not to read them when you are feeling shaky or isolated.

Vermilyea, Elizabeth G. *Growing Beyond Survival: A Traumatic Stress Toolbox.* Lutherville, MD: The Sidran Press, 2000.

心靈工坊 PsyGarden

Self Help 016

哭泣的小王子——給童年遭遇性侵男性的療癒指南

Victims No Longer: The Classic Guide for Men Recovering from Sexual Child Abuse

作者—麥可・陸（Mike Lew）

譯者—陳郁夫、鄭文郁等人

審閱者—洪素珍、林妙容

出版者—心靈工坊文化事業股份有限公司

發行人—王浩威

總編輯—王桂花　特約編輯—祁雅媚

內文編排—李宜芝

通訊地址—10684台北市大安區信義路四段53巷8號2樓

郵政劃撥—19546215　戶名—心靈工坊文化事業股份有限公司

電話—02）2702-9158　傳真—02）2702-9258

Email—service@psygarden.com.tw　網址—www.psygarden.com.tw

製版・印刷—彩峰造藝印像股份有限公司

總經銷—大和書報圖書股份有限公司

電話—02）8990-2588　傳真—02）2990-1658

通訊地址—248台北縣五股工業區五工五路二號

初版一刷—2010年11月　初版三刷—2019年5月

ISBN—978-986-6782-92-3　定價—400元

國家圖書館出版品預行編目資料

哭泣的小王子——給童年遭遇性侵男性的療癒指南／

麥可・陸（Mike Lew）作；陳郁夫、鄭文郁等譯

初版. --台北市：心靈工坊文化, 2010.11　面；公分. --（SelfHelp 016）

譯自：Victims No Longer: The Classic Guide for Men Recovering from Sexual Child Abuse

ISBN 978-986-6782-92-3（平裝）

1. 心理治療　2.性侵害　3. 亂倫

178.8　99019102